대한예수교장로회의 형성과
개교회 기록물

연세 기독교 근대성 연구총서 1

대한예수교장로회의 형성과 개교회 기록물

2025년 9월 1일 펴냄

엮은이	연세대학교 연세학연구소
지은이	김진수 문백란 박장미 박종현 정운형
펴낸이	김영호
펴낸곳	도서출판 동연
등 록	제1-1383호(1992년 6월 12일)
주 소	서울시 마포구 월드컵로 163-3
전화/팩스	02-335-2630 / 02-335-2640
이메일	yh4321@gmail.com
인스타그램	instagram.com/dongyeon_press

Copyright ⓒ 연세대학교 연세학연구소, 2025

이 책은 저작권법에 따라 보호받는 저작물이므로, 무단 전재와 복제를 금합니다.
잘못된 책은 바꾸어 드립니다. 책값은 뒤표지에 있습니다.

ISBN 978-89-6447-089-3 94230
ISBN 978-89-6447-283-5 94230 (연세 기독교 근대성 연구총서)

연세 기독교 근대성 연구총서 1

대한예수교장로회의 형성과 개교회 기록물

연세대학교 연세학연구소 엮음
김진수 문백란 박장미 박종현 정운형 함께 씀

동연

머리말

　이 책은 2024년 연세학연구소 주관으로 개별 교회의 기록물을 연구하여 발표한 두 차례 학술대회의 결과물이다. 언급한 기록물은 등록문화재 지정 요건을 갖춘 것들로 개별 교회의 역사뿐만 아니라 언어(국어)와 생활 문화, 갈등 조정 및 의사결정 방식, 인권과 젠더, 사회 변화 대응 방식 등을 고찰할 수 있는 공적인 성격을 지닌 것이다.

　국학연구원 산하의 연세학연구소는 일제강점기에 창립된 연세대학교의 역사를 연구하고 있다. 그 가운데 본 대학의 설립자인 호러스 G. 언더우드 선교사의 활동도 대학 역사의 한 부분으로서 연구하고 있다. 그 일환으로 연세학연구소는 다섯 명의 전문가로 연구진을 구성하여 2023년 4월부터 관련된 교회의 기록물을 수집하고 연구하는 사업을 진행하였다.

　19세기 말 조선은 군란과 정변으로 혼란스러웠고, 서양 종교를 아편(阿片)처럼 혐오하고 배척하였다. 때문에 개신교 선교사들은 의사 또는 교사의 신분으로 조선에 왔다. 그들 가운데 한 선교사는 그의 사랑방에서 모임을 시작하였다. 사랑방은 선비 정신과 양반 생활의 잔영이 서려 있는 곳이자 거스를 수 없는 변화를 인정하지 않을 수 없는 공간이었다. 선교사들은 언문 성경과 찬송가를 보급하여 뭇사람들의 모임을 지속하게 하는 정신적 기반을 제공하였다.

사랑방 모임은 대한제국기에 교회라는 이름으로 방방곡곡에 확산하였다. 개신교의 여러 교파 가운데 장로회 정치를 지향하는 개별 교회는 목사와 교인들이 선출한 장로와 집사 중심의 조직과 제도가 유지되고 발전하는 모습을 다음과 같은 기록물에 담았다(Chapter IX-10, Constitution of the Presbyterian Church of Chosen, 1919; 『朝鮮예수敎長老會憲法』, 第十章 第十條, 1930).

학습명부
입교명부
책벌 및 해벌 명부(責罰及解罰名簿)
별명부(別名簿) *실종된 교인의 명부
별세명부(別世名簿)
이전명부(移轉名簿) *이명서(移名書)
혼인명부(婚姻名簿)
유아세례명부(幼兒洗禮名簿)

연세학연구소는 연세가 쌓아온 학문의 성과와 사회적 기여를 살피고 연세의 이념과 자산을 돌아보기 위해 연구 논집과 자료집을 편찬해 왔다. 이번에 펴내는 연구 논집은 3명의 학자가 한국장로회가 형성되고 제도화하는 과정을 조명한 것과 교회 현장 관계자 두 분의 주장을 담았다. 우선, 언더우드의 초기 행적을 주목하여 정주 선교사가 입국한 후 신앙의 표준과 장로회 정치를 사용하는 개별 교회의 설립 그리고 기록물을 생산하고 보관하는 규칙을 마련하기까지 약 20년간의 시기를 숙고하였으며(정운형), 김포읍교회와 새문안교회에서 분립한 세교리교회(현 서교동교회), 양평리교회(현 양평동교회)의 당회록과 교우문답집 등을 자세히 살펴, 각 교회가 신앙공동체를 보존하기 위해 분투한 것을 살폈고(문백란), 초기 기독교교육이 신앙과 제도화에 기여하고 나아가 식민지를 벗어나게 하는 동력이 된 것과 당회록(김포읍교회)에 나타난 권징과 치리가 교회의 외적 제도를 확립하고 신자의 생활을 표준화하는 목표를 구현하는 수단이었음을 밝혔다(박종현). 나아가 김포에서 나고 자라 목회하고 있는 분이 "김포읍교회의 설립년도를 고찰"한 것(김진수)과 새문안교회 교회역사자료위원의 "차재명 목사 소고"(박장미)를 실었다.

학당과 향교, 서당은 세도 권력으로 사회에 만연한 부패와 부도덕함을 타파할 새로운 질서를 만들어 낼 인재 양성에 한계를 드러냈다. 반면에 서양의 근대 의술과 교육에 대한 사람의 의식과 가치관의 새로운 형성에 일정한 영향을 미칠 때 교회 역시 윤리의식과 사회질서 의식을 함양하여 빼앗긴 나라를 되찾고, 대한인이 바라는 나라의 형태(국체)를 파악하는 데 일부 기여하였다. 이 책의 저자들은 연구를 통해 이전의 인간관에서 탈피하여 인간의 좌절·곤경·모순 등을 타개할 새로운 공동체가 형성되는 과정과 교회 제도화의 의의를 파악하는 성과를 얻었다.

이 책의 출판은 연세대학교 국학연구원이 연세 기독교 근대성 연구를 2024년 연세학연구소의 기초연구 과제로 선정하여 수집·연구 및 연구 공간 제공 그리고 학술대회의 개최를 지원하였기 때문에 가능했다. 김성보 전 국학연구원장과 김현주 국학연구원장께 감사드린다. 새문안, 서교동, 김포제일, 누산, 송마리, 양평동교회는 당회록 등의 소중한 자료를 제공하였고, 특히 새문안교회와 김포제일교회는 학술대회를 위한 편의를 제공하였다. 불비한 여건에도 불구하고 의미 있는 연구와 발표를 해 준 여러분과 이 책의 편찬 실무를 맡은 박종현 박사에게 고마움을 전한다. 끝으로 연세 기독교 근대성 연구총서를 맡아 품위 있고 학술 가치가 잘 드러나는 책으로 만들어 준 도서출판 동연에 감사드린다.

저자를 대표하여
정운형

차 례

머리말   5

제1부 _ 대한예수교장로회의 설립과 전개

정운형 | 언더우드의 초기 활동과 대한예수교장로회   15
    I. 들어가는 말   15
    II. 선교지 결정과 출발   19
    III. 때를 기다리는 언더우드   24
    IV. 핵심 전략   36

박종현 | 당회록에 나타난 조선예수교장로회의 제도화 이행 과정   47
    I. 들어가는 말   47
    II. 1930년대 조선예수교장로회와 연합운동   50
    III. 조선예수교장로회의 농촌운동   52
    IV. 1930년대 장로교회의 발전의 토대로서 당회의 성장과 조직화   61
    V. 당회록을 통해 본 장로교회의 발전   64
    VI. 나가는 말   70

정운형 | 대한예수교장로회의 창설과 김포읍교회   73
    I. 들어가는 말   73
    II. 기독교 전래와 한국선교회   76
    III. 한국장로교회의 조직   83
    IV. 김포읍교회 설립 과정   89
    V. 나서는 말   94

김진수 | 김포의 첫 개신교 김포읍교회 설립 연도 고찰　　101
   I. 머리말　　101
   II. 설립과 『사기』(史記) 기록　　103
   III. 『사기』(史記) 기록 해석의 문제　　114
   IV. 김포읍교회 초기 신자와 교회 설립　　122

제2부 _ 한국교회의 신앙 공동체 형성

박종현 | 김포 지역 교회 당회록을 통해 본 초기 한국교회의 신앙 공동체　　135
   I. 서론　　135
   II. 김포교회의 지리적 성격　　137
   III. 김포교회 당회록에 나타난 책벌과 그 이해　　140
   IV. 이명증서와 한국 장로교회　　149
   V. 나가는 말　　153

문백란 | 한국교회 제도화 시기 신앙 공동체 형성을 위한 지역 교회의
     분투 (1) ─ 김포읍교회 당회록을 중심으로　　155
   I. 머리말　　155
   II. 한국교회 제도화와 김포읍교회 직원 구성　　160
   III. 김포읍교회 당회록 내용 분석　　168
   IV. 맺음말: 김포읍교회 운영의 특징과 의의　　179

문백란 | 한국교회 제도화 시기 신앙 공동체 형성을 위한 지역 교회의
분투 (2) — 세교리교회 당회록과 양평리교회 교우문답집을
중심으로 　　　　　　　　　　　　　　　　　　　　　187
　I. 머리말 　　　　　　　　　　　　　　　　　　　　187
　II. 세교리교회 당회록과 양평리교회 교우문답집 내용 분석　　193
　III. 맺음말 　　　　　　　　　　　　　　　　　　　217

박장미 | 차재명(車載明) 목사 소고 　　　　　　　　　　225
　I. 들어가는 말 　　　　　　　　　　　　　　　　　225
　II. 차재명의 일생 — 목사가 되기까지 　　　　　　　226
　III. 목사로서 차재명의 생애 　　　　　　　　　　　239
　IV. 맺는말 　　　　　　　　　　　　　　　　　　269
　차재명(車載明) 목사 연보 　　　　　　　　　　　　270

편집 후기 　　　　　　　　　　　　　　　　　　　　273

지은이 알림 　　　　　　　　　　　　　　　　　　　275

제1부

대한예수교장로회의 설립과 전개

언더우드의 초기 활동과 대한예수교장로회

정운형 | 연세대학교 연세학연구소

I. 들어가는 말

한반도에 개신교인(朴燕, Hendrik Hamel)이 들어온 때는 17세기로 거슬러 올라가고, 한자(漢字) 성서는 1816년에 충청도 마량진에 정박한 탐사자(M. Maxwell, Basil Hall)들이 전달하였다. 귀츨라프(Karl F. A. Gützlaff, 1803~1851)는 충청도 고대도/원산도(1832), 토머스(Robert J. Thomas, 1840~1866)는 황해도 연안과 평양 주민을 대면하였다. 그런데 토머스는, 언더우드(Horace G. Underwood, 1859~1916)가 런던을 방문했을 때 들었던, "20년 동안 아무런 소식이 없는" 그 선교사이다.[1]

언더우드는 신학교 입학 직후 선교사로 헌신하였으며, 2학년 때 한국에 복음을 전해야 한다는 외침을 들었다.[2] 그는 인도로 가기 위해

---

1 L. H. Underwood, *Underwood of Korea* (New York: Fleming H. Revell Company, 1918), 33.
2 Horace G. Underwood to F. F. Ellinwood (Jul 10th, 1885); Horace G. Underwood, "Reminiscences," *Quarto Centennial Papers Read Before the Korea Mission of the*

기초의학 공부도 하였는데, 졸업을 3개월 앞두고 네덜란드 개혁교회 선교본부(이하 "개혁교회")에 한국3 선교사로 지원하였다(1884. 2.).4 하지만 그를 한국의 선교사로 임명한 곳은 미국 북장로회 해외선교본부(이하 "북장로회") 이다(1884. 7.). 언더우드는 화이(華夷) 체제와 주자학적(朱子學的) 질서가 쇠락하는 시기에 한국에 정주한 첫 목사 선교사5이다.

북장로회는 미국 정부가 한국과 외교협정을 맺고(1882. 5.), 서울에 공사관을 개설하자(1883. 5.) 한국선교회 설립을 추진하였다. 그런데 그에 앞서 로스(J. Ross)와 메킨타이어(J. Macintyre)가 언문(諺文) 성서 『예수셩교누가복음젼셔』(1882)를 간행하였으며, 이들의 번역을 도운 김진기(金鎭基), 백홍준(白鴻俊, 1848~1893), 서상륜(徐相崙, 1848~1926), 이응찬(李應贊, ?~1883), 이성하(李成夏),6 김청송 등이 모두 세례를 받고7 개신교인이 되었다. 또한 이수정8이 도일하여(1882. 9.)9 개종한(1883. 4. 29.) 후,

---

Presbyterian Church in the U.S.A. at the Annual Meeting in Pyeng Yang, August 27, 1909 (hereinafter "Reminiscences"), 98.

3 이 글에서 언더우드가 선교한 나라의 이름을 '한국'으로 통일하여 사용함을 밝힌다. 언더우드는 영문 표기 국호 "Corea", "Korea"를 통해 조선을 인식하였으며, 자신의 선교사 지원서와 선교보고서에서 "Corea", "Korea"를 사용하였다.

4 *1884 The Annual Report of the Board of Foreign Missions of the Reformed Church in America*, 13 ; Henry N. Cobb, *A Century of Missions in the Reformed Church in America 1796-1896* (New York: Board of Foreign Missions, Unknown Binding), 76.

5 "April 5, 1885, the first resident arrived, the Reverend(ordained missionary) H. G. Underwood," A. J. Brown, *The Mastery of the Far East* (New York: Charles Scribner's Sons, 1919), 503, 550. 언더우드는 미국 북장로회 해외선교부 한국 선교사로 임명을 받고(1884. 7. 28.), 개혁교회(Dutch Reformed Church) 버겐 교구(Classis of Bergen)에서 목사 안수를 받았다(1884. 11. 11.).

6 J. Ross to W. Wright (Oct. 11th, 1881); J. Ross to W. Wright (June 6th, 1881).

7 J. Ross, "China-Manchuria," *United Presbyterian Monthly Report* (Oct. 1st, 1880), 334.

주일미국성서공회를 통해 성서 번역에 참여하였다.10 언더우드는 내한할 때(1885. 4.), 그가 번역한 『신약마가젼복음셔언히』11를 들여왔다.

언더우드는 알렌(Horace N. Allen, 1858~1932)의 제안으로 설립된 제중원의 교사로 활동하며, 언문을 배우는 가운데 여러 모양의 선교 준비 활동을 펴 한국 개신교의 형성과 제도화를 실질적으로 선도하였다. 그는 고아원 사업과 전염병 퇴치 운동으로 정부의 신임을 얻는 한편 서민들의 양이(洋夷) 감정을 누그러뜨렸다. 또한 기독교 자료 번역, 첫 교회 조직과 순행전도 그리고 지도자 양성 과정(신학반) 개설, 선교 기관과 교회 설립, 신문 발간 등을 통해 포교 기반과 자원의 확보12에 심혈을 기울였다. 나아가 후임 선교사들과 함께 한국 개신교의 한 축인 '대한예수교장로회'를 설립하여 한국 전역에서 개신교가 정착할 수 있는 기틀을 다져놓았다.

초기에 기독교 복음을 수용한 한국인으로 형성된 공동체는 만국장로회연합총회와 선교사를 파송한 곳의 총회로부터 인정을 받는 대한

---

8 "我國人李樹廷本芸楣家傔從, 人甚巧慧捷給, 頗解文字…," 朴戴陽,『東槎漫錄』(필사본, 간사자 미상, 1884); 국립중앙도서관 http://www.nl.go.kr(2016.12.18. 02:42 접속); 겸인(종)에 관한 자세한 연구는 유봉학,「日錄『公私記攷』에 나타난 19세기 書吏의 생활상」『규장각』13 (1990): 1-19.

9 "其他正使隨員從者とも六名また遊覽として同行されし同國の人々は閔泳翊朴義秉李樹廷, 金玉均諸氏並びに從者等にて總員三十名ほどなりとす,"『讀賣新聞』(1882.10.15.); 日本外務省,「朝鮮國使節到着御届ノ件」『日本外交文書』第15卷 (明治15年), 294-295.

10 H. Loomis to E. W. Gilman (May 30th, 1883).

11 이수정 역 마가복음은 언문 학습용과 전도용으로 사용하였다. J. W. Heron to F. F. Ellinwood (Oct. 26th, 1885); H. G. Heron, "Korean Boys, Birds, Ponies, and People," *Heathen Woman's Friend* 18(10) (April, 1887), 276.

12 H. G. Underwood, "Address," *Report of the Twelfth Annual Convention of the American Inter-Seminary Missionary Alliance* (Pittsburgh: Murdoch, Kerr & Co., 1892), 49-54.

예수교장로회로 발전하였다. 대한예수교장로회는 "청나라 영토 북만주에 있는 각 교회와 러시아 영토의 각 촌에 있는 교회"13와 공식 관계를 맺었다. 이러한 결실은 유불선(儒佛仙)과 무속(巫俗) 신앙에 양이 감정이 결합된 배타성14 그리고 조약 체제에 따른 사회 현상과 질서를 체휼하며 한국 사람들이 새로운 가치와 양식의 수용 나아가 그것이 생활의 원리로 자리매김하도록 분투한 언더우드와 같은 정주 선교사들에 의한 것이다.

이 글에서는 언더우드의 초기 행적을 통해 대한예수교장로회의 형성 과정을 살펴보고자 한다. 언급한 초기 행적은 제중원 교사 시절부터 장로회 정치를 사용하는 연합교회를 지향하여 북장로회, 미 남장로회, 호주 빅토리아장로회 소속 선교사가 합력해 장로회선교공의회(The Council of Missions)를 조직한 1893년까지 이루어진 활동과 사업을 이른다. 이 연구를 위해 미국장로회역사자료보관소(Presbyterian Historical

---

13 "청국령토북만쥬등디각교회와 아라사령토의촌각교회," 『대한예수교쟝로회로회회록』 (1908); 『예수교쟝로회죠션총회 데일회록』 (1913).
14 서구 기독교 사상의 핵심인 구원관과 하나님 나라는 '영혼이 산화(散化)한다'라는 세계관과 충돌하였으며, 인간 평등사상은 반상(班常)과 가부장제, 즉 오륜 사상에 의해 형성된 자아와 사회적 정서를 자극하였을 뿐만 아니라 통치 이념의 핵심 가치—무군무부 논리의 출처인 군신부자(君臣父子)—와 충돌하였다. 고종은 〈기독교금압령〉(1866. 1. 24)이 있음에도 불구하고 문호 개방에 따른 '서양화'를 경계하여 교지를 통해, 만국공법에 의한 서구 제국과 좋은 관계를 맺는 것(조약 체결)과 그들의 종교—음탕한 음악이나 미색처럼 멀리해야 할 사교—를 막는 것과 별개라고 밝혔다. 『承政院日記』 2698책 (1866. 1. 24.); 『高宗實錄』 23책 19권 51장 (1882. 8. 5.). 기독교포교활동금지령(1888. 4), 영아소동(Baby Riots, 1888. 6), 제중원의학당의 의학교육 중단(1890) 등이 발생하였다. 영어를 배우려는 소년들도 새로운 종교를 두려워했다. 또한 배재학당도 선교학교(Mission School)이라는 소문으로 인해 한 명의 학생만 남았다. Mrs. J. W. Heron, "Letters, Korea (Mar. 28th, 1886)," *Woman's Work for Woman and Our Mission Field* 1(9) (Sept., 1886), 211; *Appenzeller's Diary* (Dec. 4th, 1886).

Society), 감리교문서보관소(Methodist Achives), 프린스턴신학교 Moffett Korea Collection, Atla Digital Library, 박형우의 이른바 "Original trio"15 관련 자료집 그리고 새문안교회 당회록 등을 사용하였다.

이 글은 언더우드에 관한 해석의 지평을 넓히고자 먼저 그의 '선교지 변경과 출발'을 소개하고, III, IV에서 그의 선교 사업 준비 과정을 살펴볼 것이다.

II. 선교지 결정과 출발16

1. 인도에서 한국으로

언더우드는 어려서부터 품고 있던 선교사의 꿈을 이루기 위해 뉴욕대학을 졸업하고, 곧바로 뉴브런즈윅신학교에 입학하였다(1881.9.).17 그리고 1882~1883 겨울 뉴브런즈윅신학교 교정에 울려 퍼진, 곧 올트만스(Albert Oltmans, 1854~1939)18의 "1,200~1,300만 명에 이르는 사

---

15 알렌, 언더우드, 헤론을 일컬은 말이다. Frank F. Ellinwood to Herbert E. Blair (Oct. 11th, 1901).
16 이 부분은 필자의 졸고, "호러스 G. 언더우드의 선교지 결정과 출발,"「東方學志」제175집 (2016. 6)을 재구성 한 것이다.
17 언더우드는 뉴욕대학교를 졸업한(1881) 후 럿거스대학(Rutgers College) 대학원에 진학했다. 하지만 문학석사 학위는 뉴욕대학교 대학원에서 받았다.
18 올트만스는 1877년 Hope대학 예비 과정(preparatory department)에 입학해 대학 과정까지 마친 후 1883년 뉴브런즈윅신학교 입학하였다. 그는 신학교 졸업 후 일본 선교사로 활동했으며, 언더우드와 평생 우의를 나누었다. 정운형 "언더우드의 선교활동과 애민(愛民) 교육," 연세대학교 대학원 박사학위 논문, 27.

람이 그리스도를 알지 못한 채 살고 있는 한국으로 떠나라"19라는 소리를 들었다. 하지만 언더우드는 세포이 항쟁(Revolt of 1857) 이후 영국이 직접 통치하는 인도가 자신의 선교지라는 믿음을 신학교선교연맹(American Inter-Seminary Missionary Alliance) 집회(1883. 10. 25.~10. 27.)에 참석할 때까지 유지하였다.

신학교선교연맹 집회는 코네티컷주 하트퍼드(Hartford, CT.)에서 열렸는데, 언더우드는 동료 11명과 함께 참석하여 하지(Archibald A. Hodge), 고든(Adoniram J. Gordon) 등의 강연을 들었다.20 하지는 선택과 책임을 강조하여, "선교는 하나님의 주권에 자신을 전적으로 헌신하는 것이며, 젊은이들이 주저함으로 선교를 실패하게 해서는 안 된다"21라고 하였다. 그리고 고든은 선교의 부르심에 관한 응답을 "합리적으로 결정할 성격의 문제가 아니"라며 "'젊은이들 안에서 역사하는 성령의 일을 확신이 들 때까지 기다리라"고 하였다.22 언더우드는 "인도 사람들이 부르는 소리를 들은 적이 없는데…"라며 강의장을 빠져나왔다.

언더우드는 용기 있는 선택으로 위대한 나라로 이주해 온 정열적이

---

19 *Reminiscences*, 98.
20 Archibald A. Hodge(1823~1886)는 조직신학자로, 프린스턴신학교 교장(1878~1886)이며, Adoniram J. Gordon(1836~1895)은 고든대학과 고든 콘웰신학교를 설립한 침례교 목사이다. "Inter-Seminary Missionary Alliance," *The Missionary Review*, Vol. VII. No.1 (Jan.-Feb., 1884), 59; "Student Volunteer Movement for Foreign Missions," *Student Mission Power* (Pasadena: William Carey Library, 1891), 161; "the American Inter-Seminary Missionary Alliance," *The Missionary Herald at Home and Abroad*, V., 79 (Dec., 1883), 480.
21 *Report of the Fourth Annual Convention of the American Inter-Seminary Missionary Alliance*, 26; J. W. Coakley, "The Seminary Years of the Missionaries H. G. Underwood and H. G. Appenzeller,"「장신논단」47(3) (2015. 9.), 각주 39.
22 *Ibid*., 74.

고 부지런한 청교도의 후예이자 미국이 이룩한 훌륭한 제도와 문화를 전 세계에 전파할 사명(Menifest Destiny)을 가진, 자부심이 대단한 미국 청년이었다. 하지만 부르심에 관한 확신이 없는 자기 모습에 놀라워했고, 인도 선교사로 가기 위해 준비한 지난날과 한국으로 떠나라고 외치던 올트만스의 모습이 불쑥불쑥 떠오르는 당혹스러운 시간을 가진 후에 비로소 인간의 선택과 책임에 비중을 둔 주관적인 체험을 강조하던 것에서 벗어날 수 있었다. 그리고 어떤 기대감과 의무감을 가지고 한국을 예의 주시하도록 이끄는 다음의 글을 접하였다.

> 지금 한국은 다른 나라에 문호를 개방하였고…. 기독교를 공개적으로 인정하지 않지만, 기독교인을 찾아 핍박하지는 않습니다…. 저는 미국이 기독교 국가라는 사실을 잘 알고 있습니다. 그러나 미국 교회에서 한국에 복음을 전하지 않으면 다른 나라에서 주님의 뜻과 다른 것을 전하기 위해 서둘러 그들의 선교사를 보낼까 두렵습니다.23

언더우드는 한국이 자기를 부르는 것이라고 확신하였다.

2. 일본군사시찰단과 함께

언더우드는 1884년 2월, 개혁교회에 한국 선교사로 지원하였다. 하지만 개혁교회는 그를 중국으로 보내고 싶어하였다. 그때 북장로회 선교 총무 엘린우드는, 김옥균(金玉均)이 보낸 선교 사업 요청서를 근거

---

23 Rijutei, "The Gospel for Corea," *The Illustrated Christian Weekly* (January 26th, 1884).

로 한국에서의 즉각적인 사업 개시를 촉구하였고, 맥윌리암스는 북장로회 선교사를 후원하겠다는 의사를 밝혔다.24 이에 언더우드는 북장로회를 찾아갔다. 이번에는 "교단이 다르다", "자격 미달이다"(It was useless)25라는 답을 들었다.

당시 북장로회에 한국행을 지원한 이들은 모두 의사였다. 헤론과 알렌이 그들이다. 그 상황을 주시하던 언더우드는 1884년 7월 10일 선교지원서를 북장로회로 발송하였다. 엘린우드는 그 선교지원서를, 언더우드에게 세례를 준 메이번(William V. V. Mabon, 1822~1892)을 포함한 8명의 추천서와 함께 공람할 수 있도록 신속하게 조치하고, 실행이사회를 소집하였다. 실행이사회는 7월 28일, 언더우드를 한국 선교사로 임명하였다. 그리고 언더우드는 12월 2일 개최된 북장로회 저지시 노회(Presbytery of Jersey City)에서 한국 선교사로 승인을 받았다.26

언더우드는 12월 22일, 달리는 샌프란시스코 행 열차 안에서 선반 위에 올려놓았던 타자기를 내려 여동생 헬렌(Helen M. Underwood, 1862~1942)에게 편지를 썼다. 언더우드는 편지의 상당 부분을 지난여름 런던에서 만난 요코야마의 동료를 뉴욕 해변-브루클린 다리 아래-에서 만난 것(16일)과 열차에 함께 탄 그의 일행, 곧 일본군사시찰단(단장 오야마 이와오)27의 동정에 관한 이야기로 채웠다. 그리고 대학 시절에 외운 시구, "Roses is born to blush unseen"28을 떠올리며, 지금

---

24 D. W. McWilliams to F. F. Ellinwood (February 8th, 1884).
25 *Reminiscences*, 99.
26 언더우드는 11월 3일 교적을 개혁교회 버겐노회(Classis of Bergen)로 옮긴 후, 동월 11일 목사 안수를 받았다. *Minutes of the Particular Synod of New Brunswick* (Somerville, N. J.: The Unionist-Gazette Printing House, 1885), 25.
27 野津道貫, 『歐美巡廻日誌』 上卷 (廣島: 廣島鎭台文庫, 1886), 例言.

가는 길이 한국의 부름을 따르는 것이라고 확신하였다. 한편, 군사시찰단원의 대부분은 일본의 근대화를 주도하는 세력으로 부상한다.

그들 가운데 미우라 고로(三浦梧楼)는 공사로 부임하여 명성황후 시해작전을 주도하여, 결과적으로 언더우드가 비밀리에 추진한 대학 설립을 무산시킨 인물이며, 가쓰라 타로(桂太郞)는 1905년 7월 29일 미국 육군장관 태프트(W. H. Taft)와[29] 비밀협정을 맺어 대한제국 지배권을 확보한 인물이다. 그리고 군사시찰단이 프랑스를 방문했을 때 무관이던 데라우치 마사타케(寺内正毅)는 조선 총독이 되어, 언더우드를 '105인사건'(1911)의 배후자로 지목한 인물이다.[30] 이 사건 후 언더우드는 '한국인이 가장 원하는 것을 가장 완벽하게 구현하기 위해 기운 낼 때를 기다릴 줄 아는' 인재를 양성할 대학 설립에 박차를 가하기 시작하였다.

언더우드는 이들과 같이 1884년 12월 31일 샌프란시스코항에서 'City of New York호'를 타고, 1885년 1월 25일 일본 요코하마(橫濱)에 도착하였다.[31]

---

28 낭만주의 운동의 선구자인 영국 시인 Thomas Gray의 서정시 〈An Elegy Written in a Country Churchyard〉 (1751)의 55연 시구이다.
29 W. H. Taft(1857~1930)는 T. Roosevelt 대통령(1901~1909) 당시 육군장관(1904~1908)을 역임하였다. https://www.whitehouse.gov/1600/presidents/williamhowardtaft(2015. 11. 27. 접속).
30 〈표 1〉 언더우드와 군사시찰단 주요 인사들의 도서 현황(2024. 9 .5. 현재)

구분	언더우드	오야마 (大山巖)	가쓰라타로	미우라고로	테라우치
국립중앙도서관	35	4	15	3	5
일본국립정보연구소	8	44	79	12	17
도시샤대학 도서관	8	9	24	5	16
연세대학교 도서관	83	11	8	2	5

통계는 연세대학교 도서관, 도시샤대학 학술정보원, 국립중앙도서관, 일본국립국회도서관이 소장한 자료를 집계한 것으로, 중복된 자료는 감하였음을 밝혀둔다.

III. 때를 기다리는 언더우드

1. 제중원 교사

언더우드는 요코하마에서 고베(神戶), 나가사키(長崎), 부산을 경유, 1885년 4월 5일 제물포에 도착하였다.31 그는 곧바로 서울로 들어왔다. 당시 조선은 문호를 개방하고 양무개혁사업—1874년부터 1894년 7월까지 화이 체제 유지와 주자학적 질서를 강화하는 한편, 서양의 과학기술로 제국주의의 팽창을 막으려고 한 자강책(自彊策)—을 통해 부국강병을 모색하였다. 하지만 일반인의 여권 발급과 개항장 내 외국인의 종교 생활은 영국과 조약을 체결한(1883. 11.) 이후 그리고 선교사들의 포교 활동은 프랑스와 조약을 체결한(1886. 6.) 이후에야 가능하였다.33 언더우드는 제중원의 교사 신분으로 입국하였다.

제중원은 언더우드의 첫 활동지였다. 그는 알렌과 헤론을 도와34 약을 조제하고 수련생을 가르쳤다. 그는 그곳에서 만나는 사람들의

---

31 *The Japan Weekly Mail* (January 31st, 1885), 97; 118.
32 Sixty-Seventh Annual Report of the Missionary Society of the Methodist Episcopal Church for the Year(hereinafter "*MEC*") 1885 (Jan., 1886), 235-236.
33 학문 혹은 언어, 과학, 법학, 예술을 '배우고 가르치기 위하여'(習或教誨語言文字格致律例技藝者; 'to study or profess' the written or spoken language, science, laws and the arts) 조선에 오는 프랑스 시민은 조약을 체결한 양국이 행동으로 보이는 친선의 증거로서 언제든지 원조와 교섭을 받아야 한다. 프랑스로 가는 조선 사람들도 동일한 편의를 향유한다(凡有法國民人前往朝鮮國習或教誨語言文字格致律例技藝者, 均得保護相助, 以照兩國敦篤友誼. 至朝鮮國人前往法國亦照此一律優待).
「朝英修好通商條約」, 第四款-2, 6;「大朝鮮法國條約」, 第四款-4, 6, 第九款-1; H. G. Underwood to F. F. Ellinwood (Apr. 16th, 1886).
34 F. F. Ellinwood to H. G. Underwood (June 22nd, 1885).

건강을 돌보며 그들의 마음과 관습을 파악할 수 있었다. 병원이 "닫힌 문을 열고, 인심을 얻는데" 지렛대 역할을 한다고 보았다.35 따라서 그는 기독교 사업과 의료 사업, 즉 선교 사업은 질병의 고통을 완화시키고 의술로 육체적 필요를 채워 "사람들의 호의를 얻는데 그리고 다른 방법으로는 도달할 수 없는 사람들의 마음의 문을 여는 의사와 간호사"36들과 나란히 가야 한다는 소신을 피력하였다.37

1885년 7월 13일은 북장로회 한국선교회의 역사가 시작된 날이다.38 알렌은 의장, 헤론은 서기 그리고 언더우드는 회계를 각각 맡았다.39 언더우드는 제중원의 회계를 맡아 선교사의 주택과 선교 사업에 필요한 부동산 획득, 선교회의 자산 관리, 선교사 월급, 환전,40 번역비와 출판비 등을 관장하였다. 한국선교회의 사업 대부분이 그의 손을 거쳐 추진되었다. 그는 사업가다운 소질이 없어 회계 업무에서 물러나 직접적인 기독교 사역에 헌신하고 싶어 했지만 마땅한 사람을 구하지 못했다.41 한국선교회는 1889년 연례회의에서 기포드(Daniel

---

35 H. G. Underwood to F. F. Ellinwood (Feb. Unknown Date, 1885).
36 H. G. Underwood, op.cit., 100-101.
37 H. G. Underwood to F. F. Ellinwood (August 4th, 1890).
38 서기를 맡은 헤론은 후에 오는 이들이 선교 사업의 전체 역사를 알 수 있도록 정기 회의록에 더하여 알렌의 일기 중 선교회 관련 사항을 이기(移記)하였다. John W. Heron to Frank F. Ellinwood (Oct. 26th, 1885). 한편 미 북감리회 한국선교회는 1885년 8월 17일 조직하였다. *MEC* (1885), 234.
39 J. W. Heron to F. F. Ellinwood (July 13th, 1885); H. G. Underwood to F. F. Ellinwood (Aug. 29th, 1885). 알렌은 일찍이 언더우드가 사업 관련 인물로 보이도록 회계직을 넘길 생각을 하고 있었고(*Allen's Diary*, April 5th, 1885), 선교회를 조직하기 전—총무 엘린우드로부터 1886년 지출 예산을 보내달라는 요청을 받은 후—에 회계 업무를 맡겼다. F. F. Ellinwood to H. N. Allen (June 4th, 1885); H. G. Underwood to F. F. Ellinwood (July 6th, 1885).
40 최재건,『한국교회사론』(서울: 기독교문서선교회, 2018), 192-193.

L. Gifford)를 언더우드의 후임으로 선출하였다.42

제중원의학당(Medical and Scientific School)43은 1886년 3월 29일 16명의 학생으로 개교하였다. 개교할 당시 교수진은 알렌, 헤론, 언더우드이다. 알렌은 언더우드를 교수로 공식 임명하기 위해 왕실 대변인(go-between)과 조율, 그의 임명 계획을 고종에게 알리기로 합의하였다.44 언더우드는 학생들에게 매일 두 시간씩 영어 읽기와 쓰기를 언문으로 강의하였다.45 하지만 통리교섭통상사무아문(현 외교부)에서 파견한 관리가 상주하고 있어서 기독교에 관하여 어떤 것도 말하거나 가르칠 수 없었다.46 선교사들은 "막중한 책임을 인식하여 참을성 있게 기다리며, 신중함을 잃지 말아야 한다"47라는 말을 떠올리며 한국 사람들이 기독교 진리를 들을 수 있는 날이 오길 기다렸다.

---

41 H. G. Underwood to F. F. Ellinwood (Nov. 27th, 1887); H. G. Underwood to F. F. Ellinwood (June 11th, 1888).
42 H. G. Underwood to F. F. Ellinwood (January 28th, 1889).
43 「西醫學堂을 設立해야」『漢城旬報』(1884. 3. 27.), 19; Horace N. Allen to Frank F. Ellinwood (Dec. 22nd, 1885); *Allen's Diary* (Dec. 20th, 1885; March 29th, 1886); 「朝鮮通報」『朝野新聞』(1886. 7. 29.).
44 H. N. Allen to F. F. Ellinwood (May 13th, 1886); Dr. Allen's Diary (Mar. 29th, 1886); "Medical Work in Korea," *The Foreign Missionary* (Oct., 1886); H. N. Allen & J. W. Heron, *First Annual Report of the Korean Government Hospital, Seoul, 1886* (Yokohama Japan: R. Meiklejohn & Co., 1886), 5.
45 *Temporary Rules of Jejoongwon Medical School* (April, 1886); 박형우, 『호러스 N. 알렌 자료집』 III (도서출판 선인, 2022), 186-187. 한편 화학은 알렌이 강의하였다. A. Ellers to F. F. Ellinwood (Nov. 19th, 1886).
46 H. G. Underwood to H. N. Allen (January 27th, 1887).
47 L. H. Foote to F. F. Ellinwood (Nove. 12th, 1884); F. F. Ellinwood to H. N. Allen, H. G. Underwood, J. W. Heron (Aug. 21st, 1885).

2. 한국말을 가장 잘하는 선교사

제중원 임시 규정 제2조에 "의사들보다 한국말을 더 잘 이해하는 언더우드"[48] 라는 문구가 있다. 당시의 사람들은 한문, 한문 중심의 국한문 혼용, 언문[49]을 사용하였기 때문에 '외국인이 한국말을 잘 이해한다'라는 말은 언문과 한문을 동시에 이해하고 있다는 뜻이다. 언더우드는 일본에서 언문을 처음 배웠으며, 내한 이후 1년 반동안 언어 학습에 전적으로 매달렸다.[50] 그는 '중국 고전에 익숙하고 언문 사용법에 철저한 지식과 더불어 언문 사용에 관한 건전한 생각을 가진' 송순용(宋淳容)[51]을 어학 교사로 고용하였다. 언더우드는 그가 준비한 임브리(Dr. Imbrie)의 *English-Japanese Etymology* 언문본을 교재로 "언문 사용법에 맞게 수정하고, 정리하고, 추가하기"를 반복하였다.[52]

알렌은 정주 1년이 지나서야 의학적인 대화만 통역 없이 가능했다.[53] 반면에 헤론은 병원을 떠난 알렌의 자리를 채우느라 어학 공부 시간을 낼 엄두조차 내지 못해, 틈틈이 이수정 역 마가복음서를 읽었

---

48 "Mr. Underwood understanding Korean better than the Drs." *Temporary Rules of Jejoongwon Medical School* (April, 1886). 언더우드는 내한 1년이 조금 지났을 때 "한국말을 대단히 잘해서 사역을 훌륭히 감당했다." J. W. Heron to F. F. Ellinwood (Aug. 27th, 1886).
49 언문은 일상의 대화를 그대로 적은 구어체 문장, 즉 말하는 대로 기록할 수 있는 문자란 뜻이다.
50 H. N. Allen to F. F. Ellinwood (October 2nd, 1886); W. B. Scranton to John M. Reid (June 1st, 1885).
51 헤론과 A. 엘러스의 어학 교사로도 활동한 것으로 추정된다. A. Ellers to F. F. Ellinwood (July 25th, 1886); J. W. Heron to F. F. Ellinwood (Oct. 19th, 1886).
52 H. G. Underwood, "Preface,"『韓英文法 한영문법』(日本 橫浜: 製紙分社, 1890).
53 H. N. Allen to F. F. Ellinwood (October 27th, 1885).

을 뿐이다.54 아펜젤러(H. G. Appenzeller)는 웬만한 수준의 한국어를 구사하려면 상당히 시간이 소요될 것이라고 했는데,55 1년 6개월 후에 "나는 한국 감리회 최초의 설교자이지만, 나보다 한국말을 더 잘하는 언더우드가 있다"56라고 하였다. 그는 배재학당 신축 건물 개관식 때 언더우드에게 한국말로 연설해 달라고 하였다.57 언더우드는 유니언교회와 정동교회에서 행한 설교의 대부분을 한국말로 한 것으로 추정된다.

미국 북감리회 교육선교사 베커(Arthur L. Becker, 1879~1978)는 한국에서 맞이한 첫 일요일 오후에 배재학당 내의 유니언교회 예배에 참석해, 유창하게 한국말로 설교하는 언더우드를 보고 크게 감탄하였다. 베커는 자기가 한국에서 할 일(교육)과 한국말 공부에 관한 자문을 구할 목적으로 언더우드에게 인터뷰를 요청하였다. 이틀 후 그는 숭례문 가까이에 있는 언더우드 집을 방문하여 '장·감 연합'으로 서울에 대학 설립을 추진할 것이라는 이야기를 듣고, "영감을 주는 지도자"를 만났다고 생각하였다. 두 사람은 이 만남을 계기로 Chosen Christian College 설립의 동역자가 된다.58

언더우드는 형 존을 통해 사전 출판비 500달러를 지원받아59 『韓英文法 한영문법』(*An Introduction to the Korean Spoken Language*, 1890)과 『韓英字典 한영ᄌ젼』(*A Concise Dictionary of the Korean*

---

54 J. W. Heron to F. F. Ellinwood (Oct. 1st, 1887); L. H. Underwood to F. F. Ellinwood (Mar. 8th, 1889).
55 Appenzeller's Diary (June 16th, 1887).
56 Appenzeller's Diary (December 25th, 1887).
57 Appenzeller's Diary (September 17th, 1887).
58 Evelyn Becker McCune & Heather McCune Thompson, *Michigan to Korea: Arthur L. Becker* (2009), 127-131.
59 F. F. Ellinwood to Dr. Mitchell (Sep. 4th, 1889).

Language in two Parts Korean-English & English-Korean, 1890)을 준비하였으며, 많은 소책자와 찬양가 등을 언문으로 번역해 출판하였다.60 또한 그는 일찍이 인쇄소의 필요성을 인식했고,61 책과 약을 원하는 사람이 많다는 것을 알고 자신의 집에서 인쇄기를 설치,『상데진리』,『권즁회기』를 출판하였다.62

〈표 2〉 언더우드의 번역서 목록

년도	제목	중문 제목	영문 제목	원저자	발행처
1887	마가복음		Mark		?
?	천도소원	天道溯源	Evidences of Christianity	William A.P.Martin	浙甯華花書局, 1854
?	소요리문답	耶蘇教要理問答	Westminster Shorter Catechism	?	上海美華書館, 1866
?	성도견인	聖徒堅忍	Perseverance in the Divine Life	Helen S.C. Nevius	上海美華書館, 1889
?	양교변정	兩教辨正	The Two Religions Set Right: Romism and Protestantism	John Nevius	上海美華書館, 1890
1889	제셰론	濟世論	Salvation of the World	?	
1889	속죄지도	贖罪之道	Redemption	?	
1890	성교촬리	聖教撮理	Salient Doctrines of Christianity	Griffith John	? 조선성교서회
1891	상데진리 (3판)	上帝眞理	The Nature of God (The True Doctrine of God)	Griffith John	漢鎭英漢書館, 1892. 그리스도셩셔

---

60 H. G. Underwood to F. F. Ellinwood (July 3rd, 1889); H. G. Underwood to F. F. Ellinwood (no date, 1890); S. A. Moffett to to F. F. Ellinwood (Jul. 24th, 1890); D. L. Gifford, *Every day Life in Korea* (New York: Fleming H. Revell Company, 1898), 147.

61 H. G. Underwood to F. F. Ellinwood (March 8th, 1887).

62 Horace G. Underwood to F. F. Ellinwood (Feb. 27h, 1891); 이만열 · 옥성득, 『언더우드 자료집』 1권 (연세대학교 출판부, 2005), 60, 각주 75 일부 인용.

1891	권즁회기(3판)	勸衆悔改	Exhortation to Repentance	Griffith John	?
1893	즁싱지도	重生之道	Regeneration	Griffith John	그리스도셩셔
1893	신쟈소득지진복	信者所得之眞福	True Way of Seeking Happiness	Griffith John	?
1893	덕혜입문	德慧入門	Gate of Virtue and Wisdom	Griffith John	上海美華書館, 1879?
1893	그리스도문답(6판)		The Christian Catechism	Helen S.C. Nevius	그리스도셩셔
1893	예수교문답	耶蘇敎問答	Christian Catechism	Helen S.C. Nevius	그리스도셩셔
1894	삼요록	三要錄	The Three Principles	William A. P. Martin	上海美華書館 정동예수교회당
1894	복음대지	福音大旨	Great Themes of the Gospels		
1894	찬양가		Hymns of Praise		정동예수교회당
1895	령혼문답	靈魂問答	Questions and Answers to my Soul	Griffith John	?
1895	대쥬지명	大主之命	The Lord' Command	?	?
1895	진리이지	眞理易知	An Easy Introduction to Christianity	D.B. McCartee	福州城內金粟山, 1863. 예수성교회당
1895	구세교문답	救世敎問答	Catechism of Christian Doctrine	?	?
1896	부활쥬일례빙	復活主日禮拜	Easter Sunday Worship	?	?

당시 서울말과 중국말의 영향을 많이 받은 서북 지방 방언 사이에는 큰 차이가 있었다. 그런데 로스 본은 언문 표준어의 기준이나 『불한사전』 등에 포함된, 외국인들이 채택한 통일안을 따르지 않고, 철자를 소리 나는 대로 적었다고 한다.63 이에 반해 『신약마가젼복음셔언히』는 한문에 능숙한 이수정이 중국어 성경과 일본어 성경을 참고하여

언문과 언문 독음이 부기된 한자로 언해 방식을 따라 번역한 것이다. 따라서 한문 원문만을 사용한 『신약마가젼복음셔언히』는 어휘를 교체하고 어순을 바꾸는 등의 정제된 번역을[64] 하기에는 한계가 있었다.

로스본과 이수정 역은 문자 생활의 정도가 지역과 신분에 따라 많은 격차가 일어날 수 있다는 것을 보여준다. 이러한 현상은 언문이 비록 많은 사람의 일상에서 입에 오르내리며 전하는 말이었으나, 1895년 이전까지 주류언어가 아니었던 까닭에 일어난 것일 수 있다. 언더우드는 선교사가 들어오기 전에 언문 성경을 읽은 이들이 많이 있다는 것을 인지하였다. 선교사들에게 현지의 언어로 번역한 성경은 최상의 무기이다.[65] 하지만, 로스 역 신약전서와 이수정 본은 최상의 무기가 아니었다. 언더우드는 이를 초기에 알아보았다.[66]

> 로스 씨는 신약전서 언문 번역을 마쳤으나, 저는 그것이 서울에서는 쓸데없고 북한 지역과 번역이 이루어진 만주 한인촌 지역에서만 유용하리라고 생각합니다. 미국성서공회의 역본[이수정 본] 역시 크게 쓸모가 없으며 본토인들만이 수정하고 검토할 수 있었던 성경 역본을 발간하는 것은 약간 위험하다고 생각합니다. 일본의 루미스 씨는 저에게 마가복음과 누가복음을 읽고 수정해 달라고 부탁했지만, 현재로서는 불가능합니다.

---

63 S. Dyer to W. Wright (April 21st, 1893).
64 오미영, 「이수정 "신약마가젼복음셔언히"의 문체와 일본의 훈점한문성서」『日本日文學硏究』第57卷 (2006. 5.).
65 D. L. Gifford, *Op.cit.*, 145.
66 이만열·옥성득, 『언더우드 자료집』 1권 (연세대학교 출판부, 2005), 33-34; Horace G. Underwood to F. F. Ellinwood (April 16th, 1886).

결국 영국성서공회의 켄뮤어(Alexander Kenmure)는 1893년 서울을 방문하여, 한국에서 활동하고 있는 거의 모든 선교사가 "현존 번역본들은 현장의 필요에 적절히 부응하지 못한다"라는 의견에 만장일치로 동의하고 받아들이는 것을 확인하였다.67 그후 언더우드는 게일(James Scarth Gale, 1863~1937)과 함께 북장로회를 대표해 성경 번역에 참여하였다. 김명준, 김정삼, 송순용(宋淳容), 이승두(李承斗), 이원모(李源謨), 이창직(李昌稙), 정동명(鄭東鳴), 정태용(鄭泰容), 조용규(趙容奎), 조한규(趙閑奎), 최병헌(崔炳憲), 홍준(洪埈) 등이 번역에 참여해68 선교사들과 함께 언문의 표준을 찾고 정하는 데 크게 이바지하였다.

언더우드는 "특별히 한국을 잘 이해하고 항상 호의적 저술과 번역의 재능이 탁월하야 우리 글을 외국어로 또 외국 저작을 우리말로 번역하여 동서문명의 교류를 꾀하여 실로 근세 우리나라 문명의 중요한 초석을 놓았다."69

3. 순수한 사업가

언더우드는 입국한 지 3개월여가 지난 7월 중순에 자신의 집에 입주하였다. 알렌의 손님방(guest chamber)에 머물 때, 간간이 소년들이 찾아왔었는데, 이사한 후에는 더 많은 소년과 청년이 찾아와 영어를 가르쳐 달라고 했다.70 영아 소동(Baby riots)이 잦아든 이후부터는 영어와

---

67 A. Kenmure to W. Wright (May 27th, 1893).
68 H. Miller/柳瀅基 編, 「朝鮮語聖經의 由來」, 『單卷聖經註釋』 (京城: 新生社, 1934), 57.
69 신흥우, "우리의 恩人," 「삼천리」 제1호 (1929. 6.), 14.
70 H. G. Underwood to F. F. Ellinwood (July 6th, 1885); H. G. Underwood to
    F. F. Ellinwood (Aug. 29th, 1885).

서양 과학 지식을 배우고 싶어 하는 이들의 발길이 이어졌다.[71] 그는 자신의 신분이 드러나지 않도록 신중하게 처신하였다. 하지만 7월 12일 저녁에 내한 선교사들과 일요예배를,[72] 19일부터는 일요학교(Sunday school)를 시작하였다.[73] 헤론 부인과 알렌 부인은 오르간을 반주하며 학생들에게 복음성가를 가르쳤다.[74]

당시 정부는 동문학(同文學) 학생들에게 무상교육을 하면서, 식비와 의복비, 용돈까지 제공하였다. 청년들은 구직에 필요한 영어와 서양 지식에 관심이 높았지만, 돈을 내면서까지 배울 생각을 하지 않았다.[75] 따라서 병원과 함께 또 하나의 접촉점으로 기대했던 학교 사업의 실행이 여의치 않았다. 그즈음 어학 교사 송순용은 '일찍이 천주교에서 죽을 위험에 처한 어린이를 신자의 가정에 분산해 양육했다는 것(1854)과 최근 발생한 흉년, 전염병으로부터 부모를 여읜 아이들을 보호하기 위해 고아원을 운영하고 있다'[76]라는 이야기를 언더우드에게 전했을 가능성이 있다.[77]

언더우드는 알렌, 헤론과 상의한 후, 재난과 그에 따른 피해의 정도를 정확하게 파악하기 위해 송순용이 추천한 사람을 고용하였다.[78] 그

---

71 H. G. Underwood to Hon. H. A. Dinsmore (August 23rd, 1888).
72 이 예배 모임은 유니언교회가 배재학당 내로 옮겨갈 때까지 이루어진 것으로 보인다. H. N. Allen to F. F. Ellinwood (August 16th, 1885); Appenzeller's Diary (July 24th, 1886).
73 H. N. Allen to F. F. Ellinwood (July 19th, 1885); H. G. Underwood to F. F. Ellinwood (August 29th, 1885).
74 Mrs. John W. Heron, "Letters, Korea," *Woman's Work for Woman and Our Mission Field* 1(9), (Sept., 1886), 211.
75 H. G. Underwood to F. F. Ellinwood (January 20th, 1886).
76 윤선자, "고아원과 양로원의 개설," 「교회사연구」 제4집 (2009), 192.
77 H. G. Underwood to F. F. Ellinwood (January 20th, 1886).

리고 일요학교 학생들과 사랑방을 찾아온 사람들을 통해서 굶주린 사람들이 많고, 심지어 길에 버려진 아이들도 있다는 등의 사정을 들었다. 언더우드는 그들을 위해 무언가를 하여 그같은 부류의 숫자를 줄이는 것이 자신의 할 일이라며, 버려진 아이들과 사생아들을 데려다가 입히고 먹이며 가르치기로 하였다. 그는 고아원 부지 물색에 나서는 동시에 외무아문의 승인 절차 업무 파악과 운영 계획의 수립에 착수하였다. 또한 고아들에게 교양 교육을 할 수 있는 정규 학교 개설 방안을 강구하였다.[79]

한국선교회는 고아원 설립과 추진 계획을 확인하고, 관련 자산의 구입이 적절하다고 판단해, 고아원 용도의 부동산 구입 및 수리비 $500을 지출하기로 결의하였다.[80] 1886년 2월 초순에 주택을 구입하고 수리해,[81] 고아 1명으로 5월 11일 개원하였다.[82] 전통적으로 한국인들은 두레와 품앗이, 계(契) 등을 통해 어려움을 극복하고 유대를 강화하였다. 하지만 선교사들은 한국 사람들 역시 다른 이방인들처럼 "가난한 사람이나 고통받는 낯선 사람을 돕거나, 개인 또는 공동으로 자선사업을 행하지 않는다"[83]라고 하였다. 언더우드의 주변에도 고아

---

78 *Ibid*.
79 H. N. Allen, J. W. Heron & H. G. Underwood to H. E. Lieut C. C. Foulk (Feb. 12th, 1886).
80 J. W. Heron, "Resolution" (Jan.R 30th, 1886).
81 H. G. Underwood to F. F. Ellinwood (Feb. 13th, 1886); H. G. Underwood to F. F. Ellinwood (Apr. 16th, 1886); Mrs. J. W. Heron, "Letters, Korea(March 28th, 1886)," *Woman's Work for Woman and Our Mission Field* 1(9), (Sep. 1886), 211.
82 Appenzeller's Diary (May 11th, 1886).
83 D. L. Gifford, *Every day Life in Korea*, 145.

사업을 전혀 이해하지 못해 "이기적인 동기 없이 그런 일을 하는지 의아해"[84]하는 한국인이 많이 있었다.

언더우드는 "부도덕과 사악함에 빠질 수 있는 소년들을 이웃과 국가에 유익을 주는 올바른 시민으로 양육하는"[85] 고아원에 이어, "몇 차례 만난 몇몇 아이의 필요를 숙고한"[86] 끝에 언문 읽기와 쓰기, 영어, 산수, 지리, 역사 등을 가르칠 수 있는[87] 학당(Daily school) 개설을 추진하였다. 그는 그곳에 적령기 소년들을 받아들여, 그들이 공정하고 성실하게 일하며, 사회 공익 실현을 위해 자율(自律)할 수 있고 검약하는[88] 자세와 그리스도의 가르침을 받아들일 수 있는 사고가 길러지길 기대하였다.[89] 그리고 그들 가운데 조사, 전도사, 교사, 설교자가 나오길 바랐다. 그러한 교육 사업에 애니 엘러스(Annie J. Ellers, 1860~1938),[90] 헤론 부인, 알렌 부인이 등이 동참하였다.[91]

---

84 H. G. Underwood to Frank F. Ellinwood (July 9th, 1886).
85 H. N. Allen, J. W. Heron & H. G. Underwood to H. E. Lieut C. C. Foulk (Feb. 12th, 1886).
86 G. W. Gilmore, *Korea from Its Capital* (Philadelphia: Presbyterian Board of Publication and Sabbath-School Work, 1892), 297.
87 H. G. Underwood to Frank F. Ellinwood (Jan. 20th, 1886).
88 Max Weber, *The Protestant Ethic and the Spirit of Capitalism*, Trans. Talcott Parsons (Scribner, 1958).
89 S. A. Moffett to to F. F. Ellinwood (Mar. 18th, 1890).
90 A. Ellers to F. F. Ellinwood (Sept. 11th, 1886); A. Ellers to F. F. Ellinwood (Nov. 20th, 1887).
91 Mrs. John W. Heron, "Letters, Korea," *Woman's Work for Woman and Our Mission Field* 1(9), (Sept., 1886), 211.

IV. 핵심 전략

1. 사랑방 운영

노춘경(일명 '노도사')은 언더우드에게 첫 번째로 세례를 받은 한국인이다. 언더우드는 그가 찾아온 경위를 언급하면서, "당시 영어 공부를 하는 한국인들이 자신의 서재에 전혀 들어오지 않고 그들만이 사용하는 방이 있다"[92]라고 하였다. 언급한 '그들만이 사용하는 방'이란 사랑방(guest room)을 지칭하는 것이다. 노춘경은 서재와 사랑방이 분리되어 있다는 것을 모르고, 외국종교를 배울 수 있는 책을 구하기 위해 사랑방을 찾아온 것이다. 언더우드는 일찍이 그곳에서 일요학교를 시작하였고, 영어를 가르쳐주며 언문을 배웠으며, 많은 사람을 만났다.

1885년 여름에 입주한 언더우드의 집은 서부 황화방 취현동(정동 13번지, 현정동 1-45)의 좌의정을 역임한 강로(姜㳰)의 "노비 한복(漢福)의 기와집 117칸, 빈터 1,000칸" 외 12명이 소유한 땅과 가옥을 매입해 수리한 것이다.[93] 이는 가장 이른 시기의 것으로 알려진 사진(그림1)을 기준으로, "기존의 한옥에 처마내밀기"를 한 것(그림2)과 "'ㅁ'자 한옥의 앞부분을 철거하여 'ㄷ'자 형태로 바꾸고 우측 날개 부분을 개축"한 것(그림3)임을 각각 확인할 수 있다.[94]

---

92 H. G. Underwood to Frank F. Ellinwood (July 9th, 1886).
93 매입 시기는 5월 경으로, 2개월 여 만에 수리를 마쳤다. William B. Scranton to John M. Reid (June 1st, 1885). 서울특별시사편찬위원회 편저, 『國譯 漢城府來去文』 (上) (성원인쇄사, 1996), 257-258. https://history.seoul.go.kr/ebook/v/pqxcGF0Cgte (2019. 5. 20. 02:45 접속).
94 함태호·강성원, "19세기 말 정동 일대 선교사의 한옥 사용 방식," 『한국건축역사학회

그림 1   그림 2

그림 3

한국에 극장이나 강의실같이 넓은 곳이 없었기 때문에 일찍부터 저녁에 많은 사람이 모여 정담을 나누는 사랑방에 관심을 가졌다. 사랑방은 집주인의 남자 친구들이 모이는 곳으로,[95] 시대의 변화에 굴하지 않는 선비 정신과 양반들의 삶의 잔영이 서려 있는 곳이기도 하다. 따라서 변화를 인정하지 않을 수 없는 비애감이 서려 있는 공간이다. 언더우드는 서울에 입성한 지 3개월여 만에 그런 의미가 있는 공간을 "그리스도의 대의를 위해"[96] 사용하는 공간으로 꾸며, 그곳에서 자신이 할 수 있는 모든 것을 하였다.

2017년 추계학술발표대회』, 163-170.
95 D. L. Gifford, *Every day Life in Korea*, 52.
96 H. G. Underwood to F. F. Ellinwood (Feb. 27th, 1891).

사랑방은 매일 찾아오는 소년들의 영어 공부방이고, 은밀한 만남을 요청하는 사람들을 만나는 곳으로,97 "잡담도 하고 담배도 피울 수 있는" 공간이었다.98 기회가 닿을 때마다 사람들에게 한문으로 쓰인 복음서를 읽어주고, 한문으로 된 소책자를 빌려주었다. 자신이 오기 전부터 언문으로 번역한 성경을 읽은 사람들이 있다는 것을 알기에 종교의 자유가 아직은 없지만, 가능성과 기대치는 높았다. 그래서 어떻게든 사람을 만나기 위해 특히, 종교의 자유를 누리지 못하는 사람이 찾아오는 것을 가장 기뻐하였다. 한편으로는 같이 일할 사람들의 습속과 행실을 더 잘 알게 된 공간이기도 하다. 137년 전, 그 사랑방에 심겨진 겨자씨가 오늘의 새문안교회이다.

언더우드는 사랑방을 종교의 자유가 보장되지 않은 상황에서 한국 사람과 자연스럽게 만날 수 있는, 쾌적한 환경을 조성하기 위하여 주변의 술집과 가게가 있는 그리고 질병의 온상인 상태가 좋지 않은 초가집을 사들여 전망을 좋게 하고, 길을 넓혔다.99 그리고 1888년 12월에 한국장로회 최초의 신학반을 시작하였다.100 한편, 언더우드는 1890년 말에 고아원 맞은편에 있는 주점을 매입해 마굿간으로 가는 통로를 막는 한편,101 사람들이 드나들기 편한 그의 집 입구 길가에 사랑방을 따로 지었다.102 그는 1891년 2월 연례회의에서 "선교회 소속 모든 남자 선교사에게 사랑방 건축 예산을 배정하자는 의견을 제시

---

97 H. G. Underwood to F. F. Ellinwood (Aug. 29th, 1885).
98 H. G. Underwood, *The Call of Korea*, 104.
99 J. W. Heron to F. F. Ellinwood (Feb. 13th, 1887).
100 H. G. Underwood to F. F. Ellinwood (Dec. 23rd, 1888).
101 S. A. Moffett to to F. F. Ellinwood (Jul. 24th, 1890).
102 H. G. Underwood to F. F. Ellinwood (Feb. 27th, 1891).

하였다."103

2. 세례문답과 치리

언더우드는 노춘경에게 "될 수 있는 한 날카로운 질문을 많이 하였으며", "국법을 어긋나는 길로 가려고 하는 것이며, 다시는 돌아올 수 없다는 사실을 지적"하였다.104 그는 1887년 1월 23일 자신의 집으로 찾아와 세례를 받은 서경조, 최명오, 정공빈으로부터 "하나님께 복종하다는 이유로 임금님이 저의 목을 자른다고 괜찮습니다"105라는 고백을 들었다. 자발적으로, 로스의 사람들, 네 사람 모두 훌륭하게 세례문답을 통과하였다고 한다. 요양차 일본에 떠가기 직전 "몇 명의 남자에게 세례를 주었다"106라며, 세례문답하는 자리에 알렌과 헤론도 함께 있었다고 하였다. 6월 17일 8명의 세례자가 있다는 언급으로 미루어 2월 수세자는 5명이었던 것으로 추정된다. 그리고 8월 28일 3명이 더 세례를 받았다.

종교의 자유가 보장되지 않은 상황에서 행해진 세례문답은 매우 엄격하게 이루어졌다. 이 과정에서 "누구를 위한 것도 아닌 정부에 의해 모든 것이 결정되는 것에 대해 여전한 영향력"을 가진 알렌으로 인해107 선교사들이 서로 대립하기도 하였다. 언더우드는 "조선 관리로

---

103 H. G. Underwood, "Report of Building Committee," *The Korean Mission Annual Meeting* (Feb. 1891).
104 H. G. Underwood to F. F. Ellinwood (Jul. 9th, 1886).
105 H. G. Underwood to F. F. Ellinwood (Jan. 22nd, 1887).
106 H. G. Underwood to F. F. Ellinwood (Mar. 8th, 1887).
107 A. Ellers to to F. F. Ellinwood (Oct. 4th, 1886).

서 정부의 관련 규제들이 제거되기 전까지 허락할 수 없다"라는 알렌에게 "세례를 베푸는 것을 통해 우리가 그들 안에 있다고 믿는 그리스도인의 생명을 보증하는 것"이라고 반박하였다.[108] 또한 북장로회를 향해서도 "세례를 원하는 사람들에게 세례 주는 것을 본부가 원하는지 아닌지 그 여부를 알려달라"라고 하였다.

1887년 9월 27일 로스가 참석한 가운데 세례받은 한국 사람 14명이 사랑채에 모여 장로 2명을 선출하였다. 그 현장에 있었던 로스는 "그날 밤 중요한 것은 두 사람을 장로로 선출한 것이다"라고 하였다. 한국 사람은 그때까지 절대 군주의 통치를 받아온 까닭에 누군가를 지도자로 세우는 훈련을 받지 않았을 뿐만 아니라, 치리자를 평가하는 능력에 관한 인식이 없었다. 자기들을 다스리고 보호해 주는 왕이 있다는 생각을 못하던 사람들에게 '이 세상을 조성하신 분이 있고, 그분이 너희를 살리시고 지켜주시는 왕'이 계시다는 인식에서 새누리, 곧 교회(ἐκκλησία)의 지도자를 그들의 손으로 뽑은 것이다.

피택받은 두 명의 장로는 10월 2일 안수를 받았고, 세례문답을 통과한 신자 한 명은 세례를 받았다.[109] 한성순보는, 유럽 제국은 전 국민이 선출한 의원들의 모임인 민회(ἐκκλησία)가 있다며, "서양의 부강함은 민회에서 나온다"라고 소개하였다. 교회는 예수의 가르침을 따르고 실천하고자 유대교에서 분리된, 새로운 사회(社會)이다. '사회'는 일정한 규모를 가진 구체적인 모임체를 일컫는 말인데, 이 땅에 전혀 새로운 사회, 곧 에클레시아가 탄생한 것이다.

---

108 H. G. Underwood to H. N. Allen (Jan. 27th, 1887).
109 H. G. Underwood to F. F. Ellinwood (Sep. 30th, 1887); John Ross (1890), 247.

선교사들은 1893년 한국에 개혁교회 신경과 장로회 정치를 사용하는 연합교회를 목적으로 '선교회공회'를 조직하였다.110 장로회 정치란, 각 교회의 교인이 투표로 선택한 장로들이 당회를 구성하여 치리 권한을 행사케 하는 것이다.111 당회의 회원은 지교회의 목사와 장로이다. 새문안교회는 1887년 10월 2일 목사 언더우드, 장로 2명으로 구성된 당회를 조직하였다. 하지만 언더우드가 첫 번째 안식년을 떠나기 전, 새문안교회 등록 교인 가운데 많은 배교자와 무관심한 자가 나왔다. 그리고 두 장로가 치리를 받아 교회를 떠났다.112

언더우드는 세례에 관한 다소 무모해 보이는 자세와 태도는 불덩어리(a bundle of fire)113라는 별명에 잘 어울리기도 하지만, 다분히 "청교도형(Puritan type)으로 춤과 흡연, 화투를 죄로 여기는 대단히 보수적이고 전천년설(premillenarian view)을 절대적으로 신봉한 자들"114 가운데 한 사람으로 보인다. 하지만 자기 자신도 안전이 보장되지 않는 상황에서 무언가를 보증하려는 기투(企投)는 재평가해야 한다. 그리고 엄격하고 공개적인 치리(책벌: 출교, 제명, 해벌)는 새로운 문화를 창출하는 사회의 주역이 되는데 합당한 정신, 곧 주술적인 요인들을 배격하고 지속적인 자기 통제와 일관성, 제도 및 효율성을 판단할 수 있는 정신의 바탕을 이루는 평등 사상과 노동의 신성성 인식115을 촉구한 것이었

---

110 곽안련, 『장로교회사전휘집』 (경성: 조선야소교서회, 1918), 15.
111 J. A. Hodge/곽안련 역, *What is Presbyterian Law* (경성: 야소교서회, 1917), 2.
112 S. A. Moffett, Report of Church Session (Feb. 1891); S. A. Moffett to F. F. Ellinwood (Nov. 9th, 1892).
113 L. H. Underwood, *Underwood of Korea*, 48.
114 A. J. Brown, *The Mastery of the Far East* (New York: Charles Scribner's Sons, 1919), 540.
115 초기 당회록에는 음주, 이혼, 불신자와 결혼, 미성년자 결혼, 이혼, 축첩, 주일 미성수,

다고 할 수 있다.

3. 신학반 개설

언더우드는 신혼여행을 포함해 네 차례 선교여행을 하면서, 한 마을 전체에 기독교 정신이 스며드는 것과[116] 자급하고 자전하는 교회[117]를 목도하였다. 그는 자기를 포함해 선교 이력이 거의 없는 다른 선교사와 함께 독립하는 지역 교회를 설립하기 위해, '네비우스 방법'을 따르기로 하였다. 네비우스 방법은 앤더슨(R. Anderson)과 벤(H. Venn)이 정립한 것으로, 현지 교회가 스스로 인적, 물적 자원(동력)을 확보하는 선교 정책이다.

네비우스 선교 정책이 채택되던 1890년 가을부터 개종자들 사이에 자립과 자전, 자치 정신을 북돋아 주는 "신학반"(Theological Class)을 1개월 일정으로 언더우드의 집 사랑방에서 처음으로 시작되었다. 처음에는 의주에서 온 백홍준, 김관근, 소래의 서경조, 최명오, 서울의 서상륜과 정공빈, 홍정후[118] 등 7명이 언더우드, 기포드(Daniel L.

우상숭배와 제사 등과 관련된 교인의 치리에 관한 내용을 담고 있다. 지도자에 해당하는 영수, 집사 등이 치리를 통해 면직, 출교되기도 하였다. S. A. Moffett to F. F. Ellinwood (Mar. 18th, 1890).

116 이만열 · 옥성득, 『언더우드 자료집 I』 (서울: 연세대학교 출판부, 2005), 79-81.
117 이만열 · 옥성득, 『언더우드 자료집 II』 (서울: 연세대학교 출판부, 2006), 97.
118 에비슨은 홍정후의 8촌 동생인 홍석후와 관련해 몇 가지를 소중한 정보를 제공해 준다. 그는 한국선교회 최초의 학교—민노아가 학당장을 맡은 때— 사진 속의 홍석후를 기억하고 있었을 뿐만 아니라 여러 선교사에게 한국어를 가르친 어학 교사의 아들이라고 하였다. 또한 홍석후가 공부한 관립의학교(1903~1907.1.)에 관하여, 환자의 치료를 위한 실제적인 지식이 부족하다고 하였다. 이러한 언급에 비추어 볼 때, 홍석후는 궁내부 소속 번역과 번역관 판임관 6등과 통신사 전화과 주사로 임관한 그리고 언더우드의 어학 교사인 홍준의 아들이며, 민노아학당의 학생이었다. O. R. Avison, *Momoirs of Life in Korea* (The Korean Doctors' Weekly, 2012), 180.

Gifford, 1861~1900), 헤론(John W. Heron, 1856~1890)의 가르침을 받았고, 1892년에는 수강생이 16명으로 증가했다.119 강의는 선교사 기포드, 마펫(Samuel Austin Moffett, 1864~1939), 게일(James S. Gale, 1863~1937) 등이 맡았다. 신학반을 이수한 이들은 전도인, 조사, 언어 교사 및 권서 등으로 선교사의 포교 활동과 교회 개척을 도왔다. 한편 신학반은 1901년 평양에서 시작된 목회자 양성을 위한 평양 장로회신학교의 기초가 되었다.

---

119 16명은 서울의 홍윤, 염준호, 강영길, 이승원, 송순명, 김규식, 홍정후, 장연의 서상륜, 서경조, 해주의 최명오, 문화의 우종서, 의주의 한석진, 송석준, 구성의 김관근, 양전백 그리고 자성의 김병갑이다.

참고문헌

1차 자료

「대한예수교쟝로회로회회록」. 1908.

『대한예수교쟝로회 신경과 규측』. 경성: 대한예수교쟝로회, 1910.

「새문안교회 당회록」 1907~1911.

野津道貫. 『歐美巡廻日誌』 上卷. 廣島: 廣島鎭台文庫, 1886.

A Manual Prepared for the Use of Missionary Candidates and Missionaries in Connection with the Board of Foreign Missions of the Presbyterian Church, 4th Edition. New York: Mission House, 1882.

Appenzeller's Diary.

Constitution of the Presbyterian Church of Chosen. Seoul: Korean Religious Book and Tract Society, 1919.

Griffith, John/원두우 역. 『덕혜입문』. 서울: 죠선예수교서회, 1915.

Quarto Centennial Papers Read Before the Korea Mission of the Presbyterian Church in the U.S.A. at the Annual Meeting in Pyeng Yang, August 27, 1909.

Ross, John. Tr. by Mrs. Scranton, M. F. 「원입교인규조」. Korean Religious Tract Society, 1904.

Temporary Rules of Jejoongwon Medical School. April, 1886.

단행본

郭安連 譯. 『敎會政治 問答條例』. 京城: 朝鮮耶穌敎書會, 1917.

郭安連 編輯. 『長老敎會史典彙集』. 京城: 朝鮮耶穌敎書會, 1918.

김현주. 『사회의 발견』. 소명출판사, 2013.

대한예수교쟝로회. 『대한예수교쟝로회 신경과 규측』. 경성: 대한예수교쟝로회, 1910.

로해리. 『조선긔독교회략사』. 京城: 朝鮮耶穌敎書會, 1933.

박형우. 『언더우드 내한 관련 자료집』. 연세대학교 대학출판문화원, 2015.

_____. 『존 W. 헤론 자료집』 I-II. 도서출판 선인, 2017.

_____. 『호러스 N. 알렌 자료집』 III. 도서출판 선인, 2022.

_____. 『호러스 N. 알렌 자료집』 IV. 도서출판 선인, 2023.

서울특별시사편찬위원회 편저. 『國譯 漢城府來去文』(上). 성원인쇄사, 1996.

옥성득 역. Sources of Korean Christianity 1832~1945. 서울: 한국기독교역사연구소, 2004.

李能和. 『朝鮮基督教及外交史』. 京城: 朝鮮基督教彰文社, 1928.

이만열 · 옥성득. 『언더우드 자료집』 I. 연세대학교출판부, 2005.

_____. 『언더우드 자료집』 II. 연세대학교출판부, 2006.

柳瀅基 編. 『單卷聖經註釋』. 京城: 新生社, 1934.

朝鮮예수教長老會總會. 『朝鮮예수教長老會史記』 上. 京城: 朝鮮基督教彰文社, 1928.

존스, G. H. 『한국 교회 형성사』. 옥성득 편역, 홍성사, 2013.

Brown, A. J. *The Mastery of the Far East*. New York: Charles Scribner's Sons, 1919.

Gifford, D. L. *Every day Life in Korea*. New York: Fleming H. Revell Company, 1898.

Gilmore, G. W. *Korea from Its Capital*. Philadelphia: Presbyterian Board of Publication and Sabbath-School Work, 1892.

Hodge, J. A. *What is Presbyterian Law*. 郭安連 譯, 京城: 朝鮮耶穌教書會, 1917.

McCune, Evelyn Becker & Heather McCune Thompson. *Michigan to Korea: Arthur L. Becker*. 2009.

Noll, Mark A. *A History of Christianity in the United States and Canada*. Grand Rapids, Michigan: Wm. B. Eerdmans Publishing Co., 1992.

Pierson, Arthur T. *The Crisis of Missions*. New York: Robert Carter and Brothers, 1886.

Ross, John. *Mission Method in Manchuria*. London: Pliphant Anderson & Ferrier, 1903.

Speer, Robert E. *Report on the Missions in Korea of the Presbyterian Board of*

Foreign Missions. New York: The Board of Foreign Missions of the PCUSA, 1897.
Underwood, H. G. *The Call of Korea*. New York: Fleming H. Revell Company, 1908.
_____. 『韓英文法 한영문법』. 日本 橫浜: 製紙分社, 1890.
Underwood, L. H. *Fifteen Years among the Top-Knots or Life in Korea*. New York: American Tract Society, 1904.

논문 및 기타

오미영. "이수정 '신약마가전복음셔언히'의 문체와 일본의 훈점한문성서." 「日本日文學硏究」第57卷 (2006. 5.).
윤선자. "고아원과 양로원의 개설."「교회사연구」제4집 (2009).
정운형. "호러스 G. 언더우드의 선교지 결정과 출발."「東方學志」제175집 (2016. 6.).
함태호·강성원. "19세기 말 정동 일대 선교사의 한옥 사용 방식." 한국건축역사학회 2017년 추계학술발표대회.
Coakley, J. W. "The Seminary Years of the Missionaries H. G. Underwood and H. G. Appenzeller."「장신논단」47(3) (2015. 9.).
Lark-June George Paik. "The History of Protestant Missions in Korea 1832-1910." A Dissertation presented to the Faculty of the Graduate school of Yale University for Degree of Ph.D., 1927.
「漢城旬報」.
Heathen Woman's Friend.
The Foreign Missionary.
The Japan Weekly Mail.
The Korea Mission Field.
The Presbyterian Monthly Record.
United Presbyterian Monthly Report.
Woman's Work for Woman and Our Mission Field.

당회록에 나타난 조선예수교장로회의 제도화 이행 과정

박종현 | 연세대학교 연세학연구소

I. 들어가는 말

이 글은 조선예수교장로회가 1920년대에서 1930년대로 교회 제도 및 활동 양상이 발전적으로 이행하는 과정에 나타난 역사적 변화를 지역 교회의 당회록에 어떻게 반영하고 있는가를 기술하려 한다.

1920년대 중반에서 1930년대 말까지 조선예수교장로회는 일제 식민지라는 역사의 암흑기에서도 다방면으로 활동을 벌였다. 우선 교회의 선교가 활발하게 이루어져 교세의 확산이 이어졌다. 신학교육 및 기독교교육도 절정을 이루어 다수의 기독교 인재를 배출하여 조선에 희망의 빛을 비추어 주었다.

1920년대의 시대적 어두움은 우선 3.1만세운동이 범민족적 참여에도 불구하고 조선의 독립을 성취하지 못하였다는 점에서 좌절을 불러왔다. 그러나 이 운동은 일제의 무단 통치를 종식하고 소위 문화통치를 가져왔기 때문에 조선에서는 다양한 민족운동이 일어나게 된다. 특히 다이쇼데모크라시로 알려진1 일본 내의 민권운동의 발흥은 조선에도 많은 영향을 끼치게 되었다.

또 1929년 일어난 세계 대공황은 세계 민중의 삶에 치명적 결과를 초래하였고 특히 식민지로 예속된 국가들은 경제적 타격에 치명적 위협을 받았다. 조선의 농촌은 1930년대가 되면 다수의 아사자(餓死者)가 나올 정도로 궁핍한 상황에 이르게 되었다. 소위 초근목피로 연명한다는 이야기는 조선 농촌의 일상이 되었다. 조선 기독교회는 1928년 예루살렘 국제회의를 계기로 조선의 사회문제에 눈을 돌리게 된다.

1920년대 이후 조선 사회는 급진적 공산주의 운동이 대두되기 시작하였다. 이들은 국제공산주의운동의 맥락에서 민족해방운동을 부르짖었고 이를 위한 민족 단위의 실천 방안으로 사회문제 해결을 위한 급진적 혁명 주의를 내세웠다. 조선에는 3.1운동 이후 이러한 공산주의 운동이 침투하면서 기독교회에 대한 공세의 수위를 높였다. 조선의 기독교회는 이러한 혁명적 공산주의 세력의 도전에 대응하면서 기독교만의 고유한 사회운동을 제안해야 할 필요성에 직면해 있었다.

여러 교파와 연합 활동은 한국 개신교회의 사회적 영향을 확산하고 기독교의 가치와 실천을 통해 교회의 연대를 통한 민족의 연대 및 세계와 교류를 넓혀 나갔다. 1928년 예루살렘 회의에 대표단을 파견한 한국의 개신교회는 기독교회의 사회 참여의 신학적 실천적 토대를 마련하여 식민지 조선이 자주적으로 독립의 기반을 마련하려는 노력에

---

1 다이쇼데모크라시는 다이쇼(大正) 천황이 일본 내 민권운동을 지지하던 시기로서 1920년에서 1925년 또는 1928년 정도까지를 일컫는다. 일본에서도 조선의 자치 문제가 일부 논의되었고 그에 따라 조선 내에서도 다양한 온건 민족운동이 나타나게 되었다.

힘을 기울였다. 특히 1920년대부터 시작된 기독교 민족운동의 구체적 실천은 1930년대에 들어서면서 여러 방면에서 결실을 거두기 시작하였고 기독교회 안팎에 수십 개의 민족운동 단체가 설립되어 대중의 계몽운동, 사회적 갱생 운동, 교육 운동, 농어촌운동 등 전방위적인 활동을 펼치게 된다.

조선예수교연합공의회, 주일학교대회, 공동 찬송가 발간, 예수교서회, 기독신보와 같은 기독교 언론의 공동 발간 등 다양한 연합 활동도 이 시기에 대거 이루어지게 된다. 조선교회가 선교부로부터 완전한 독립을 하게 된 것도 1930년대부터이다. 감리교회는 1931년 미국 선교부로부터 독립하여 연회를 독자적으로 개최하였고 미국 선교사들은 조선 감리교 연회의 파송을 받아 활동하는 계기가 이루어졌다. 장로교회는 이미 1대 언더우드 총회장을 빼면 조선예수교장로회 총회장을 한국인이 맡아 하였다. 1920년대 말이 되면 장로교회에서 선교사들은 대거 목회 현장에서 퇴거하여 특수 선교, 기독교 학교, 노회 유지재단에서 업무를 보는 것으로 이행하였다. 한국인이 장로회의 당회, 노회, 총회 및 산하 기구를 관할하게 되었다.

이러한 요인의 발생은 장로회의 기초가 되는 당회 즉 지역 교회에서 일어난 변화들에 기초한 것으로 추측할 수 있다. 지역 교회는 1910년대까지 일어나던 교회 내부의 지도력 갈등이 많이 줄어든 것으로 보인다. 교회는 교인들을 교육하고 영적으로 사회적으로 성장시켜 기독교인들의 지식수준이 높아지고 도덕 표준이 상향 적응되어 조선 사회에 지도력 있는 계층으로 등장하기 시작하였다. 여기에는 기독교 고등교육 기관의 역할이 큰 기여를 하였다고 판단된다.

이는 당회의 지속적 안정화를 통해 이루어졌다. 그리고 상회인 노회와 총회의 기능이 점차 강화되었고 총회 산하의 신학교육, 기독교 사립학교, 중등학교 등 기독교교육과 기독교 기관들의 역할의 중요성이 빠르게 증가하였다.

이러한 안정은 기독교회에서 다수의 인재를 배출하는 결과를 가져왔다. 1930년대에 활동한 대표적 기독교인들은 공통으로 3.1운동의 세례를 받았고 그에 따라 민족의식과 사회의식이 강한 기독교 인들이 축적되어 민족문제에 기독교가 깊이 관여하는 계기가 마련되었다. 이는 교회 생활과 규범의 안정화 그리고 기독교교육의 지속적 성과가 가져온 결실이었다.

II. 1930년대 조선예수교장로회와 연합운동

1930년대는 조선 기독교회가 완숙한 모습으로 체제와 규범을 갖추어가는 것을 볼 수 있다. 1930년대 조선교회는 다양한 연합운동이 나타났다. 여러 연합 활동을 위한 조선예수교연합공의회, 이 공의회가 주관하여 일구어 간 기독신보, 찬송가 발간, 주일학교대회 등 교파 간의 차이를 넘어 선교적 일치의 모습이 만들어지고 있었다.

조선예수교 연합공의회는 1900년대 초 단일교회를 위한 복음주의 공의회에서 시작하여 단일 한국교회가 불발되자 각 교파 교회 간의 협력을 위한 연합기구로 발전하였고 드디어 1924년 새문안교회에서 조선예수교연합공의회가 발족하였다. 초대 회장은 차재명 목사였다.

1931년 조선기독교 연합공의회로 명칭을 바꾸고 가입 단체를 늘여 총 16개의 교파, 기독교 기관, 선교부가 가입하였다. 1932년 사회

신조를 선언하여 기독교회의 사회적 책무에 대한 자각을 확인하고 사회개조 활동에 진력하였다.

이 공의회는 그간 장로교 감리교 성결교 동아기독교 등에서 각기 발행하던 찬송가를 한국 개신교회가 공동으로 사용하는 찬송가 발간에 협력하여 장로교 감리교가 공동으로 사용하는 찬송가를 발행하였다. 또 기독교 언론을 대표하는 하나의 신문으로「기독신보」를 창간하였다.

주일학교 운동은 한국교회의 성장과 성숙을 위한 매우 중요한 활동이었다. 한국 개신교회의 주일학교 운동은 1905년 조선에서 선교사 공의회가 결성되면서 공동 과제로 인식하고 연합 사업으로 추진한 기독교 운동이었다.[2]

한국교회는 1913년 스위스 취리히에서 개최된 세계주일학교 대회에 참가하여 세계교회와 연대를 공고히 하게 되었다. 1920년 일본에서 열린 대회는 3.1운동의 여파로 일본교회로부터 조선교회의 독립성을 알리는 계기를 만들기 위해 참가를 거부하였다. 그리고 1921년 조선교회는 독자적인 주일학교대회를 개최하여 세계 각국의 대표들이 한국에 모여 성대한 주일학교 대회를 치르게 된다.[3]

이를 계기로 조선교회의 주일학교는 교육과정 개발, 교사 양성, 주일학교의 증진 등 비약적 발전의 계기가 조성되었다. 이를 통해 조선의 교회는 순회전도, 교회학교 그리고 주일학교를 통한 국내 선교가

---

2 신수일, "한국개신교연합운동 역사연구, 1884-1945," 장로회신학대학교 박사학위청구 논문, 008, 90-91.
3 이지혜, "전(全) 주일학교대회 연구," 광주 서울장신대학교 석사학위 청구 논문 (2017), 24-28.

입체적으로 이루어져 교회의 양적 질적 성장이 동시에 이루어지는 효과를 얻게 된다.

전 조선주일학교 대회는 1차 1921년, 2차가 1925년, 3차가 1929년, 4차가 1933년에 이루어졌다. 1차와 2차 대회는 복음적 내용이 주축을 이루었고 3차 대회는 예루살렘대회에 참석한 이들이 강연자로 선출되어 기독교회의 사회문제에 대한 관심이 주제를 이루었다. 4차 대회의 주제는 조선교회의 국내 선교와 사회적 실천으로서 절제운동이 선택되었다.

네 차례의 주일학교대회에서 초기에 선교 문제와 기독교교육 문제가 중요 의제로 다루어졌고 후기에는 사회문제가 중요 의제로 다루어진 것은 초기 기독교회의 성장과 선교가 중요 과제였던 것이 일정 수준의 성장과 역량을 완비하게 된 한국교회가 한국 사회 문제에 적극적으로 나서게 된 것을 보여준다.

조선예수교연합공의회의 사회신조는 이러한 역사적 배경 속에서 선언된 것이다. 이 사회신조는 기독교회의 사회적 변화의 동력은 유물론적 계급 투쟁과 혁명을 배격하는 기독 정신에 기초한 기독교교육과 선교의 결과로 빚어진 인격적 변화가 선행된 것이어야 한다고 선언하였다.

III. 조선예수교장로회의 농촌운동

1928년 조선예수교장로회는 국제예루살렘선교대회에 정인과 목사를 단독 대표로 파견하였다. 세계가 직면한 사회문제에 대한 세계

기독교회의 대응에 조선장로교회는 응답할 필요를 느끼게 되었다. 1928년 그해에 조선예수교장로회 총회에서 상정되어 조선예수교장로회 농촌부가 설립되었다. 이 농촌부에서는 배민수, 유재기, 최문식 목사 등이 활동하였다.

농촌부는 1928년 국제 예루살렘대회로 기독교의 사회문제에 대한 세계적 관심이 부상하였고, 뒤이은 1929년의 경제 대공황은 식민지 각국의 경제 상황을 극도로 악화시켰기 때문에 사회개혁은 시급한 현안으로 떠올랐다. 인구의 절대적 다수가 농민인 조선의 상황은 농촌 문제가 중요한 과제로 급부상하였다.

1920년대에 한국에 들어 온 혁명적 공산주의 운동은 민족주의 진영과 대립하면서 파업과 소작쟁의와 같은 급진적 방식으로 전개되었다. 조선예수교장로회 농촌부는 이러한 시대적 요청에 부응하여 급진적 사회주의 운동에 대응하는 차원에서도 설립되었다. 그 중요한 인물이 정인과, 배민수, 유재기, 최문식, 박학전, 차채명 등이었다.

정인과는 조선예수교장로회를 대표하여 예루살렘대회에 참석하였고 장로교회 총회는 새로 설립된 농촌부 부장으로 정인과 목사를 임명하였다. 1929년 8개 노회에 농촌부가 설립되었고 1930년 전국 22개 노회에 농촌부가 설립되었다. 초기 농촌부는 정인과, 전필순, 이승길, 매큔 선교사가 주축을 이루었다. 1933년 배민수 목사가 장로교 농촌부 총무로 장로교 총회에서 임명받아 본격적인 장로교회의 농촌부 활동 새로운 전기를 맞게 된다. 총무로 배민수가 취임하고 이성원 장로와 박학전 목사가 실무 간사를 맡았다.

장로교 농촌부 임원4

연도	부장	서기	회계 부회계	총무	간사	사무국원
1933~1934	정인과	이창호	전봉재 윤산온	배민수	박학전 김성원	차재명 강병주 장응곤 김리현
1934~1935	정인과	계희민	강병주	배민수	박학전 김성원	장응곤 리명하 차재명
1935~1936	윤산온	계희민	강병주	배민수	박학전 김성원	배진성 차재명 정택현 곽경한
1936~1937	문재린	유재기	전인환 최봉주	배민수	김성원 김상돈	노영선 권중한 조상곤
1937	문재린	김명덕 박재석	변배지 오건영	배민수		김관삼 조찬벽

이들 초기 농촌부 임원들은 장로교회에서 임명되어 활동하다가 1937년 농촌부 조직이 사라지면서 그들의 활동도 중지되었다. 그러나 배민수, 유재기 그리고 최문식은 농촌부가 해산된 후에도 사회운동, 농촌운동을 독자적인 형태로 유지해 나갔다. 또한 해방 후에도 이들은 신국가 건설의 거대한 비전 속에서 농촌운동 또는 사회운동을 전개하여 기독교 사회운동을 지속해서 전개하였다.

그중에서도 세 인물은 기독교 농촌운동 기독교 사회운동에 대한 사상적 토대를 갖고 활동한 인물들이었다. 그러나 이들의 사상과 방법에는 미묘한 차이가 나타난다. 배민수의 농촌운동이 사회 복음주의에 기초한 것이라면 유재기의 농촌운동은 기독교사회주의를 표방하였고 최문식의 기독교 사회운동은 기독교와 사회주의적 실천을 결합하려 하였다는 구분 점이 나타난다. 즉, 1930년대의 장로교회 농촌운동은 사상적 깊이와 다양성을 가진 인물들이 활동하는 장이 열렸다.

---

4 『조선예수교장로회총회 제22회-26회 회록』 1933~1937.

그중 배민수의 농촌운동의 일관된 사상은 사회복음 운동이었다. 농민들이 기독교 신앙으로 인격이 변하고 그 변화가 농촌 가계와 농촌 사회를 변화시키는 전망을 품고 활동하였다. 배민수의 사상은 농촌 마을이 이상적 신앙 공동체가 되는 것이었다.

유재기는 기독교사회주의를 한국에 소개하고 협동조합 운동으로 이를 실천한 인물이다. 그는 마르크스주의 사회주의와 뚜렷하게 구별되는 기독주의에 기반한 사회주의를 구현하기 위해 그의 생애를 헌신하였다. 유재기는 기독교의 자비와 우애의 정신으로 농민들이 변화하면 그와 동시에 협동조합이라는 자율적 주체적 갱생 운동으로 농촌 사회가 영적인 변화와 더불어 사회경제적 변화를 이룰 수 있다고 확신하였다. 농민 개개인의 영적 감화와 더불어 사회경제적 향상이 필수적이라는 것을 강조하여 장로교의 농촌운동을 구체화하고 농촌공동체의 신앙과 사회경제적 균형을 추구하였다는 점에서 유재기만의 독특한 공헌을 남겼다.

최문식은 그의 초기 청년 시기부터 조선 사회 변혁에 대한 거대 담론을 고심하고 탐구하였다. 개인의 변화, 지역사회의 변화에 머물지 않고 체제의 변화를 근본적으로 추구하였다. 최문식은 기독교 정신을 실천하는 방안으로 급진적 사회주의를 수용하여 갔다. 그러나 동아시아의 사회주의 노선은 서유럽에서 발전한 사회주의 달리 기독교와 양립하기 어려운 혁명적 급진적 운동으로 전개되었다.[5] 최문식은 자신

---

5 유럽 사회주의는 1895년과 독일 사회당의 창립자 에두아르트 베른슈타인이 급진적 혁명가 로자 룩셈부르크와 벌인 논쟁에서 출발한다. 자본주의 체제를 혁명으로 전복해야 한다고 본 룩셈부르크에 대해 베른슈타인은 사회주의의 성패는 사회주의가 의회 민주주의를 통해 국민적 지지를 얻고 민주주의를 발전시켜나감으로써 성취된다고 보았다. 독일 사회주의 내의 급진주의와 의회주의의 논쟁은 의회주의의 승리고 귀결되었고 이

의 사유 체계 안에서 기독교와 사회주의를 조화시킬 방안을 찾는 데 실패하였다.

배민수 유재기 최문식의 사상 형성은 몇 가지 공통점을 갖는다. 우선 3.1운동이라는 민족사적 사건을 청소년기에 경험하였다는 것이다. 3.1운동의 경험은 그들의 의식 바탕에 항상적인 민족의식을 형성하였다. 그리고 기독교 민족운동의 사상적 세례를 받았다는 점이다. 모두 민족주의자 조만식과 만남을 통해 민족의식과 그 실천에 대한 도약의 순간을 경험하였다.

또 이들이 각각 고유의 기독교 농촌운동을 개성적으로 실천하게 된 분화의 계기는 유학이었다. 배민수는 두 차례에 걸친 미국 유학을 통해 사회복음이라는 복음주의적 사회개혁 사상에 눈뜨게 되었고 그의 생애 내내 이러한 복음주의적 사회개혁에 헌신하게 되었던 것이다. 유재기는 일본 유학을 통해서 가가와 토요히코와 스키야마 모토지로를 알게 되었고 기독교사회주의를 자신의 기독교 농촌운동의 방법론으로 확립하게 되었다. 최문식 역시 일본 유학을 통해 사회주의를 그가 고뇌하던 기독교 민족운동의 방법론으로 최종적으로 선택하여 식민 조선의 해방이라는 목표를 실현하려 하였다.

1920년대 말부터 1930년대 말까지 이들이 수행한 장로교 농촌운동과 해방 후 신국가 건설 과정에 이들이 참여하여 한국 농촌 사회의

후 독일 사회당은 프랑스와 북유럽으로 확산되어 유럽 사회민주주의의 한 세기 전성기를 맞게 된다. 사회당은 집권당이 되자 현대 헌법의 전형으로 알려진 바이마르 헌법을 제정하여 현대 민주주의 새 장을 열게 되었다. 양차 대전 후에는 사회당이 집권한 국가들에서 복구에 성공하고 복지국가 성립에 성공함으로써 유럽 정치사의 거대한 진보를 이루게 되었다. 유럽의 개신교회는 이러한 사회민주주의를 지지하는 종교 사회주의를 제시하여 유럽 국가의 복지 국가화 운동에 동참하였다.

도약을 꿈꾸었지만, 이들의 노력은 부분적 성취를 이루는 데 그쳤다. 일제 강점기에는 장로교 내부의 반발, 농촌부가 운용할 수 있는 자원의 한계, 일제의 억압과 역사적 격랑 속에서 일관된 정책을 수행할 수 없었다. 1937년 농우회 사건으로 농촌부는 전격 해체되어 열정적인 기독 청년들의 기독교적 사회개혁의 꿈은 좌절되었다. 해방 후에도 세 사람 모두 새로운 국가 건설에 기독교 농촌운동이라는 길을 따라 참여하였다.

차재명은 초기 농촌부 간사로 활동하였고 조선예수교장로회 총회장, 조선예수교연합공의회 의장으로 장로교회와 조선교회의 연합운동에 깊이 헌신한 인물이었다. 차재명은 1881년 생으로 평안북도 용천에서 출생하였다. 15세에 기독교인으로 신앙생활을 시작하였다. 그는 30세의 나이로 평안북도 선천의 신성중학교를 졸업하였다. 1911년 언더우드 선교사의 조사가 되어 기독교 사역에 헌신하였다. 1912년 평양신학교에 입학하였고 1916년 졸업하였다. 그는 경인 인근 지역의 전도 목사로 파송되어 순회 전도와 교회를 돌보는 사역에 종사하다가 1920년에 새문안교회의 담임 목회자로 청빙되었다.

그는 1930년 제18대 조선예수교장로회총회장에 취임하였고 1932년에는 조선예수교연합공의회 의장에 취임하였다. 1933년 조선예수교장로회가 정식으로 농촌부를 발족할 때는 농촌부 간사로서 장로교회의 농촌운동에 참여하였다.6

배민수는 1897년에 충청북도 청주에서 출생하였다. 그의 부친은 구한국군 하사관 출신으로 1907년 정미7조약의 군대 해산에 항거하

---

6 류금주, "새문안교회의 첫 한국인 목사 차재명, 그의 한국교회사에서의 전환기적 위치,"「피어선신학논단」4호 (2015.2.): 7-32.

여 의병장이 된 이였다. 배민수의 부친은 일본군 사살로 체포되어 처형되었고 그는 부친의 유언에 따라 애국 독립운동에 일찍 헌신하였다.

그는 청주의 기독교학교인 청남학교를 마치고 숭실학교에 진학하였다. 배민수는 학생들을 규합하여 대한국민회 지부를 설립하였고 이것이 빌미가 되어 옥고를 치렀다. 1919년 3.1운동 직전에 출옥한 배민수는 3.1운동에 참여하였고 다시 옥고를 치렀다.7

그는 숭실학교 재학 중 고당 조만식을 만나 조선의 독립과 그 후 신국가 건설을 도모하려면 급진적 군사행동보다 장기적 계몽운동이 중요하다고 깨닫게 된다. 그는 1928년 숭실학교의 동지를 규합하여 조선농촌연구회를 결성하였다. 그리고 평양신학교와 미국 시카고의 맥코믹신학교를 졸업한 후 선교자금을 기부받아 귀국하여 농촌부 활동에 나서게 된다. 장로교회 농촌부는 일제가 중일전쟁을 일으키기 위해서 국내의 민족주의 세력을 척결하는 과정에 농우회 사건으로 농촌부는 해산되었다.

농촌부에서 활동한 인물로 유재기 목사가 있다. 그는 1905년 경북 영주에서 출생하였다. 부친은 유교적 배경의 중산층 인물로 기독교가 조선의 미래를 바꿀 잠재력을 가진 종교이며 특히 거듭남의 교훈이 있어 인성을 본질적으로 개선할 수 있는 유일한 종교라고 보아 개종하였다. 유재기는 부친의 영향으로 어려서 기독교회에 출석하였고 그가 15세 될 무렵 3.1운동을 경험하였다.

기독교와 민족의식의 각성이 함께 성장하며 유재기는 맹의와 선교사의 조사가 되었다. 그러나 유재기는 선교사의 종교적 교의에 국한

---

7 최재건, "배민수의 삶과 사상, 그의 유지 계승," 「대학과 선교」 39권: 155-190.

된 기독교 신앙에서 더 확장된 복음과 복음이 구체적으로 민족의 운명을 바꿀 수 있는 길을 모색하였다. 그는 단기 일본 유학을 거쳐 평양신학교에 입학하였다. 그는 일본 유학 중에 가가와 토요히코와 스기야마 모토지로를 만나게 된다. 이들은 대표적인 일본의 기독교 사회운동가였다. 이들은 복음적 기독교 사상에 근거하여 철저한 사회 개혁 운동을 수행하였고 이는 유재기의 생애에 전환점이 되었다.

귀국한 유재기는 숭실고등농과에 입학하여 농민운동에 헌신하기 시작하였고 조만식과 배민수를 만나 장로교 농촌운동에 구체적으로 참여하기 시작하였다. 1933년 농촌부의 활동이 본격화되면서 농촌부 서기로 활동하며 고향 경북 영주 일대를 중심으로 예수촌 운동을 전개하여 1937년 농우회 사건으로 검거될 때까지 활동을 이어갔다.[8]

최문식 역시 1928년부터 1930년까지 배민수 유재기와 더불어 장로교 농촌운동에 참여하였다. 최문식은 경남 밀양 또는 횡령 인근에서 출생하여 이미 유년 시절 기독교를 접촉하였다. 개신교 학교인 달성사숙과 역시 기독교 학교인 대구 계성학교를 졸업하고 이 계성학교 시절에 3.1만세운동에 참여하게 된다.

최문식은 기독교적 사회운동과 사회주의적 사회운동의 실천 사이에서 오랫동안 방황하였다. 가가와 토요히코의 영향을 받은 한편 그는 조선에 수입된 공산혁명 서적을 탐독하며 이를 통합하려는 시도를 하였다. 1928년 농촌연구회에 합류하여 배민수 유재기 등과 더불어 평양 인근에서 농촌운동에 적극적으로 참여하였다. 그 후 일본 유학 시간을 가진 후 숭실학교와 평양신학교를 졸업한 후에는 대구로 내려

---

8 박종현, "유재기의 기독교사회주의와 협동조합운동," 「한국교회사학회지」 제49집 (2018), 202.

가 목회 활동에 노력하는 한편 신간회 참여를 계기로 정치적 문제에도 깊이 개입하게 된다.9

김인서는 조선 장로교회를 대표하는 복음주의자이고 전도자였다. 김인서는 1894년 함경남도 정평에서 출생하였다. 그의 가계는 오랜 자영농 집안이었다. 그는 십 대 중반에 이동휘의 설교를 듣고 감화하여 기독교인이 되었다. 민족의식이 강한 전도자인 이동휘의 설교는 김인서를 민족 구원을 위한 실천적 기독교인이 되게 하였다.

그는 3.1만세운동에 참여하였고 임시정부가 수립되자 연통제에 참여하여 국내 비밀행정 조직의 함경도 지부 책임자인 참사가 되었다. 그러나 연통제 조직이 일제에 발각되어 검거되었고 옥고를 치르게 되었다. 옥중에서 영음을 듣고 극적인 회심을 하여 철저한 복음주의자가 되었고 출옥 호에는 평생을 복음 전도자, 문서 선교사, 예언 운동과 기도 운동으로 일관하였다.10

주기철은 조선 장로교회를 대표하는 신사참배 거부 순교자이다. 그는 1897년 경남 웅천에서 출생하였다. 부친이 장로교회의 장로여서 어려서부터 신앙생활을 하였다. 1906년 개통학교에 입학하여 민족주의 영향을 받았고 1910년 웅천교회에 입교인이 되었다. 1913년 오산학교에 입학하여 이승훈 조만식 등 민족 기독교인들에게 큰 영향을 받았다. 주기철은 1916년 연희전문에 입학하여 1년간 수학한 후 건강 문제로 학교를 떠났다.

1920년 주기철은 평양신학교에 입학하였다. 1925년 평양신학교

---

9 김권정, "최문식의 사회운동과 기독교사회주의," 「숭실사학」 26집 (2005): 147-150.
10 박종현, "김인서의 '복음주의적 민족주의' 사상," 「한국기독교와 역사」 제21호 (2004.9.): 157-178.

를 졸업한 주기철은 부산 초량교회에 임직하게 되었고 1931년 마산 문창교회 그리고 1936년 조만식 장로의 권유로 평양 산정현교회로 임지를 옮기게 된다. 그 후에 1938년 장로교회 총회의 신사참배 가결이 있고 이때부터 주기철의 고독한 순교의 길이 시작된다.

주기철은 1938년 첫 번째 구속이 있었고 1939년에는 농우회 사건과 연루가 구실이 되어 다시 구속되었다. 1939년 9월 그리고 1940년에 구속이 시작되어 그는 옥중 순교하는 1944년까지 수감 생활을 하면서 신앙의 정절을 지켜나갔다.[11]

IV. 1930년대 장로교회의 발전의 토대로서 당회의 성장과 조직화

III장에 언급된 인물들은 1930년대를 정점으로 활동한 장로교의 주축들로서 19세기 말과 20세기 초에 출생한 인물들이다. 이들은 소년기에 개신교회를 접촉하고 신앙생활을 시작하였다. 그리고 같은 시기에 기독교계 학교에서 수학하였다. 그럼으로써 생애 초기에 기독교 신앙을 수용하였고 기독교 신앙과 윤리 그리고 세계관 위에 자신의 생애를 구축하여 나가게 된다.

또 이들의 공통점은 3.1운동이다. 이들은 차재명을 제외하면 3.1 만세운동을 10대 중 후반 또는 20대 초반에 경험하였다. 3.1운동의 경험은 그들의 내면 깊이 민족의식을 각인하는 공통적 경험을 만들었

---

11 박용규, "주기철 목사의 신앙운동 재평가,"「神學指南」제83권 제2집(통권 제327호) (2016. 6.): 107-170.

다. 기독교 신앙과 민족의식의 동시적 형성은 그들의 신앙이 민족 구원의 신앙, 민족 갱생의 신앙이 되도록 하는 강한 결합력을 발휘하였다. 대부분 조만식과 같은 기독교 민족운동의 거두와 조우를 통해 민족문제에 대한 기독교적 방안을 몸으로 구현하게 된다.

또 이들은 평양숭실학교 또는 연희전문학교를 거쳐 평양신학교에서 수학한 공통점이 있다. 사회적 활동으로 영역을 확장한 농촌부 인물들은 거기에 외국 유학으로 사회문제를 인식하고 대처하는 방안을 마련할 수 있었다.

1930년대는 조선장로교회의 활동이 최고조에 이른 시기였다. 여기에 소개된 배민수, 유재기, 최문식, 차재명, 김인서, 주기철 외에도 1930년대 장로교회에서 두드러진 활동을 벌인 이들이 많은 다수이다. 다만 이들을 통해 조선예수교장로회의 1930년대 활동상의 구형 과정을 추론해 볼 수 있다. 농촌부에서 활동한 배민수, 유재기, 최문식 등은 기독교의 사회적 활동에 충실했던 인물들이고, 차재명, 김인서, 주기철 등은 장로교회의 보수주의를 대표하는 인물이다.

농촌부에서 활동한 이들은 한국 농촌문제를 기독교적 관점에서 해결하려 시도하였고, 차재명 김인서와 주기철은 민족의 문제는 민족의 복음화, 민족의 영성화에 있다고 보았던 창의적 방안을 모색하였다.

조선의 전통적 문화와 환경 속에서 신종교인 기독교의 중추적 인물로 성장하는 과정에는 기독교교육이 결정적인 영향을 미쳤다고 할 수 있다. 이들 모두가 1930년대 장로교회의 중추적 인물로 성장하고 활동하게 된 배경에는 장로교회 또는 조선 기독교회의 기독교교육과정이 병행하고 있기 때문이다.

조선예수교장로회는 신자들이 학습 교인, 세례 교인이 되는 과정에 「요리문답」을 체계적으로 실행하였다. 이는 장로교 선교사들이 내한한 초기부터 순회 전도를 통해 실시한 엄격한 신앙 규칙이었다. 또 선교 초기부터 성서 번역을 통해 성서 교육을 철저하게 수행하였다. 특히 1920년대에는 성서를 학습하기 위한 '성경대지'(聖經大旨) 관련 책자들이 대거 출판되었다. 성경 대지는 구약성경, 신약성경의 구조 그리고 사복음서 대지는 각 복음서의 내용을 조직적으로 학습하도록 만들어진 성경 요약 책자이다. 1920년대 개신교회 신자들은 필수적으로 성경의 구조를 익혔고 성경의 내용을 숙지할 수 있었다.

그리고 주일학교 운동은 교회에 출석하는 어린이들이 성경에 친숙하도록 유소년기 기독교교육의 토대를 놓았고, 주일학교 교사의 육성은 교회가 자생적 자율적인 기독교교육이 가능할 수 있는 토대를 놓았다.

그리고 이 과정을 마친 청년들은 각급 기독교 중등학교에 진학하였고, 그들 중에는 고등교육 기관인 숭실학교, 연희전문, 평양신학교 등에 진학하여 신앙과 고등교육 지식을 갖춘 이들이 다수 배출되었다.

이러한 고급 인적 자원의 양성과 축적은 선교 초기 30년간의 혼란과 불안정을 잠재우며 1920년대 후반이 되면서 교회는 급속한 안정을 찾았고 배출된 인재들로 인해 교회 안과 밖에서 다양한 활동을 펼칠 수 있게 된 것이다.

차재명, 김인서, 주기철은 조선 장로교회가 교회 행정에서 한국인들로 구성된 지도부를 구성하여 충분히 교회를 이끌어 갈 수 있게 된 것을 보여준다. 그리고 장로교회의 신앙고백과 영성이 선교사들이 가르쳤던 것을 넘어서 조선 장로교회의 신앙고백과 영성 그리고 신학을 펼쳐갈 단계에 도달했음을 보여준다.

배민수, 유재기, 최문식의 기독교 농촌운동은 장로교회가 선교와 교육의 충분한 완성도를 이루고 교회 내부의 산적한 과제를 대부분 해소하게 되었고 이제는 교회가 민족문제, 사회문제를 끌어안고 기독교적 대안을 실천할 단계까지 나아갔음을 보여주는 역사적 성취이다.

V. 당회록을 통해 본 장로교회의 발전

장로교회 전체적 관점에서 볼 때 1930년대는 교회의 제도화가 이루어지고 주체적 신앙고백이 여러 목회자에게 나타나고 교회의 울타리를 넘어 한국 사회의 문제를 걸머지고 해결해 나가려는 역사 변혁자의 위치로 나아가는 것을 볼 수 있다.

이러한 장로교회의 변화는 지역 교회의 당회록에는 어떻게 반영되고 있는가. 이를 살피기 위해 서울지역의 새문안교회, 서교동교회, 김포 지역의 김포읍교회, 누산교회, 송마리교회의 당회록을 검토하였다. 각 교회의 당회가 설립된 연도가 다르기에 각 교회의 당회 설립 시기부터 1945년 이전까지 당회록을 검토하였다.

당회록에 가장 많이 등장하는 사항은 문답이었다. 즉, 신자가 교회에 출석하면 『요리문답』을 가르치고 이에 상응하는 교리와 성경 학습이 이루어지면 학습, 세례를 거쳐 입교인으로 성장하고 그 후에는 집사, 장로, 조사를 거쳐 교회를 섬겨가는 중직으로 가는 과정이 이 문답에 나타난다. 모든 교회의 당회록은 매 당회에 문답 안건이 상정되는 것을 볼 수 있다.[12]

---

12 본 연구의 1차 사료인 김포읍교회, 새문안교회, 송마리교회, 누산교회, 서교동교회 당회록에서 가장 많이 반복되는 것이 문답과 학습, 세례이다.

즉 초기 장로교회의 일관된 최우선의 관심은 교인을 가르치는 것이 었다. 교리 학습과 문답으로 훈련된 교인을 양성하려 하였고, 학습과 실천의 순환적 고리를 교리 학습의 모형으로 삼았다. 당회록은 교인이 이명하였을 때도 그의 교리 학습 수준을 점검하고 이명한 교인이 교회에 적절하게 정착하게 하려고 문답을 실행하였다.

아울러 주일학교에 관한 관심이 계속 나타나고 있다 성인 교우는 문답을 통해 교육을 시행하고, 어린이는 주일학교를 통해 기독교교육을 실행하려 하였던 것을 알 수 있다. 즉, 지역 교회의 최대 관심사는 교리 교육이었고 이를 적절하게 수행하여 신자의 교리 학습 수준을 높이고 그에 따라 신자의 기독교 규범 준수를 정착하며 교회의 신앙 공동체적 연대를 강화하는 것을 가장 중요한 목표로 삼았다.

초기 교회의 제도로서 당회가 정착되는 과정에서 초창기 교인들과 당회를 구성하는 규범적 지도력 간에 갈등이 있었다. 1910년대 이른바 자유교회 운동도 이러한 맥락에서 이해할 수 있다고 본다. 순진한 열정으로 제도 교회 이전에 활동하던 공동체의 설립 세력과 당회를 구성하는 규범적 조직과 갈등을 일으키는 것을 일부 교회의 당회록에서 볼 수 있다.

김포읍교회는 유 씨 씨족이 우세한 지역이었고 그래서 초기에 유○○이 열정적으로 전도 활동을 하다가 당회가 구성될 무렵 당회와 갈등을 빚고 교회에서 이탈한 경우가 있었다. 이러한 사건은 초기 교회 설립 시기에 많이 나타나는 현상이지만 시간이 지나면서 당회를 중심으로 교회가 안정되면 교회 내의 갈등도 빠르게 해소하는 경향을 보인다.

초기 장로교회는 치리와 권징을 시행하였다. 그러나 이러한 치리가 모든 교회에 같은 양상으로 나타나지는 않는다. 1910년대까지는 권징과 치리가 주기적으로 보고되지만 1920년대에만 들어서도 교인을 치리하는 보고는 당회록에서 빠르게 감소한다.

다만 치리는 지역 교회 당회에 주어진 고유 권한이라 각 당회가 치리권을 교회의 여건에 따라 다르게 사용한 것으로 보인다. 특이한 점은 김포읍교회의 경우는 1910년대부터 1940년대까지 고르게 교인을 치리한 기록이 당회록에 남아 있다. 새문안, 서교동, 누산교회의 치리 기록은 초기에 나타나다가 점차 감소하는 경향을 보인다는 것이다. 김포읍교회과 송마리교회가 권징과 치리를 오래 유지한 이유는 당회의 고유 권한, 지역적 특색을 고려한 심도 있는 추후 연구가 있어야 한다고 보인다. 특히 서교동 교회의 당회록은 권징과 치리가 1920년대 중반 후에는 거의 등장하지 않을 정도로 교회의 교육과 신앙 규범이 빠르게 장착하였다.13

교회의 권징은 국가의 징벌과 근본적으로 구분된다. 국가의 형벌은 범죄를 억압하고 예방하기 위해서 금고, 벌금 등 물리적 형벌을 가한다. 교회의 권징은 교인을 처벌하는 것이 목적이 아니고 공동체를 유지하는 것, 공동체의 규범이 존중되고 공동체의 결속을 위함이 최종적 목적이라는 점에서 국가의 물리적 처벌과 구분된다.

따라서 특정 지역 교회의 당회가 권징을 오래 유지하였다는 것은 당회가 처한 정황과 판단의 이유가 있을 것이다. 김포읍교회 인근에는 천주교회가 들어섰고 일부 교인들이 지속해서 천주교회로 빠져나갔다. 천주교회와 장로교회의 신앙 규범은 차이가 크다. 장로교회는 개신교회 중에도 매우 엄격한 규범을 갖고 있다. 김포읍교회는 천주

---

13 세교동교회의 치리 기록은 1926년에서 1941년 사이에 3회가 기록되어 있다.

교회에 출석한 신자를 과감하게 출교하였다. 천주교회의 느슨한 공동체 규범과 달리 김포읍교회는 장로교회의 엄격한 규범을 유지하려 하였던 것으로 보인다.

다음은 김포 지역 교회들의 당회록에 나타난 권징 사례들이다. 송마리교회 당회록은 1915년부터 기록되기 시작하였다. 여기에서는 송마리교회의 1915년부터 1940년까지의 당회 기록에 등장하는 이명 사례와 권징 사례를 수집하였고 이명과 권징은 성명과 내용은 제외하고 횟수만 등재하였다.

송마리교회 당회록

연도	당회 차수	이명	권징
1916	2회		주일 불성수 치리
1917	5회		2인 권면
1917	7회		심방후 권면. 4인 장기 불출석제명
1918	9회		2인 치리
1925	21회		자녀 불신자 혼인. 책벌
1925	23회		책벌 권고
1925	25회		책벌 결의
1927	29회		미성년 혼인 책벌
1930	33회	4인 이명	미성년 혼인. 4삭 간 책벌
1932	41회		불신자와 혼인 신부 책벌. 불신자 신랑 권고
1938	42회	이명 3인	
1939	임시당회		미성년 혼인. 주례 1월 신랑 1년 책벌

누산교회

연도	당회 차수	이명	권징
1934		1건	책벌 3인
1936			책벌 5년 후 해벌 결의, 책벌 2건
1937		이명	
1939		이명	

누산교회는 당회록 기록이 1934년에 처음 시작되었고 당회 차수는 기록하지 않았으며, 따라서 당회 회기 연월일만 기록되어 있다.

세교리교회(서교동교회)

연도	회차	이명	책벌
1926		이명 수납 1인	
1933	75회	이명 수납 2인	
1933	76회		불신자 혼인 건
1934	82회		해벌 공고
1937	92회	이명 수납 3인	
1938	97회		제명(그리스도교회에서 재세례)
1939	103회	이명 수납	
1940	104회	5가족 이명 수납	

송마리교회의 당회록의 등재 사항을 볼 때 이명과 책벌은 그 다지 큰 변동이 없이 비슷한 추세를 보이고 있다. 1940년 당회록부터는 연호를 주후(主後)에서 쇼와(昭和)로 변경되었고 당회록에 궁성요배가 기록되기 시작된 것을 볼 때 일본의 조선군사기지화의 영향이 뚜렷하게 나타나고 있다.

누산교회는 지역적으로 한적한 곳에 위치하고 있고 김포 지역 교통의 요지인 김포읍교회의 빠른 성장과 달리 느린 교세 성장을 보여 주었다. 따라서 교인 수가 상대적으로 적었던 만큼 치리에 대한 기록도 많지 않다.

서교동교회의 당회록(1926~1941)에도 책벌에 관한 건은 세 차례에 걸쳐 기록되어 있다. 그런데 한 건은 해벌에 관한 기록이고 책벌은 2건이 기록되어 있다. 서교동교회의 당회록은 교회에서 권징이 상대적으로 적게 이루어졌음을 알려 준다. 서교동교회는 치리에 관한 기록이 두 가지 항목만 처리한 것으로 기록되어 있다. 하나는 교회의 혼인 규제인 미성년 혼인을 한 경우와 그리스도 교회에 출석하여 다시 재세례를 받은 이에 관한 기록이다. 이 두 경우는 혼인문제는 책벌에 들어갔고 짧은 기일이 경과한 후에 해벌을 결의하였다. 재세례 신자는 제명 처리하였다. 서교동교회의 경우는 음주, 주일성수 문제로 채벌한 기록이 전혀 없는 것으로 보아 당회가 치리권의 사용 범위를 매우 제한적으로 중대한 규율 위반에 적용한 것으로 보인다. 교회의 교인에 대한 권징과 책벌은 교회의 정황, 규모, 당회에게 주어진 권한에 대한 이해와 이행 기준의 차이로 매우 다양한 양상을 나타내고 있다. 매우 엄격한 권징을 기준을 가지고 집행한 당회와 매우 관용적으로 권징을 시행한 당회로 각기 다른 양상을 보여준다.

이러한 거대한 역사적 변동기에도 초기 김포 지역의 장로교회는 기초 신앙 공동체로서의 의례와 신앙이 비교적 잘 유지할 수 있었던 것으로 보인다. 송마리교회의 경우 1940년을 끝으로 당회록 기록이 사라지고 1947년에 비로소 당회록이 기록되기 시작한 것으로 보아 일제 말기와 해방 정국까지 교회가 상당한 어려움을 겪었던 것으로 추측된다.

1930년대 장로교회의 발전은 1920년대부터 이원화의 길을 걸었던 것으로 추론할 수 있다. 대부분의 지역 교회에서 교회의 발전 양상은 교회의 상황에 따라 각각 다르게 전개되었다. 지역 교회는 지역 교회는 초기부터 유지해 오던 예배, 선교 교육, 요리문답 등 공동체의 신앙생활에 주일학교와 여러 선교 운동 등을 지속적으로 유지하여 교인들의 신앙생활의 규범을 유지하고 성숙하도록 노력하였다. 그 발전 속도는 빠르지는 않았으나 지역 교회의 발전은 지속적으로 이루어졌다.

장로교회의 중요한 성과는 연합운동과 장로교회의 총회에서 주관하는 여러 정책 그리고 이를 수행하는 데 필요한 고등교육을 받은 자원을 공급하는 기독교 중등학교, 평양신학교, 숭실전문학교 등 계열화된 교육 기관에서 배출한 인재들이 지속적으로 공급되어 장로교회가 추구하는 다양한 정책을 수행할 수 있게 되었다. 즉, 당회과 지역 교회의 발전 속도보다 장로교회의 교육 기관, 연합 운동, 주일학교 운동과 총회의 관할 능력이 빠르게 발전하여 1930년대 장로교회의 활발한 활동을 이루어 낼 수 있었다. 즉, 장로교회는 지역 교회와 상회 및 연합운동의 이원적 구조를 유지하여 대의 민주적 구조의 틀 안에서 교회의 역사적 사명을 수행하기 위한 효율적 방안을 유지하였다고 평가할 수 있다. 그럼으로써 장로교회가 새롭게 도입한 신앙 규범, 노회 및 총회 차원에서 이루어지는 교회의 공적 활동이 증가하였고 한국 장로교회의 역량도 두텁게 축적되어 갔다고 평가된다.

VI. 나가는 말

이 글은 조선예수교장로회의 전성기가 되는 1930년대의 장로교회의 활동과 그 동력으로서 장로교회의 종교교육 또는 기독교교육이 크게 작용하였다고 판단한다. 교회는 교인을 교육하는데 가장 큰 주안점을 두었다. 당회는 교인의 교리 문답과 학습, 세례에 중점을 두고 선교에 임했다. 더불어 어린이의 신앙 교육을 위한 주일학교에도 총력을 기울였다.

당회에서 이러한 기초 신앙 교육이 이루어지면 신자들은 기독교계 학교로 진학하였고, 최종적으로는 숭실학교, 연희전문, 평양신학교를 거쳐 기독교를 대표하는 중요한 인적 자원으로 성장하였다.

이렇게 누적된 교육의 효과가 1930년대 이후 장로교회의 내부적 외부적 영향력을 최대한 발휘할 수 있는 인재들로 나타났다. 차재명은 이미 1920년대와 30년대에 장로교회의 교회 행정의 전문가가 되었다. 선교사들이 물러난 공교회의 조직을 이끌었다. 새문안교회뿐 아니라 총회와 개신교 연합 기관인 연합공의회를 이끌었고 이는 개신교회 에큐메니칼 운동에서 중추적 역할을 하게 되었다.

김인서와 주기철과 같은 복음주의 신앙, 조선 장로교회의 높은 신앙고백, 역사적 환란을 견디어낸 순교자적 신앙도 이러한 당회로부터 시작된 풀뿌리 신앙 교육에서 시작하였다. 장로교회 농촌부의 배민수, 유재기, 최문식의 농촌활동은 조선 장로교회가 순교자적 복음신앙 뿐 아니라, 하나님의 나라를 역사 속에 구현하려는 하나님 나라의 신앙을 조선의 농촌에 구현하려던 예수촌의 꿈을 잉태하기도 하였다.

1910년대 장로교회의 당회가 구성되기 시작하며 난관을 뚫고 숨 가쁘게 이어진 신앙 교육은 1930년대 굳건한 장로교회의 제도화로 이어지고, 이를 토대로 식민지 조선의 영혼과 사회를 구원하려는 역사적 동력으로 피어났다.

대한예수교장로회의 창설과 김포읍교회

정운형 | 연세대학교 연세학연구소

I. 들어가는 말

19세기 말 이후 한국 사람들이 마주한 서구 문물의 중심에는 기독교가 자리하고 있다. 그 기독교를 엄밀하게 설명하면, "미국 사람이 받들어 섬기는 신교, '예수교'"[1]이다. 신교, 즉 프로테스탄트(이하 개신교)[2]는 중세 가톨릭교회의 교리와 관습을 거부하여 신성로마제국(Sacrum Imperium Romanum Nationis Germanicae, 1512~1806)에서 시작된 개혁의 원리(복음주의)를 기반으로 하여 성립되었다.

조선(이하 '한국')은 1876년 이후 서구(西歐)에 문호를 개방하였으나, 종교의 자유를 허용하지 않았다. 알렌(H. N. Allen, 安連)을 비롯한 초기

---

[1] "美國人之所奉曰. 新教. 耶穌教," 李能和, 『朝鮮基督教及外交史』(京城: 朝鮮基督教彰文社, 1928), 201.
[2] 프로테스탄트(Protestant)는 억압하는 세력에 맞서 항거(protestatio)한 종교개혁 지지자들에게 붙여진 용어이다.

선교사들은 천주교(이하 '가톨릭') 배척 운동과 병인박해(1866~1873)를 의식해야 하는 상황이었다. 일찍이 기독교 복음을 받아들인 이들은 주자가례(朱子家禮)를 금과옥조로 여기며 양이(洋夷) 감정을 노정하는 이웃을 일상에서 만나야 했다.

조약에 따라 외국인은 조계지(租界地)로 설정된 개항장 주변과 서울의 경우 정동 안에서만 주거와 사업이 가능했다. 그곳에서 선교사들은 한국인의 인격적 변화에 필요한, 즉 인습(因習)과 악습(惡習)에서 벗어나게 할 '가장 충만하고 회복케 하는 힘'(dunamis_인용자)3을 중개할 선교회(Mission)4를 시작하였다. 서울에서 시작한 선교 사업은 그 주변으로 확대되고 영구적인 형태로 발전하였다.5

개신교의 초기 선교는 한국 사람들이 느끼는 부족함이나 결함에 대하여 해결할 필요가 있다는 인식의 변화를 경험할 수 있는 병원과 학교 사업을 중심으로 이루어졌다. 의료와 교육 사업은 한국인의 편견과 기독교에 대한 오해(예: 無君無父, 임금도 없고 부모도 없음)를 불식시키는 동시에 선교의 거점을 확보하기 위한 것이었다. 거점으로서의 제중원(濟衆院, 1885)과 언더우드고아원(1886)은 선교사와 한국 사람이 만나는 접촉점이었다.

코로나19 팬데믹 당시 성찬식과 세례(또는 침례)에 관한 토론을 가졌

---

3 Arthur J. Brown, *The Mastery of the Far East* (New York: Charles Scribner's Sons, 1919), 469.
4 초기 선교사들은 노회를 구성할 만큼 그 수가 많지 않았기 때문에 선교회(Mission)로 시작하였다. 장로회의 경우 여러 나라 장로회에서 입국한 선교사가 연합하여 하나의 조직으로 공의회(Council)를 조직하였다. 하지만 공의회는 장로회의 정규 조직인 노회(Presbytery)나 총회(General Assembly)와는 다른 임시 조직이었다. 이만열·옥성득, 『언더우드 자료집 I』(연세대학교출판부, 2005), 135, 각주 144 재인용.
5 G. H. 존스/옥성득 편역, 『한국 교회 형성사』(홍성사, 2013), 156.

다. 토론은 비대면 분병 분잔, 즉 떡과 포도주(Sacramental Kit)를 준비해 온라인으로 참여하는 것을 두고 찬반이 극명하게 나뉘었다. 분위기가 고조되었을 때, 한 참여자가 "1918년 스페인 독감(Spanish flu) 이후 개인별 떡과 잔을 사용하기 시작하였다"라며, "성찬의 진의를 새기는 것에 더 비중을 두어야 하지 않겠는가?"라고 하였다.

성례에 관한 믿음과 그 이유를 설명하고 설득하는 토론 이야기에서 두 가지를 주목한다. 하나는 토론 참여자마다 성찬에 관한 당연시하는 어떤 가치를 가지고 있는 것이며, 다른 하나는 그러한 지성과 태도에 영향을 준 교회이다. 달리 설명하면 토론자의 성찬 의식에 관한 나름의 정답(instilling value)과 그것에 어울리는 내재화된 판단 기준은 교회의 규범과 제도6에 능동적으로 참여하는 과정에서 형성되었다는 것이다.

미국 북장로회는 한국선교회를 설립한 후 다른 장로회 선교사들과 공의회를 구성하였다. 하지만 초기의 공의회에서는 어떤 규칙도 제정하지 않았다. 한국인 총대의 공의회 참가,7 신앙의 표준과 장로회 정치를 사용하는 독립적인 교회의 설립,8 당회권 부여 권한을 가진 기관의 설립과 당회가 구성된 교회마다 한글로 당회록을 기록하여 보관하라는 등의 규칙을 마련하는 데, 정주 선교사가 입국한 때를 기준으로 20년이 경과하였다. 한국교회는 예외적(anomaly)이며, 현지인에 의한 교회 조직이 늦다(last)는 진단을 받았다.9

---

6 규범과 제도는 구성원이 상호작용을 통해 행동과 가치 판단이 자연스러운 방향성을 가지는 데 영향을 미치는 공유된 문화이다.
7 1900년부터 장로 선거가 이루어지고, 이듬해부터 한국인 총대가 참여하였다. 郭安連 譯, 『長老敎會史典彙集』(京城: 朝鮮耶穌敎書會, 1918), 17-19.
8 위의 책, 33.
9 Arthur J. Brown, *Report of a Visitation of the Korea Mission of the Board of Foreign*

『朝鮮예수教長老會史記』(이하『사기』)10는 교회의 설립에 관한 대표적인 전거의 하나이다. 『사기』에 따르면, 새문안교회와 세교리(현 서교동)교회에서 파송한 이들이 김포에서 전도하였다.11 김포읍교회는 서울의 최소 두 교회와 연관이 있고, 창립 시기에 관한 다른 해석이 있다. 하지만 이 글에서는 한국 개신교의 설립과 제도화의 근원을 살펴 소개하고, 김포 지역의 첫 교회인 김포읍교회 설립에 관여한 고군보 부부와 유공선(劉公善)을 분별하는 데 집중한다.12

II. 기독교 전래와 한국선교회

1. 신앙고백서와 케임브리지 강령

기독교는 예수가 인간 역사 안으로 들어옴으로써(成肉身, incarnatio) 세워진 사회적 기구이다. 포르투갈 왕국이 지중해 밖의 카나리아제도(Canary Islands)로 해로 탐험을 나선 지 180년 후에 면벌부(indulgences) 판매, 성직 매매(simony) 등을 거부하며 진정한 회개(penitence)를 촉구하는 분파가 등장하였다. 이에 신성로마제국을 비롯한 유럽 전체는 가

Missions of the Presbyterian Church in the U.S.A. (New York: The Board of Foreign Missions of the Presbyterian Church in the U.S.A., 1902), 13.
10 1916년 총회에서 편찬위원 14명을 선정하여 비교적 상세하게 기록한 한국 장로회 일반역사이다. 郭安連 譯, 『長老教會史典彙集』, 2.
11 朝鮮예수教長老會總會. 『朝鮮예수教長老會史記』 上 (京城: 朝鮮基督教彰文社, 1928), 26, 39-40; 『朝鮮예수教長老會史記』 下卷 (연세대학교출판부, 1968), 11.
12 인물 연구를 도와주신 종로구청 관계자, 김정희 박사, 채수현 장로, 함재봉 박사에게 감사드린다.

톨릭 국가와 루터교 국가로 나뉘어, 30년전쟁(1618~1648) 등 한 세기에 걸쳐 전쟁을 치렀다.

청교도들(Puritans)의 고향인 영국은 헨리 8세(Henry VIII, 1491~1547) 이후 왕의 종교적 성향에 따른 불확실성으로 인하여 교회와 그리스도인의 행동과 삶이 정당성 또는 당연시되는 활동으로 자리매김하는 데 한 세기가 경과하였다. 교황 7명의 유폐지 아비뇽이 있는 프랑스 역시 8차례의 내전(1562~1598)을 치렀는데, 많은 개신교인이 네덜란드, 스위스, 영국, 스코틀랜드 등으로 피난해야 했다.

영어권 장로교회는 웨스트민스터 신앙고백서(The Westminster Confession of Faith, 1647)를 신앙의 권위 있는 기준으로 삼고 있다. 그 고백서는 영국 의회의 요청으로 1643년 7월 1일13 장로회파와 독립파, 에라스투스파 회원과 신학자들이 웨스트민스터 성 베드로대학교회(Collegiate Church of St. Peter at Westminster)에 모여(총회), 1,163차례 회의를 통해 잉글랜드와 스코틀랜드 교회에 모두 적용할 제도14와 예배 의식으로 채택하였다고 한다.

서방 교회는 웨스트민스터 신앙고백서와 대소요리문답, 예배모범 그리고 정치편람을 성서에 바탕을 둔 역사적 신앙의 원리로 신자들의 좋은 삶의 기반이 되는 표준 신조로 삼고 있다. 그 가운데 교회정치는

---

13 William Carruthers, *The Shorter Catechism of the Westminster Assembly of Divines: Being a facsimile of the First Edition, which was ordered to be printed by the House of Commons, 25th November, 1647* (London: Publication Office of the Presbyterian Church of England, 1897), 27.
14 교회 제도와 관련한 논쟁은 예배와 목사 임명, 권징 결정 등을 시행할 권위를 가진 개 교회에 대한 처리 및 감독 권한을 갖는 상회(감독, 노회, 대회)를 반대하는 독립파와 감독에 의한 교회 치리를 반대하면서 교회 안의 질서를 위해 개 교회를 치리할 수 있는 노회(presbytery), 대회(synods)의 교회적 권위를 인정하는, 즉 국가의 제도와 조화를 주장한 장로회파로 나뉘었다.

가톨릭교회와 감독교회와는 달리 위계나 차별이 없는 장로들에 의해 기본 권력을 행사하는 형태이다. 한국장로회는 1907년 웨스트민스터 신경과 성경요리문답대소책자를 '성경을 명해한 책'이라고 하였다.15

영국은 왕과 의회의 대립으로 내전(Civil War, 1639~1653)을 치렀다. 그 당시 교회와 국가가 밀접하게 연결된 유럽을 떠나 신대륙으로 이주한 이들을 청교도라고 한다. 그들은 영국에서 교회가 의회와 연대해 찰스 1세(Charles I, 1600~1649)와 전쟁을 할 때, 극단적인 분리주의(extreme separatism)16를 경계하며 각 지역 회중의 실질적인 독립을 지향하는, 곧 시민권과 종교적 권위를 구분하는 '케임브리지 강령'(Cambridge Platform, 1648)을 작성하였다.17

---

15 "萬國에 散在한 我長老會가 擧皆 웨스더민스터 敎會政治는 各其自己敎會의 章程으로 認定ᄒᆞ고 採用ᄒᆞ는바… 1907年 我朝鮮長老會의 規定ᄒᆞ…," 郭安連 譯, 『敎會政治問答條例』(京城: 朝鮮耶穌敎書會, 1917), 序言; 郭安連 編輯, 『長老敎會史典彙集』, 75.

16 Peter Elliott, "Duelling Ecclesiologies: 1640s Religious Independency in Katherine Chidley's Separatism vs. Thomas Edwards's Presbyterianism," *The Journal of Religious History*, Vol. 41, No. 3 (September 2017), 336. 16세기 후반에 일어난 분리주의는 교회의 순결에 관심을 집중하였고, 영국교회에서 그것을 찾을 수 없어 회중에서 찾고자 했다. 이후 분리주의는 교회의 완전한 정치적 분리를 의미하는 용어로 자리매김하였다. 종교적으로 극단적인 분리주의에 해당하는 예로 올리버 크롬웰(Oliver Cromwell, 1599~1658) 치세에 정치적 영향력을 행사한 독립 지역 교회와 뉴잉글랜드 식민지 건설에 참여한 기독교인들을 들 수 있다.

17 *The Cambridge Platform of Church Discipline, Cambridge, 1648*, 90-91. 뉴잉글랜드에 정착한 청교도들은 회심한 사람만 회원 자격을 부여하는 칼뱅주의자들이었다. 이들은 영국장로회와 교회 정치에 관한 이견과 영국 정부의 종교정책에 대응책을 마련하기 위하여 케임브리지 대회를 소집하였다. 대회에서 채택한 강령은 서문과 17개 장으로 구성되었으며, 서문에서 웨스트민스터 신앙고백을 지지하고 있다. 강령을 따라 목사, 교사, 장로, 집사를 교회의 직분자로 인정하였고, 교회 문제에 경건한 행정관(godly magistrates)들의 영향력을 허용하였다. *The Cambridge Platform of Church Discipline, Adopted in 1648, and The Confession of Faith, Adopted in 1680* (Boston: Congregational Board of Publication, 1855), 57-61; Mark A. Noll, *A History of*

'케임브리지 강령'은 뉴잉글랜드 네 개의 식민지에 있는 청교도 교회 대표들이 메사추세츠 주 케임브리지 대회(synod)에서 제정한 교회의 규율로, 영국의 비우호적인 간섭에 맞서 교회의 '자치'를 골자로 하였다. 교회의 자치란 교회의 회원들이 교회 직원을 자유롭게 선출하며, 서로 구별된 교회 간의 연합과 협의 그리고 이단, 신성모독, 주일 성수와 예배를 방해하는 것을 제외하고는 정부가 통제할 수 없다는 것이다. 한국장로회 역시 각 교회의 독립을 마땅히 여겼다.[18]

미국이 독립하기 전부터 식민지의 모든 유신론자는 종교의 자유를 누렸다. 건국 후에는 '종교의 자유를 위한 버지니아 법령'(Virginia Statute for Religious Freedom, 1786)에 이어 더 넓은 개념의 종교의 자유를 인정하고, 교회와 국가 간의 담을 더 높게 세우는 '수정헌법 제1조'[19]를 제정(1791)하였다.[20] 영국에서 경험한 규범이나 기관을 새로운 나라에서는 가지고 싶어 하지 않는 정서를 반영한 것이다.[21]

Christianity in the United States and Canada (Grand Rapids, Michigan: Wm. B. Eerdmans Publishing Co., 1992), 41-43.

18 "長老會政治의 第二公理는 教會設立에 關흔 規例니 何教會何教派를 勿問ᄒ고 맛당히 各自獨立ᄒ야," 郭安連 譯, 『教會政治問答條例』, 15.

19 Amendment 1. "Congress shall make no law respecting an establishment of religion, or prohibiting the free exercise thereof"(…의회는 종교의 설립이나 종교의 자유로운 행사를 금지하는 법률을 제정할 수 없다).

20 미국 장로회는 1788년 5월 28일 필라델피아에서 교리의 표준으로 웨스트민스터 신앙고백서와 문답서를 일부 수정하여 새로운 헌법으로 채택하였다. 주요 내용은 예배의 자유와 기도의 자유, 즉 교회는 국가의 간섭으로부터 해방될 수 있는 권리를 가지며, 양심에 따라 하나님을 예배할 수 있도록 정부의 보호를 요청할 수 있다는 것이다. 그리고 특별한 경우나 양심을 위해서가 아니면 정치에 관여해서는 안 된다고 선언하였다. William H. Roberts, *A Consise History of the Presbyterian Church in the United States of America* (Philadelphia: Presbyterian Board of Publication and Sabbath School Work, 1917), 36.

21 Mark A. Noll, *A History of Christianity in the United States and Canada*, 148.

한국과 미국은 1882년 5월 22일, 제네럴 셔먼(General Sherman)호 사건(1866. 9.)과 신미양요(1871. 6.)를 딛고 수호통상조약을 체결하였다. 조약 체결은 한국 선교에 나서도록 미국 교회를 추동하였다. 미국 교회는 기독교 복음이 전해지고 그것이 더 이상 새로운 것이 아니라 당연하다고 여겨지는 한국 사회를 꿈꾸며 기도와 선교헌금을 시작하였다.22 그즈음 한국에서는 유럽인들의 종교가 '예수교'라는 것이 알려졌고,23 일본에서 활동하는 매클레이(Robert S. Maclay, 1824~1907, 麥利和) 선교사24가 서울을 방문하였다.

2. 미국 교회의 한국 선교

인류는 더 나은 삶을 위해 쉬지 않고 노력하고 있다. 노력하는 행위는 나(내가 속한 사회)와 또 다른 나(사회)와의 관계에서 이루어진다. 관계는 가정에서 터득한 것을 기반으로 다양한 유형의 사회 경험으로 확대되는데, 대부분의 사회관계는 계약 행위로 성립한다. 19세기 한반도에 살던 사람들은 계약을 따라 이전에 경험하지 못한 새로운 문명과 질서에 편입되었다.

---

22 "RECEIPTS FOR FOREIGN MISSIONS IN OCTOBER, 1883," *The Presbyterian Monthly Record* v. 34, No.12 (December, 1883), 426.
23 "유럽쥬,"「漢城旬報」(1883. 11. 10.).
24 메클레이 선교사는 가우처(John F. Goucher, 1845~1927) 목사에게 여행경비를 지원받아 1884년 6월 24일 서울을 방문하였다. 그는 김옥균(金玉均, 1851~1894)의 도움으로 '병원 설립과 학교 사업'을 고종에게 청원하였다. 윤치호(尹致昊, 1865~1945)에 따르면, 7월 3일(갑신 윤 5월 11일) 김옥균이 미국 공사를 내방하였으며(是日金古愚來訪美使), 자신은 다음날 새벽에 입궐하여 "許美商航內海事, 及許美國人設立病院及學校事, 及許設電信事" 등을 아뢰었다. 『윤치호 일기』.

조약 체결 이전까지 한국은 외부 세계의 관심을 받지 못하였다. 포르투갈 선원들에 의해 아시아로 가는 해상 경로가 알려졌지만, 한국은 접근할 수 없는 나라(Corea has been inaccessible to Europeans)25로 알려져 체류(滯留) 선교사에 의한 선교가 이루어지지 않았다. 귀츨라프(K. F. A. Gützlaff, 郭實獵)와 토머스(R. J. Thomas)26 선교사는 방문(訪問) 선교사로 한문 성경을 전하고 갔을 뿐이다.

귀츨라프가 충남 보령시와 고대도/원산도 일대를 다녀가고 난 50년 후에 한국과 미국이 통상 관계를 수립하자 비로소 미국 교회들은 한국선교회의 설립 추진 가능성에 대한 논의를 시작하였다. 일본에서 활동하는 녹스(G. W. Knox, 1853~1912) 목사, 중국에서 활동하는 선교사들이 한국 선교의 필요성을 제기하였다. 특히, 고든(L. M. Gordon) 선교사는 일본의 한국 선교를 위한 일본교회의 역할론을 제기하였는데,27 이수정(李樹廷)28이 강력히 반대하였다.

언더우드는 해외 선교를 사랑의 실천으로 인식하여 신학교 1학년 때 선교사가 되기로 하였다(1881). 그는 미국 시민권을 취득하고(1882. 10. 26.) 수개월 후에 한국을 소개받았다.29 하지만 1883년 10월 말까

---

25 "Our treaty with Corea," *The Sun* (July 4, 1882).
26 "彼人崔蘭軒‧趙凌奉, 跳出船頭, 始請救生"에서 최난헌은 토머스 선교사의 한국식 이름이 아니라 그가 타고 온 General Sherman의 음차로 보는 것이 옳다. 『高宗實錄』 7책 3권 43장 (1866년 7월 27일).
27 이선호‧박형우, "19세기 말 미국 북 장로회의 한국 선교 추진 과정에 대한 연구,"「東方學志」제157집 (2012.3.): 284-290.
28 "我國人李樹廷本芸楣家傭從, 人甚巧慧捷給, 頗解文字," 朴戴陽, 『東槎漫錄』, 필사본, 간사자 미상 (1884).
29 Horace G. Underwood, "Reminiscences," *Quarto Centennial Papers Read Before the Korea Mission of the Presbyterian Church in the U.S.A. at the Annual Meeting in Pyeng Yang* (August 27, 1909).

지 그의 선교지는 인도였다. 그즈음에 장차 메클레이에게 한국 방문을 요청할 가우처가 명성황후의 조카인 민영익(閔泳翊, 1860~1914)을 만났다.30 가우처는 보빙사절단장으로 방미 중인 민영익을 만났고, 사절단 일행을 그의 집으로 초대하였다.31

두 사람의 만남이 있은 얼마 후에 Rock Hill은 한국 선교를 위해 10달러를 헌금하였고,32 언더우드는 제4차 신학교선교연맹 집회(the Fourth Annual Convention of the American Inter-Seminary Missionary Alliance, 1883. 10. 25.~28.)에 참석하였다. 그는 집회에서 돌아온 후부터 선교지 문제로 갈등하였다. 그리고 이수정의 "The Gospel for Corea"33를 읽었다. 그 무렵에 한국 선교사 두 명을 위해 5,000달러를 제공하겠다는 독지가의 의사가 미국 북장로회 해외 선교부에 전달되었다.34

가우처와 민영익 일행과의 만남은 미국 북장로회의 한국선교회 설립 추진을 자극하였다. 중국과 일본에서 활동하는 선교사들이 한국 선교의 필요성을 제기하고 때마침 이수정이 미국 교회에 선교사를 청

---

30 민영익이 미국 문명의 기독교적 측면을 볼 수 있기를 기대한 루미스는 왕비의 오빠(brother of the queen)라고 소개하였다. H. Loomis to E. W. Gilman, August 16th, 1883.

31 "In 1883 was traveling across the continent and met the first Korean Embassy on its way to Washington. He made the acquaintance of the members, chief of whom was Prince Min Yong Ik. He became interested in the story they told of themselves and their country, and invited them to visit him at his home." Henry G. Appenzeller, *The Korea Mission of the Methodist Episcopal Church* (New York: Open Door Emergency Commission, 1902), 19.

32 "RECEIPTS FOR FOREIGN MISSIONS IN NOVEMBER, 1883," *The Presbyterian monthly record* v. 34, No. 12 (December, 1883), 426.

33 "The Gospel for Corea," *The Illustrated Christian Weekly* (January 26th, 1884), 46; 정운형, "언더우드의 선교활동과 애민(愛民) 교육," (2017), 33, 각주 86 재인용.

34 Daniel W. McWilliams to Frank F. Ellinwood, February 8th, 1884.

원하였다. 김옥균은 공식으로 선교사업을 요청하였다.35 그리고 록힐이 시작한 선교 헌금과 마퀀드(Frederick Marquand, 1799~1882) 기금 기부36 등이 어우러져 한국 선교를 추동하였다. 언더우드의 교단을 초월한 선교사 지원 의지도 더해졌다.

미국 북장로회는 헤론(John W. Heron, 蕙論)에 이어 언더우드를 한국 선교사로 임명하였다(1884. 7. 28.). 한편 중국에서 활동하고 있던 알렌은 언더우드의 선교사 임명 7일 전, "Holt: Shanghai. Corea"라고 적힌 전보를 받았다.37 그것은 미 북장로회 해외선교부가 한국선교회를 개설하기 위해 알렌의 한국행을 승인하는 것이었다. 알렌은 미국 공사관 의사로, 언더우드는 제중원 교사로, 헤론은 제중원 의사로 차례로 내한하였다.

III. 한국장로교회의 조직

1. 선교회-공의회-총회

알렌은 1884년 미국 공사관의 공의라는 직위로 신변 안전 대책을 마련하고, 선교 사업을 드러나지 않게 꾸준히 추진하여 청일전쟁(1894~1895) 전후로 이루어진 강력한 성장의38 기초를 다져 놓았다. 미

---

35 Horace G. Underwood to Frank F. Ellinwood, July 11th, 1899.
36 "RECEIPTS FOR FOREIGN MISSIONS IN MAY, 1884," *The Presbyterian monthly record* v.35, No.7 (July, 1884), 262.
37 Horace N. Allen to Frank F. Ellinwood, July 22nd, 1884.
38 청일전쟁 이전 성찬 참여자는 141명이었으나, 전후에는 932명으로 늘어났다. 그리고

국 북감리회(1885), 호주장로회(1889), 영국성공회(1890),39 미국 남장로회(1892), 침례회 엘라씽 기념 선교회(1895),40 미국 남감리회(1896), 캐나다 장로회(1898),41 러시아 정교(1900),42 구세군(1908)43 등에서 파송한 선교사들이 전국 각지에서44 포교 활동을 할 수 있었다.

미국 북장로회는 헤론 부부가 입국한 후 한국에 기독교 복음의 확산을 위하여 교회의 기금을 지출하는 한국선교회를 설립하였다(1885. 8. 28).45 한국선교회는 "현지에 도착하면 그곳에 있는 장로회와 연합

세례문답신청자가 2,344명에 달했다(미 북장로회 기준). Robert E. Speer, *Report on the Missions in Korea of the Presbyterian Board of Foreign Missions* (1897), 5.

39 "The Mission of the Church of England to Corea, seriously contemplated by Archbishop Benson, in 1888, was accomplished in the autumn of 1889 when the first Bishop was consecrated in Westminster Abbey and sent to Corea.," C. J. Corfe, Bishop, *Anglican Church in Corea* (Seoul: The Seoul Press, Hodge & Co., 1905).

40 Ella Thing Memorial Mission은 Samuel B. Thing이 병사한 그의 딸을 기념하기 위해 출연한 기금 $3,000으로 설립되었다. James S. Dennis, *Centennial Survey of Foreign Missions* (New York: Fleming H. Revell Co., 1902), 280.

41 Elizabeth A. McCully, *A Corn of Wheat or The Life of Rev. W. J. McKenzie of Korea* (Toronto: The Westminster Co., Ltd., 1904), 259; 이에 앞서 캐나다 Y.M.C.A. 선교사로 게일(James. S. Gale, 嘉逸/奇一, 1888)과 하디(Robert A. Hardie, 1889, 河鯉泳) 부부, 독립선교사로 펜윅(M. C. Fenwick, 片爲益, 1889)이 내한했다. *( )의 숫자는 내한 연도임.

42 「皇城新聞」, 1900년 3월 27일; 「뎨국신문」, 1900년 4월 9일; "The Russian Church established itself in Seoul at this time and took active steps to start a propaganda in Korea." Homer B. Hulbert, *The History of Korea* Vol. 2 (Seoul: Methodist Publishing House, 1905), 331.

43 「太極學報」, 1907년 8월 24일; "The Salvation Army has at last come to Korea and are now located in Seoul." *The Korea Mission Field* Vol. 4, No. 10 (October, 1908), 153.

44 미 북장로회 한국선교부는 1892년 강원도 원산, 1893년에는 부산에 선교지회가 설립하였고, 1894년에는 평양에 선교부지를 취득하였다.

45 Secretary's Book, *Korea Mission of the Presbyterian Church*, Aug. 28, 1885; *A*

해 사역하여야 한다"(Uniting with Presbytery)라는 규정46을 따라, 부산을 근거지로 삼은 호주장로회 빅토리아선교회와 더불어 선교연합공의회 (The United Council of Presbyterian Missions)를 시작하였다.

1893년에 미국 남장로회선교회와 선교공의회(The Council of Missions Holding the Presbyterian Form of Government)를 조직하였다. 개신교 신경과 장로회 정치를 사용하는 연합교회 설립을 목적하였으며, 장로회의 규칙대로 완전히 성립할 때까지 전국 교회47에 대하여 공회위원(하회)을 전권으로 치리하는 상회의 기능을 수행하였다. 1900년에 첫 장로 선거로 김종섭(평남), 서경조(황해)를 택하여 안수하였고,48 이듬해부터 한국인 총대의 참가를 의결하였다.

1904년 공의회에서 언문(한글)으로 기록한 회의록을 만들어 보관하도록 하였다. 헌법준비위원회는 1905년 인도자유장로회에서 제정 (1904)한 신조49를 한국교회의 신조로 제안하였다(1908 채택). 그리고 1905년에 보류한 웨스트민스터 정치모범—각 노회, 당회, 집사회 기타 각항 사건에 관한 정치—을 유약한 교회가 감당하기 어려우므로

Manual Prepared for the Use of Missionary Candidates and Missionaries in Connection with the Board of Foreign Missions of the Presbyterian Church (4th Edition, New York: Mission House, 1882), 3.

46 *A Manual Prepared for the Use of Missionary Candidates and Missionaries in Connection with the Board of Foreign Missions of the Presbyterian Church* (4th Edition, New York: Mission House, 1882), 9.

47 이 글에서 교회는 "전 세계 각처에서 예수의 가르침을 믿고 준행하려는 무리와 그 자녀들이 이곳 세상에 세운" 또는 "국가의 세력을 의지하지 아니하는 전 세계에 산재한 교회"라는 의미이다. 郭安連 譯, 『敎會政治 問答條例』, 京城: 耶穌敎書會 (1917); 대한예수교장로회총회 종교교육부, 『대한예수교장로회헌법』(1934), 15, 18.

48 郭安連 編輯, 『長老敎會史典彙集』, 19.

49 위의 책, 42.

각 교회가 성장하여 장로회 교리에 한숙(嫺熟)케 된 후에 형편에 적당한 정치를 제정하는 것이 합당하다고 여겨 유안(留案)하기로 하였다.50

한국장로회는 1907년 각 교회의 치리권한을 갖는 노회(the Church of Christ in Korea)를 조직하고, 한국인 첫 목사 7명을 세워 본격적인 역사를 시작하였다. 또한 노회 수준의 기능을 하는 일곱 지역 대리위원회(Sub-presbyteries) 그리고 조선예수교장로회공의회에서 제안한 신경과 정치를 채택하였다. 다만, 정치규칙은 웨스트민스터 정치 대신 노회에 제안한 규칙(전문 5조 14항 세칙 7조)을 1922년 새로운 헌법을 채택할 때까지 존속하였다.

1912년 9월 1일 평양에서 총회를 조직하였다. 총회는 7개—북평안, 남평안, 황해, 경기충청, 전라, 경상, 함경— 노회를 설립하였고, 중국 산동성 래영현에 선교사 파송을 결정하였다. 그리고 총회 헌법을 웨스트민스터 표준을 따라 개정하는 시도가 있었으나 갓 출발한 한국장로회에 부담이 될 것이라는, 즉 자치는 주자학적 질서에 순응하여 개인의 소신을 편히 드러내는 데 익숙하지 않은 한국인들에 혼란을 가져올 수 있다고 판단하여 미루었다.

2. 네비우스 선교 방법

한국 선교는 제국주의가 기승을 부리던 시기에 신속한 세계 복음화와 기독교 문명의 확산이라는 기치 아래 이루어졌다.51 초기에 내한한

---

50 위의 책, 44.
51 Arthur T. Pierson, *The Crisis of Missions* (New York: Robert Carter and Brothers, 1886); John R. Mott, *The Evangelization of the World in this Generation*

대부분 선교사는 교단에서 파송한 이들로 파송한 교단의 교회 설립을 목표하였다. 이들은 선교 이력이 거의 없는 20대 중반 청년으로, 공개적으로 선교할 수 없는 상황을 타개하는 동시에 독립적이고 자립하는 교회의 설립을 목표로 이른바 네비우스 선교 방법을 따르기로 하였다.

새문안교회를 설립한 후 언더우드는 신혼여행을 포함해 네 차례 선교여행을 떠났다. 그는 여행에서 마을 전체에 기독교 정신이 스며드는 것과[52] 자급하고 자전하는 교회와 공동체[53]를 목도하였다. 그가 본 것은 한 성씨(姓氏)가 대대로 마을에 거주하며 마을의 운영을 주도하는 집성촌일 가능성이 높다. 한편, 언더우드는 로스(John Ross, 羅約翰)의 영향을 받아 개종한 사람들에게 세례를 베풀었다. 네비우스 방법에 시선을 돌리게 된 요인들이다.

언더우드는 네비우스 선교 방법에 관하여 다음과 같이 밝혔다.[54]

첫째, 누구나 그리스도를 영접한 곳에서 계속 일을 할 수 있도록 하고, 독자적으로 그리스도를 위해 일하는 사람이 되어야 하며, 직업에 대한 소명의식을 가지고 살아가는 것을 가르친다.

둘째, 교회의 운영과 조직을 지역 교회가 관리하고 운영할 수 있는 한도 내에서 발전시킨다.

셋째, 교회가 자체적으로 인력과 비용을 감당할 수 있으면, 훌륭한 자질을 가진 사람을 선택하여 전도자의 임무를 맡긴다.

(New York: Student Volunteer Movement for Foreign Missions, 1900), 1-3.
52 이만열 · 옥성득, 『언더우드 자료집 I』 (서울: 연세대학교 출판부, 2005), 79-81.
53 이만열 · 옥성득, 『언더우드 자료집 II』 (서울: 연세대학교 출판부, 2006), 97.
54 Horace G. Underwood, *The Call of Korea* (New York: Fleming H. Revell Company), 109-110.

넷째, 지역에 맞는 건축양식으로 감당할 수 있는 크기의 예배당을 짓는다.

선교는 듣는 자의 형편과 처지에 맞게, 전하려는 것을 듣는 자가 알아들을 수 있는 말로 전하는 것이다. 그 결과는 독립해서 자전하는 지역 교회이다. 따라서 선교사는 모범이 되는 삶으로 현지인의 "관습이 아니라 마음을 새롭게 하는 의무와 최고의 소망을 가진"[55] 존재이며, 땅끝까지 가서 그리스도의 정신을 전하는 자이다. 이러한 관점에서 초기 선교사들은 네비우스 선교 방법을 동의하고 채택하였을 것이다.

네비우스 선교 방법은 19세기 초반에 앤더슨(Rufus Anderson)과 벤(Henry Venn)에 의해 선교회와 선교사의 책임과 목표를 명확하게 정의한 토착교회론, 즉 선교사가 아닌 현지 교회가 스스로 인적, 물적 자원(동력)을 확보하는 선교 정책이자 제도이다. 그러므로 네비우스 선교 방법은 서구 문명의 우월함을 인정하지만, 모든 민족이 평등하게 창조되었으며, 따라서 모든 인간이 완전한 존경을 받을 가치가 있다에 우선을 둔다.

초기 교회 역사에서 네비우스 방법이 적용된 실제, 곧 자립과 자전의 사례로,

(1) 매서인(colporteur, 권서): 그들이 일조한 성경과 전도용 소책자를 등짐으로 날라 보급하고, 사랑방 모임을 주도하며 개종자를 인근 지역 교회에 연결하고 돌보았다.

---

[55] "Not to change the customs but to renew the heart is the one duty, and should be the supreme desire, of the missionary." John Ross, *Mission Method in Manchuria* (London: Pliphant Anderson & Ferrier, 1903), 209

(2) 전도부인(Bible Woman): 선교사의 동역자로 안방에 거하는 이들에게 성경을 가르치고, 교회의 기도회와 성경반 운영으로 실질적인 교회 교육을 담당하였다.
(3) 영수(leader): 멀리 떨어져 있고 교역자가 없는 교회의 설교와 목회적 책임을 감당하며, 선교사의 치리 결정을 도왔다.
(4) 조사(helper): 선교사의 보필자이자 교회 설립과 운영—성례 제외—의 동역자

등의 활동을 들 수 있다.

선교는 궁극적으로 현지인의 존엄성과 자존감을 고양하여 활기찬 새로운 교회를 세우는 것이다. 이를 위해 선교사는 현지인이 부족함이나 결함에 대하여 해결할 필요성을 깨우치는 동시에 처음부터 개종자들 사이에 자립과 자전, 자치 원칙을 불러일으켜 실천하도록 안내해야 했다. 또한 현지의 인적, 물적 자원 개발의 중요성을 인식하여 모든 책임을 현지인 목사에게 이양하고 '지역 너머'(regions beyond)로 나아간다.

IV. 김포읍교회 설립 과정

김포 지역의 선교 활동은 "서울 서쪽 60리 떨어진 김포에 두 가정이 복음을 받아들였으며, 그들은 가끔 서울에 와서 주일 예배에 참석한다. … 스트롱 선교사(Ellen Strong, 1860~1903)가 그들을 방문하였다"[56]라

는 무어(Samuel F. Moore, 牟三悅/毛三栗) 선교사의 1896년 보고서에 나타난다. 그리고 언더우드는 다음과 같은 내용을 해외선교부에 보고하였다.57

> 김포(金浦)의 한 마을에 사는 한국인이 복음의 영향력이 느껴지기 시작한 행주를 처음으로 지나가다가 마을과 사람들이 전혀 달라진 것을 보고 '예수교'의 결과라는 말을 듣고 시간을 내어 그리스도교의 교리를 문의하고, 가지고 가기 위해서 많은 책을 사면서 자기 마을에도 행주가 가진 것이 필요하다고 말했습니다. 지금 이 보고서를 쓰고 있는데 김포에서 전갈이 도착했고, 약 20가구가 그리스도를 믿는 믿음을 고백했다고 합니다.

「그리스도신문」에 서울 대정동 예수교 본회(새문안교회)에서 매년 한 차례 실시하는 성경 공부에 '김포 사람'이 참여한 것58과 함께 다음과 같은 기사가 있다.59

> 김포는 새로 설시가 되어 몇 달이 되지는 못하였으나, 진실히 믿는 남녀 교우가 40여 명인데, 세례 받은 사람은 남녀 유아까지 19명이니, … 또 행주와 삼뫼와 김포 세 곳을 총찰하는 영수는 신화순 씨로 작정하고 또 서울 본 회중에서 도정희 씨로 영수를 택출하여 한 달에 몇 번 틈이 나는 대로 그 교회를 살펴보게 하였는지라.

---

56 Samuel F. Moore, *Report 1896*.
57 「언더우드 자료집」 II, 190.
58 「그리스도신문」, 1898년 3월 17일.
59 「그리스도신문」, 1898년 2월 3일.

한편 『사기』에는 다음과 같은 내용의 기술이 있다.

1894(갑오)년의 공의회 회장은 배위량(William M. Baird, 1862~1931)이다. 그 해(是年)에 선교사 언더우드는 전도 방침을 확장하여 서상륜, 김홍경, 박태선, 유홍렬 등으로 경성 근방에 전도케 하고 신화순(申和淳), 도정희(都正熙), 이춘경(李春景) 등으로 고양, 김포 등지에 전도케 하니 동시에 4, 5개 교회가 신설되고….60

1897(정유)년의 공의회 회장은 최의덕(Lewis B. Tate, 1862~1929)이다. 고양군 행주교회와 상당리 교회가 성립하다. …
김포읍교회가 성립하다. 이전(先時)에 고양군 세교교회 교인 고군보(細橋敎人 高君甫)와 그 부인 박살라미(朴撒羅米)가 이곳에 이르러(到, 이사하여-인용자) 열심히 전도함으로 읍사람 천덕현, 이봉춘과 걸포리에 사는 유공선, 박성삼, 황춘근, 유중근이 믿기 시작하고,61 유공선의 개인 집에 모여서 예배드리더니62 신자가 날마다 더하여 3백여 명에 달하였다. 모두가 한마음으로 협력하여 서리에 16칸 가옥을 매수하여 예배당으로 사용하니

---

60 『朝鮮 예수敎長老會史記』 上 (京城: 朝鮮예수敎長老會總會, 1928), 26.
61 『사기』에 거명된 6인 가운데 이봉춘은 1894년 개종해 1896년 세례를 받았고, 걸포리 사는 유공선은 그의 부인 배선애와 함께 1895년 입교하였다. 그리고 박성삼은 1895년 개종해 이듬해 세례를 받았으며, 황춘근은 1895년 6월 14일 개종하고 1896년 세례를 받았다. 『김포읍당회 교인명부』 제1권, 1923년 6월. 그런데 유공선은 본래 '유명한 노름꾼이자 싸움꾼'(gambler and pugilist)이었는데, 신화순의 전도와 변화된 행주의 모습을 보고 김포에 교회당 설립을 추진한 것으로 추정된다. 그는 통진에 사는 친구 김치석 -부인 나성애와 함께 1897년 5월 5일 개종-을 전도하였다. H. G. Underwood, "Korea: Evangelistic Work for Year Ending September 30, 1898".
62 교인명부에 유공선의 집 주소는 걸포리 295-3번지인데, 그곳이 예배 장소로 제공되었는지는 확인이 더 필요하다.

….63

1895년(을미)에 고양군 세교리교회가 설립되다. 그 전에 선교사 기포드 부인(Mary Hayden Gifford)과 언더우드 목사가 그곳에 사는 고군보 부부 집에서 피서하며 전도하였고, 조사 천광실이 계속 전도하므로.64

고군보 부부는 왕자의 능지기(陵軍)로 비교적 넉넉한 삶을 살았다.65 고양군 소재 순창원, 순강원, 소경원, 영회원(광명), 소령원, 수길원(이상 파주), 수경원, 의령원, 효창원, 휘경원, 홍원(남양주), 영휘원(동대문), 영원(남양주), 숭인원(동대문), 회인원(남양주) 중 하나로 앞으로 밝혀야 할 과제의 하나이다. 고군보 부부는 대가족으로 네 명 이상의 자녀가 있었던 것으로 추정되나, 현재까지 고원경(1873~1934)과 고숙원(1891~1943)을 확인하였다. 그런데, 고군보 부부는 개종함에 따라 자녀들이 태어나고 자란 집을 떠났다(96쪽, 함태영 가계도 참조).

능지기를 그만둔 이후 고군보 부부는 갓 태어난 딸을 업고 8km 거리의 교회를 일주일에 두 번 출석하고 성경 공부에도 참여하였다. 고군보 부부는 선교사들의 훌륭한-열정적이고 유익한- 동역자로, 그들이 사는 동네 사람을 포교하는 것에 만족하지 않고, 약 13~16km 이내의 다른 마을과 강 건너 마을에 가서 기독교 문학서, 전도용 소책자 등을 배포하였다. 남편이 복음을 선포할 때 부인 박살라미는 곁에서

---

63 『사기』 上, 39.
64 『사기』 下卷 (연세대학교출판부, 1968), 11.
65 Mrs. H. G. Underwood, "Sketches of some Korean Women," *KMF* (Apr. 1906), 105-106.

여자들과 담소를 나눴다. 고씨 부부는 1896년경부터 김포에서 전도하였다.66

> 1897(정유)년의 공의회 회장은 최의덕(Lewis B. Tate, 1862~1929)이다. 고양군 행주교회와 상당리 교회가 성립하다. …
> 김포읍교회가 성립하다. 이전(先時)에 고양군 세교교회 교인 고군보(細橋敎人 高君甫)와 그 부인 박살라미(朴撒羅米)가 이곳에 이르러(到, 이사하여_ 인용자) 열심히 전도함으로 읍사람 천덕현, 이봉춘과 걸포리에 사는 유공선, 박성삼, 황춘근, 유중근이 믿기 시작하고, 유공선의 개인 집에 모여서 예배드리더니 신자가 날마다 더하여 3백여 명에 달하였다. 모두가 한마음으로 협력하여 서리에 16칸 가옥을 매수하여 예배당으로 사용하니….67

신자의 수가 증가하자 유공선이 예배 장소를 제공하였다. 그는 김포읍당회 교인명부(1921.6.)에 나오는 유공선(劉公先)이다. 그는 강릉을 관향으로 삼은 유창(劉敞)의 6세 유계주(劉繼周)를 시조로 하는 좌랑공파(佐郞公派) 19세인 유선원(劉先源)과 동일 인물이다(97쪽, 유공선 가계도 참조).68 유선원은 유경채(劉景彩)와 경주 김씨 사이에 맏이로 태어나 무과에 급제하였으며, 부인 배선애와 함께 1895년 입교하였다. 김포읍당회 교인명부에 수록된 그의 처(배씨 선애)와 자부(박씨 의자), 장손자(상준)

---

66 *Ibid.*;『사기』상, 39.
67 『사기』상, 39.
68 江陵劉氏大同譜編纂委員會,『江陵劉氏大同譜』2권, 9권 (大田: 回想社, 1994);『언더우드 자료집』II, 209;『김포읍당회 교인명부』제1권, 1923년 6월;『사기』상, 39.

등은 족보의 내용과 일치한다.69

한편 교인명부에 등장하는 유공심은 유공선의 막내동생이며, 유춘경은 유공선의 큰아버지 유경홍의 증손자이다.

V. 나서는 말

김포읍교회(현 김포제일교회)는 청일전쟁 직후에 김포 지역에 설립된 첫 교회이다. 김포 지역에 복음이 전달되고 그에 따른 개종이 이루어지는 시기는 미 북장로회가 다른 장로회와 함께 선교공의회를 이루어 개신교 신경과 장로회 정치를 사용하는 연합교회 설립을 목표한 직후이다. 이때는 선교회 차원에서 네비우스 선교 방법이 채택되고, 선교사뿐 아니라 새문안교회당에 개설된 신학반 과정을 수료한 전도인, 조사, 권서 등에 의해「성교촬리」,「중생지도」,「덕혜입문」과 같은 소책자가 보급되고 있었다. 그런데 김포 지역에서의 개종과 교회 설립은 선교사 또는 전도인/권서인에 의해서가 아니라 한 주민이 복음을 접한 인근 마을을 방문한 이후에 일어난 것으로 추정된다.

김포제일교회는 규정을 준수하여 당회록을 비롯해 8종의 기록물을 생산하여 비교적 온전히 보존하고 있다. 이 교회가 소장한 여러 기록물은『사기』,「그리스도신문」그리고 언더우드가 설립한 교회 문헌과 비교·검토할 수 있으며, 특히 "교인명부"와 "입교인명부"는 한 사람의 회심에 따라 그 주변이 집단으로 개종할 가능성을 보여주고 있다.

---

69 『江陵劉氏大同譜』2권, 9권;『김포읍당회 교인명부』제1권.

그리고 언더우드에게 훈련받은 한국인 조사/전도인을 대동한 선교사들은 그 가능성을 높이는데, 전도인들은 개종한 사람들을 양육하는 데 각각 기여하였다. 양육은 정기적인 회합에 의해 이루어졌으며, 교회를 설립하고 자립하는 단계로 나아가는 과정에는 고군보 부부의 역할이 상당했던 것으로 보이며, 이에 관한 후속 연구가 필요하다.

고군보는 협성회회보 1898년 1월 22일 자에 의하면, 도정희와 함께 배재학당 1월 15일 토론회에 찬성원으로 참여했다. 그리고 고군보, 박살라미 부부는 세교리교회 창립 교인으로 추정되며, 박살라미는 김포에서 활동하기 전 교회의 요청으로 전도사로 시무하였다. 이 부부는 슬하에 여러 자녀를 둔 것으로 보이나, 이 글에서는 언더우드 부인에게 훈련받고 여조사, 집사로 활동한 고원경(새문안)과 함태영 목사와 결혼한 고숙원(연동)만을 확인하였다. 한편, 초기에 예배 처소를 제공한 유공선에 관한 교회 기록물(교인명부)을 그 집안 족보와 비교·검토하였는데, 가족 구성원의 출생 및 3대조 관계 등에 관하여 상당히 신뢰할 만한 수준의 기록물임을 확인하였다.

함태영 가계도[70]

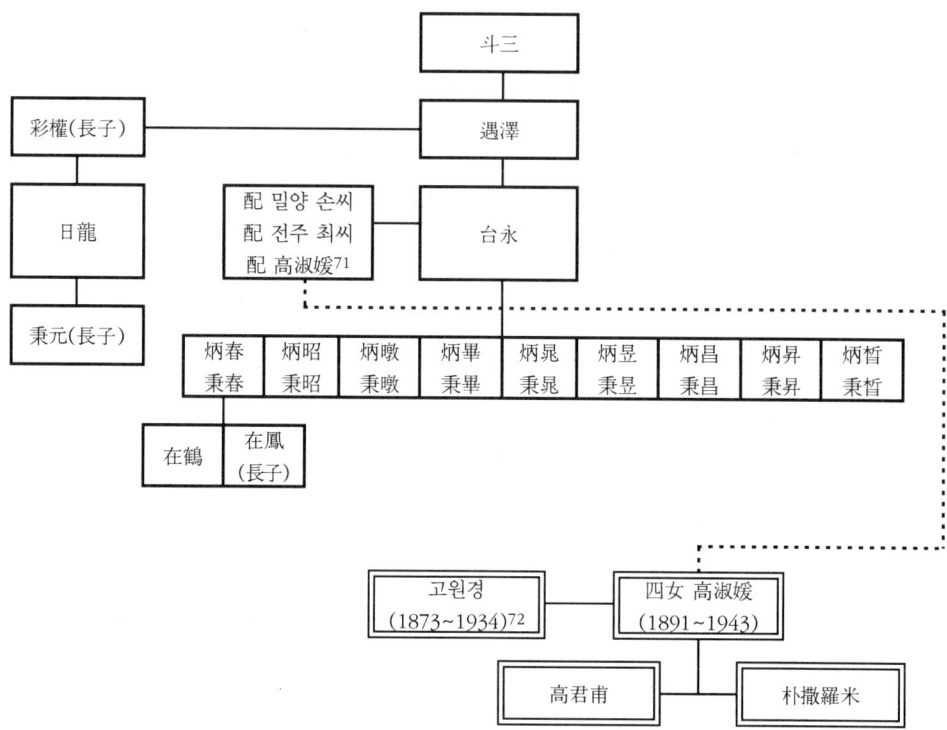

* 江陵·楊根咸氏大同譜, 民籍謄本, 연동교회세례명부 등을 참조하여 작성함.

---

[70] 민적부, 1919. 5. 14.; 江陵·楊根咸氏大同譜編纂委員會,『江陵·楊根咸氏大同譜』(대전: 회상사, 1987);「연동교회세례명부」.

[71] "再配 淑夫人 濟州高氏 父君甫 一八九一年 辛卯 十一月 二十一日生 癸未一月 十一日六日卒"江陵·楊根咸氏大同譜; "高淑媛: 檀紀四貳貳四年拾壹月貳拾壹日, 父 高君甫 母 朴撒羅米의 四女,"「함태영 제적부」(서울시 종로구청, 2024. 4. 3.).

[72] 고원경(1873~1934, 천연동 14)은 김원근(金元根, 1874. 11. 20.~1934. 5. 1., 1932. 11. 18. 세례문답, 현저동 105~164)과 결혼, 슬하에 김원례(여, 1900, 1910. 11. 29./1911. 7. 13 학습문답), 김점동(여, 1902/1912. 11. 1./1914. 1. 6. 문답, 모화관 151-167, 영신학교 재학)을 낳았다. 1898년에 세례를 받았고, 새문안교회 조사, 집사직을 역임했다.『新門內教會堂教友問答册』第二,『새문안례빅당교인성명부-

유공선(劉公先) 가계도[73]

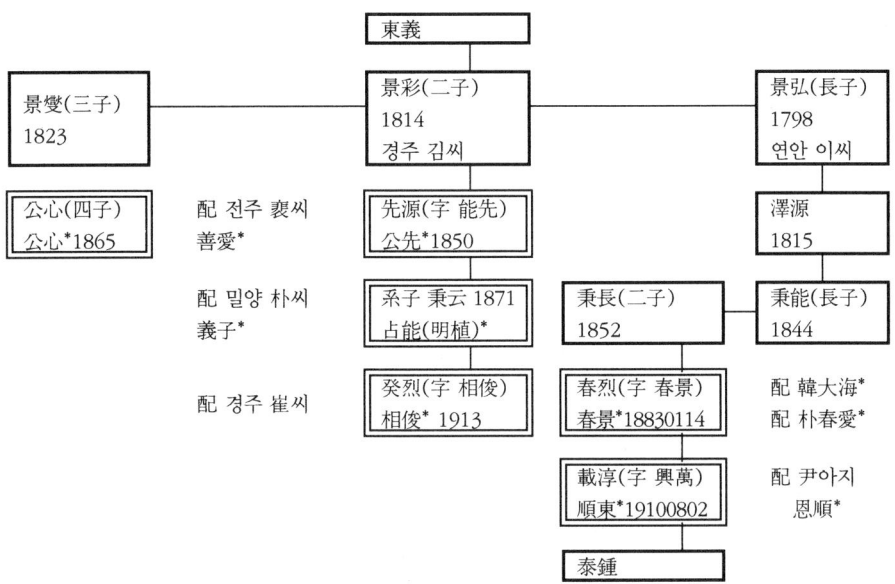

*교회 명부 이름

입교인」,『京城新門內敎會諸職會會錄』第三.
73『江陵劉氏大同譜』, 大田: 回想社, 1994;『김포읍교회명부』, 1921.

참고문헌

1차 자료

「경긔츙청 로회회록」. 1911~1924.
「김포읍교회 당회록」. 1912~1945.
『김포읍교회명부』. 1921.
「누산교회 당회록」. 1934~1941.
「대한예수교장로회로회회록」. 1908.
「송마리교회 당회록」. 1915~1942.
「예수교장로회대한로회데이회회록」. 1908.
「예수교장로회총회회록」. 1912~1924.
A Manual Prepared for the Use of Missionary Candidates and Missionaries in Connection with the Board of Foreign Missions of the Presbyterian Church, 4th Edition. New York: Mission House. 1882.
Constitution of the Presbyterian Church of Chosen. Seoul: Korean Religious Book and Tract Society. 1919.
Quarto Centennial Papers Read Before the Korea Mission of the Presbyterian Church in the U.S.A. at the Annual Meeting in Pyeng Yang. August 27, 1909.
The Presbyterian Monthly Record.

단행본

郭安連 譯. 『敎會政治 問答條例』. 京城: 朝鮮耶穌敎書會, 1917.
_____ 編輯. 『長老敎會史典彙集』. 京城: 朝鮮耶穌敎書會, 1918.
대한예수교장로회. 『대한예수교장로회 신경과 규측』. 경성: 대한예수교장로회, 1910.
로해리. 『조션긔독교회략사』. 京城: 朝鮮耶穌敎書會, 1933.
옥성득 역. *Sources of Korean Christianity 1832~1945*. 서울: 한국기독교역사연구

소, 2004.
옥성득·이만열 편역.『대한성서공회사 자료집』제1권. 서울: 대한성서공회, 2004.
李能和.『朝鮮基督敎及外交史』. 京城: 朝鮮基督敎彰文社, 1928.
이만열·옥성득.『언더우드자료집』 I. 연세대학교출판부, 2005.
_____.『언더우드자료집』 II. 연세대학교출판부, 2006.
_____.『언더우드자료집』 III. 연세대학교출판부, 2007.
朝鮮예수敎長老會總會.『朝鮮예수敎長老會史記』上. 京城: 朝鮮基督敎彰文社, 1928.
『朝鮮예수敎長老會史記』下卷. 연세대학교출판부, 1968.
『朝鮮예수敎長老會憲法』. 京城: 朝鮮耶穌敎書會, 1925.
『朝鮮예수敎長老會憲法』. 京城: 朝鮮耶穌敎書會, 1938.
존스, G. H/옥성득 편역.『한국 교회 형성사』. 홍성사, 2013.
Bosch, David/전재옥 역.『세계를 향한 증거』. 서울: 두란노, 1993.
Brown, Arthur J. *The Mastery Of the Far East*. New York: Charles Scribner's Sons, 1919.
_____. *Report of a Visitation of the Korea Mission of the Board of Foreign Missions of the Presbyterian Church in the U.S.A*. New York: The Board of Foreign Missions of the Presbyterian Church in the U.S.A., 1902.
Carruthers, William. *The Shorter Catechism of the Westminster Assembly of Divines: Being a facsimile of the First Edition, which was ordered to be printed by the House of Commons, 25th November, 1647*. London: Publication Office of the Presbyterian Church of England, 1897.
Hulbert, Homer B. *The History of Korea* Vol. 2. Seoul: Methodist Publishing House, 1905.
McCully, Elizabeth A. *A Corn of Wheat or The Life of Rev. W. J. McKenzie of Korea*. Toronto: The Westminster Co., Ltd., 1904.
Mott, John R. *The Evangelization of the World in this Generation*. New York: Student Volunteer Movement for Foreign Missions, 1900.
Noll, Mark A. *A History of Christianity in the United States and Canada*. Grand Rapids, Michigan: Wm. B. Eerdmans Publishing Co.,1992.

Pierson, Arthur T. *The Crisis of Missions*. New York: Robert Carter and Brothers, 1886.

Ross, John. *Mission Method in Manchuria*. London: Pliphant Anderson & Ferrier, 1903.

Speer, Robert E. *Report on the Missions in Korea of the Presbyterian Board of Foreign Missions*. New York: The Board of Foreign Missions of the PCUSA, 1897.

The Cambridge Platform of Church Discipline, Adopted in 1648, and The Confession of Faith, Adopted in 1680. Boston: Congregational Board of Publication, 1855.

Underwood, L. H. *Fifteen Years among the Top-Knots or Life in Korea*. New York: American Tract Society, 1904.

_____. *With Tommy Tompkins in Korea*. New York: Fleming H. Revell Company, 1905.

기타

『江陵・楊根咸氏大同譜』. 大田: 回想社, 1987.
『江陵劉氏大同譜』. 大田: 回想社, 1994.
「그리스도신문」.
「윤치호 일기」.
「太極學報」.
「漢城旬報」.
The Foreign Missionary.
The Korea Mission Field.
The Missionary review.
The Missionary review of the world.
The Sun.
Woman's Work for Woman and Our Mission Field.

김포의 첫 개신교 김포읍교회 설립 연도 고찰

김진수 | 김포새누리교회 목사

I. 머리말

김포 지역의 최초 개신교 교회는 김포읍교회이다. 장로교 새문안교회를 설립한 언더우드 선교사가 1894년에 전도인을 김포에 파송한 이후 김포군 군내면 걸포리[1] 지역에서 첫 예배 시작을 개신교의 출발로 보고 있다.

장로교 역사서 『사기』(史記)[2]는 김포의 최초 김포읍교회가 1897년에 설립하였음을 기록하고 있다. 김포읍교회의 역사를 이어오고 있는

---

1 걸포리(傑浦里)는 1998년 김포시로 승격 후 걸포동(傑浦洞)이 되었으며 행정 구역은 김포1동에 속한다. 김포군, 『김포군지명유래집』 (1995), 50.
2 박용규, "조선예수교장로회사기 해제," 「신학지남」 (2014) (발췌 요약). 『사기』(史記)는 1916년 조선예수교장로회 총회에서 편찬을 결정하고 1928년 발간된 교회 역사서이다. 자료 수집은 각 교회는 노회에, 각 노회는 총회에 보고하는 순서로 진행되었으며 교회의 당회록, 노회록, 총회록을 중심으로 기술된 자료집이다. 이 『사기』(史記)의 편집 양식 구성은 교회 설립자와 인도자, 교회 설립과 교육에 관한 사항, 교회 환란, 치리회가 조직된 사항(당회와 노회), (교회 직원과 장립, 집사, 장로, 목사), 전도 사업, 전도회, 전도인 파송, 선교사 파송, 교회의 특별 사항 순으로 기술되었다.

김포제일교회와 김포읍교회로부터 분리 독립한 김포중앙교회는 1894년을 교회 설립일로 정하여 창립기념일로 삼고 있다.3

이 글은 김포 지역 개신교 첫 장로교 '김포읍교회' 설립에 대한 두 교회사, 『김포제일교회사』4와 『김포중앙교회 111년사』5의 김포읍교회 설립 연대 결정 과정을 살펴보고 두 교회사가 확정한 김포읍교회 설립 연도에 대한 대안을 모색하려 한다. 두 교회사가 근거로 삼은 『조선예수교장로회 사기(史記)』와 김포읍교회의 당회록 및 교인 명부, 전도인을 파견하고 김포읍교회 당회장을 지낸 언더우드 선교사의 전도 사역보고서 및 선교 초기 사료 등을 통해 김포읍교회 설립 연대 문제를 모색하고자 한다.

---

3 '김포읍교회'는 대한예수교장로회(예장) 교단이 1959년 '합동' 측과 '통합' 측으로 분열(1962년 3월 18일)되면서 '김포읍교회'도 두 개의 교회로 분리되었다. 합동 측을 선택한 김포읍교회는 1994년 4월 26일에 '김포제일교회'로 교회 명칭을 변경했다. 『김포제일교회사(1894~2006)』(김포제일교회, 2010), 80; '통합' 측을 선택한 김포읍교회는 1962년 3월 4일부터 김포군청 공보관을 빌려 예배를 드렸고, 1962년 4월 김포읍교회 예배당 아래에 가건물에서 예배를 드리다 1972년 북변리 416-3번지에 교회 건축을 하였다. 이때까지도 '김포읍교회' 명칭을 '합동' 측과 '통합' 측 두 교회가 각각 사용하여 오다가 통합 측을 선택한 김포읍교회는 1974년 4월 4일 '김포중앙교회'로 교회 명칭을 변경했다. 권평, 『김포중앙교회 111년사』(김포중앙교회, 2007), 212-213.
4 김포제일교회(합동)는 『김포제일교회사(1894~2006)』(김포제일교회, 2010) 발간을 위해 총신대 홍치모 교수에게 의뢰하여 집필된 원고로 2010년에 김포제일교회로부터 필자에게 검증을 요청해 와 복사 원고를 받았다. 이 글에서 원고를 사용하였으며 원고를 받은 시간인 2010년을 발간일로 기술하였다. 2024년 3월 현재까지 김포제일교회사는 발간되지 않고 있다.
5 김포읍교회에서 분리(1962)한 김포중앙교회(통합)는 권평 박사(한국교회사하연구원 상임연구원)에게 집필 의뢰하여 2007년 3월 『김포중앙교회 111년사』(2007, 472쪽)를 발행하였다.

II. 설립과 『사기』(史記) 기록

1. 김포제일교회사의 1894년 설립 결정

김포읍교회 설립에 『김포제일교회사(1894~2006)』(미간행 자료, 이하 『제일교회사』)는 "김포읍교회는 1894년에 '미조직 가정교회'[6]로 출발하였다."[7] 이 결정에 대해 『朝鮮예수敎長老會 사기(史記)』(이하 『사기』(史記)) 기록(26쪽)을 제시하고 있다.

1894년(甲午) 이 해에 공의회 회장은 배위량(裵偉良)이다. 이해에 선교사 언더우드는 전도의 방침을 확장하여 서상륜(徐相崙), 김흥경(金興京), 박태선(朴泰善), 유흥렬(劉興列) 등으로 경성 근방에 전도하게 하고 신화순(申和淳), 도정희(都正熙), 이춘경(李春景) 등으로 고양, 김포 등지에 전도케 하니 동시에 교회가 4, 5곳 신설되고, 의사 헤론은….[8]

이어서 "그런데 같은 사기(史記)에 기록된 내용을 볼 것 같으면 김포읍교회는 1894년에 설립된 것이 아니라 3년이 늦은 1897년에 설립된 것으로 되어있다"며 『사기』(史記)에 기록된 다른 내용(39쪽)을 소개하

---

6 미조직교회: 교회법으로 조직교회는 교회의 운영과 관리권을 갖고 있는 당회(堂會)가 조직된 교회를 말한다. 당회(堂會)는 교회 소속 목사와 교인 가운데 선임된 장로로 구성된다. 반면 미조직교회는 장로가 아직 구성되지 않은 교회를 미조직교회라 한다. _ 필자 주. 김포읍교회의 당회(堂會) 구성은 1912년 1월 19일 구성되었다. 『김포읍당회사록』 I, 1913년 1월 일. 『제1회 김포읍 당회사록』, 1912년 1월 19일.
7 홍치모, 『김포제일교회사(1894~2006)』 (미간행 자료, 김포제일교회, 2010). "제2장 기독교의 한국 전래, 2. 김포읍교회 설립의 선구자들," 14.
8 차재명, 『朝鮮예수교長老會 史記』 (신문내교회당, 1928), 26.

고 있다.

 (1897년에) 김포읍교회가 성립하다. 이전에 고양군 세교교회(細橋敎會)9 고군보(高君甫)와 그 부인 박살라미(朴撒羅米)가 이곳에 도달하여 열심히 전도함으로 우리 읍사람인 천덕현(千德鉉), 이봉춘(李奉春)과 걸포리인 유공선(劉公善)10, 박성삼(朴聖三), 황춘근(黃春根), 유중근(劉重根)이 믿기 시작하고 유공선의 개인 집에 모여서 예배드리더니 지금에 이르러 신자가 날마다 더하여 3백여 명에 달하였다. 모두가 한마음으로 협력하여 우리 읍 서리(西里)11에 16간 가옥을 매수하여 예배당으로 사용하니 당시 조사(助師)12는 홍성화(洪聖化)(후에 타락)였다.13

---

9 세교교회(잔다리교회; 당시 행정구역상 경기도 고양군 연희면 서세교리, 현 서울시 마포구 서교동)의 설립 기록은 『새문안교회 100년사』에는 1895년 이전, '잔다리교회'를 1918년 12월 3일 '세교리교회'로 변경(제15회 경충노회)/1937년에 '서교정교회'로, 1946년에 '서교동교회'로 교회 명칭을 바꾸었다. 『새문안교회 창립 120주년 기념 원두우 설립 자매교회 자료집』(2007), 88.

10 차재명, 『朝鮮예수교長老會 史記』. 초기 교인중 유공선(劉公善)의 이름으로 기록되어 있으나(39), 「김포읍당회 교인명부 제1」(1921년 6월 조사)에는 유공선(劉公先)으로 기록되어 있어 유공선(劉公先)으로 표기한다. 유공선은 강릉유씨 족보에 유선원으로 기록하고 있으며 어릴 적 부르던 이름은 유능선이다. 유공심(劉公心)과는 형제 관계로 공선(公先)이 첫째 아들, 공심(公心)은 넷째이다. 아버지는 유경채이다.

11 서리(西里): 서변리, 서변마을(섯녘말), 현 김포시 북변동. 『김포군지명유래집』(김포군, 1995), 46.

12 조사(助師): 아직 한국인 목사가 양성되기 전 선교사들을 도와 교회 일선에서 직분을 수행했던 것으로 정식 신학 교육을 마치지는 않았으나 선교사의 전도, 치리, 순행, 심방 등의 일체 활동을 보좌하고 단독으로도 조직, 미조직교회에서 목회 활동을 도모했던 과도기적 교직으로서 조사(助師, Helper)가 있었다. 대개 초기 교회에서는 그 지방의 유력한 교인이 인도자가 되었으며 곧이어 권찰, 집사, 영수(領袖, leader) 직을 맡았다가 매서(賣書) 또는 조사(助師)로 발탁되어 여러 지역을 순회하며 전도하였다. 이들 대부분이 나중에 목사 또는 장로로서 초대교회 지도자가 되었다.

13 차재명, 『朝鮮예수교長老會 史記』, 39-40.

사기(史記) 1894년(26쪽)	사기(史記) 1897년(39쪽)
"1894년(甲午) (중략) 고양, 김포 등지에 전도케 하니 동시에 교회가 4, 5곳 신설되고"	"(1897년에) 김포읍교회가 성립하다. (후략)"

『제일교회사』는 『사기』(史記)에 기술된 1894년과 1897년의 두 가지 기록을 '미조직교회'와 '조직교회'로 김포읍교회 설립을 설명한다. 즉, "김포읍교회의 공식 설립은 1897년이지만 1894년부터 가정예배를 드리는 미조직교회였다"면서 이 두 가지 기록에 대해 논리적인 모순이 없음을 강조하고 있다.

"설립연대가 다른 두 가지 기록은 서로 충돌되는 내용이 아니다"며 "김포읍교회가 1894년 즉 갑오년에 적은 무리가 모여 예배를 드리기 시작한 것은 사실"이라고 전제한 후 "언더우드 선교사의 파송을 받고 이춘경(李春景)이가 김포읍에 들어와 전도함으로서 김포읍교회가 미조직교회로서 설립되었다"고 확정하였다.[14] 또한 "걸포리 304번지[15]에 살고 있던 유공선의 집에서 예배를 드리다가 교인의 수가 급속도로 증가하자 같은 걸포리에 있는 16간짜리 가옥을 매입[16]하여 새롭게 예배 처소를 마련하고, 언더우드 선교사가 정식으로 당회장에 취임함으로써 조직교회[17]로서 출발하게 된 것이 1897년으로 볼 수 있다"며

---

[14] 홍치모, 『김포제일교회사(1894~2006)』, 10.
[15] 김포읍교회, 「김포읍당회 교인명부 제1(1921년 6월 조사)」에 류공선(劉公先)의 집 주소는 군내면 걸포리 295-3으로 기록되어 있다. 걸포리 304번지는 류공심(劉公心)의 집주소이다.
[16] "같은 걸포리에 있는 16간짜리 가옥을 매입하여"는 『조선예수교장로회 사기』에 기록된 "우리 읍 서리(西里)에 16간 가옥을 매수하여 예배당으로 사용하니"의 내용으로 가옥을 매입한 서리(西里, 서변리)는 '같은 걸포리'가 아니라 북변리(서변)를 말한다.
[17] 김포읍교회 조직교회(당회구성) 구성은 1912년 1월 19일에 구성하였다. 『김포읍당회사록 I』, 1913년 1월 일. 『제1회 김포읍 당회사록』, 1912년 1월 19일.

1897년을 '조직교회' 설립일로 규정18한다.

2. 김포교회 창립약사의 1894년 3월

『제일교회사』는 김포읍교회의 출발을 1894년의 '미조직교회'로 시작하여 1897년에 설립된 공식 '조직교회'로 규정하고 있지만, 1894년을 김포읍교회 공식 설립 연도로 하여 '1894년 3월 3일에 세워졌음을 밝히고 있다. 그런데『제일교회사』는 김포읍교회의 설립 연도는『사기』(史記)의 두 기록을 근거하고 있으나 3월 3일의 설립일에 대해서는 설명이 없다.19

김포읍교회 설립일에 대한 추정은『당회록(堂會錄)』20에서 찾을 수 있다. 김포읍교회『당회록(堂會錄)』표지 안쪽에 "김포교회창립약사(金浦敎會創立略史)" 제목의 국한문으로 기록한 2장의 문서이다.21 이 문서

---

18 홍치모,『김포제일교회사(1894~2006)』, 10.
19 이에 대해『김포제일교회사』와『김포중앙교회 111년사』는 김포읍교회가 1894년 3월에 설립되었다는 관련 자료와 근거가 제시되고 있으나 3일에 대해서는 설명이 없다.
20 김포읍교회(김포제일교회) 당회록은 2014년 현재 6권이 있다. 1912년 1월 당회가 구성되면서 기록하였다. 제1권은『김포읍당회사록 I』, 1913년 1월 일, 1912. 1. 19.~1928. 5. 30.(1~68회), 크기 15.5cm×22cm, 174; 당회록 2권『김포읍교회 당회록(堂會錄)(其 二), 1928년(戊辰) 11월 起』, 1928. 11. 20.~1960. 5. 8.(69~206회), 크기 18.5cm×26.5cm, 326; 당회록 구성은 당회 회차, 당회 개최 일시 및 시간, 당회 장소, 참석 인원 이름, 찬송, 기도, 개회 선언, 회장의 성서 본문 소개와 말씀 선포, 안건 처리, 기도, 폐회 선언 순이다. ― 회의록은 붓으로 필사하였으며 전체 페이지 없이 당회의 순서가 기술되어 있다. 회의록 말미에는 회장의 이름과 내용을 기록한 서기자가 기술되어 있다. 주요 내용은 직원 인사, 교회 재정, 신도 관리, 예배 절차, 부흥회, 성찬식, 세례문답, 세례 학습, 교인 치리 등 주로 교회 운영과 관련한 내용이다(본문 내용과 관련 당회록 1-2권만 소개).
21 『김포읍교회 당회록(堂會錄)(其 二), 1928년(戊辰) 11월 起』. 제69~206회까지 기록되어 있는 두 번째 당회록. 1956년 3월에 담임 교역자 김형원 목사가『당회록(堂會

에 기술된 내용이 김포읍교회 설립 월을 추정할 수 있는 실마리를 제공해 준다.

"김포교회 창립약사(金浦敎會創立略史)

1894년(   )²² 김포교회(金浦敎會)가 설립(設立)되다.(三月)

고양군(高陽郡) 세교리(細橋里) 교인 고군보(高君甫)씨와 기처(其妻) 박살라(朴撒羅) 여사(女史)가 당지(當地)에 래(來)하야 열심 전도함으로 본읍(本邑)인 천덕현(千德鉉)씨와 이봉춘(李奉春)씨와 걸포인 유공삼(劉公三)씨와 박성삼(朴聖三)씨와 황춘군(黃春根)씨 유중근(劉重根)씨와 제인(諸人)이 시신(始信)하고 유공삼씨 사저(私邸)의 서 예배(禮拜)하더라. 신자(信者)가 일가(日加) 월증(月增)하야 동심(同心) 협심(協心)으로 본읍(本邑) 서리(西里)에 16칸 가옥(家屋)을 매수(買收)하야 예배당으로 사용하였으니, 당시 조사(助師)는 홍성화(洪聖化)이었다.

기후(其後) 1905년(을사)(乙巳) 교인이 증가하야 선교사 심익순(沈翊舜)(Smith,Walter E)²³ 인도로 7백원을 연보(捐補)하야 와제(瓦製)(기

錄)』 표지 안쪽에 첨부해 놓은 별개의 문서이다. (필자 주)
22 원본 원문 (괄호) 부분이 뭉개져 글씨체를 알아 볼 수 없다. 그러나 이 문서의 내용이 『조선예수교장로회 사기(史記)』에 기록된 1894년의 김포읍교회 설립 내용을 인용하는 것이므로 『사기』(史記) 원본의 '1894년(甲午)' 중 '갑오' 글자로 추정된다. _ 필자 주.
23 심익순(沈翊舜, Walter Everett Smith, 1902~1919)은 1874년 미국 펜실베니아주 필라델피아에서 출생했다. 1895년 뉴윈드서 메릴랜드대학을 졸업하고 1897년에는 프린스턴대학교 대학원에서 석사학위를 받았다. 1898년에는 프린스턴신학교를 수료하고 1902년 11월 미북장로교 선교사로 내한했다. 부산 선교부에서 10여 년을 봉사한 심익순은 1910년부터 평양선교부로 전임하였고, 숭실대학에서 강의하기도 했다. 1919년에는 귀국하여 미국에서 목회 생활을 했으며 1932년 7월 6일 과로로 델라웨어

와집, 필자주) 33평을 건축하다.

1956년 춘(春) 김형원(金亨元)24 식(識)"

　　김포교회 창립약사(金浦敎會 創立略史)로 명명된 2장의 이 문서는 1956년 봄에 담임 교역자인 김형원 목사의 자필로 기록되어 있다. 이 문서가 어떤 이유로『당회록(堂會錄)』에 첨부되었는지 또한 담임 목사가 이 문서를 기술한 목적이나 의도 등이 나타나 있지 않다. 더욱이 이 문서가『당회록(堂會錄)』에 기록된 공식 회의록 문서가 아니라『당회록(堂會錄)』표지 안쪽에 추가로 덧붙여져 있다.

　　이 문서는 김포읍교회 설립 과정과 교회당 건축에 대한 내용을 이야기하고 있는데 문서의 내용이『사기』(史記)의 내용을 인용한 흔적이 엿보인다. 마치 "김포읍교회가 1894년에 설립되었다"는 점을 강조하기 위한 의도로 추정된다.

　　김포교회 창립약사(金浦敎會 創立略史)의 글이 시작되는 첫 문장에 "1894년( ) 김포교회(金浦敎會)가 설립(設立)되다.(三月)"로 표시한 이 내용은『사기』(史記)의 기록 중 1894년도의 일부분으로 문장 처음의 '1894년'을, 1894년 뒷 문장의 "김포교회(金浦敎會)가 설립(設立)되다(三月)"는 1897년의 내용을 인용한 것으로 추정된다. 즉, 설립 연도는 1894년의 기록을 옮기고, "김포읍교회가 설립되다"는 1897년도의 내

주 윌밍턴에서 소천했다. 정원길 목사(평택일심교회), "거창지방에서의 기독교의 연원과 교회의 설립," 2012. 11. 4. 고신 경남노회 홈페이지 자료실.

24 김형원 목사는 1947년 10월 17일부터 1948년 5월까지 김포읍교회 임시 당회장으로 시무한 후(『당회록(堂會錄)』제166회(1948. 2. 16.), 1948년 4월 11일 공동의회에서 담임(위임) 목사로 결정되었고(『당회록(堂會錄)』제171회(1948. 12.), 1959년 10월까지 시무(『당회록(堂會錄)』제202회(1959. 10. 18.))하였다.

용을 선택적으로 취하고 있다.

『사기』(史記)의 두 기록과 김형원 목사가 기록한 문서 내용을 정리하면 다음과 같다.

창립약사(1956년)	1894년( ) 김포교회(金浦敎會)가 설립(設立)되다.(三月)
『사기』(史記) 1894년	1894년(甲午) (중략) 고양, 김포 등지에 전도케 하니 동시에 교회가 4, 5곳 신설되고,
『사기』(史記) 1897년	(1897년에) 김포읍교회가 성립하다.

더욱이 "김포교회(金浦敎會)가 설립(設立)되다(三月)"의 문장 끝 부분의 "三月"의 표기는 『사기』(史記)에 없는 내용을 첨가하고 있다. 이 3월의 표기가 어떤 근거에서 기술했는지 출처는 나타나 있지 않지만, 김포읍교회가 1894년 3월에 설립되었다는 사실을 알리고자 하는 의도로 추정된다. 이 3월의 표시가 현 김포제일교회의 '1894년 3월 3일 설립'의 역사적 근거로 삼고 있는 것으로 보인다.

김포읍교회 설립에 대한 『제일교회사』를 정리하면 다음과 같다. 김포읍교회의 설립의 근거로 『사기』(史記)의 두 기록을 기준으로 1894년의 기록을 미조직교회로, 1897년의 기록을 조직교회로 규정하고 있다. 김포읍교회의 공식 설립 연도가 1897년이지만, 교회의 출발을 1894년의 기록을 선택하여 김포읍교회 공식 설립일로 삼고 있는 것이다. 또한 1894년 3월 3일의 설립 일자에 대해서는 그 역사적 근거로서 1956년도에 담임 교역자인 김형원 목사가 기술한 김포교회 창립약사에서 밝힌 1894년 3월을 설립일로 삼고 있는 것이 확인된다. 그러나 설립 1894년 3월까지는 그 근거를 제시한 자료상의 출처가 있지만 3일에 대해서는 설명이 없다.

3. 『김포중앙교회 111년사』의 설립 논리

『김포중앙교회 111년사』(이하『111년사』)는 김포읍교회 설립 시기에 대해 "김포읍교회가 세워진 해는 공식적으로 1894년"[25]으로 확정하고 그 근거로서 『조선예수교장로회 사기(史記)』의 내용을 제시하고 있다.

> "1894년(갑오)… 이 해에 선교사 언더우드는 전도의 방침을 확장하여 서상륜(徐相崙), 김흥경(金興京), 박태선(朴泰善), 유흥렬(劉興列) 등으로 경성 근방에 전도하게 하고 신화순(申和淳), 도정희(都正熙), 이춘경(李春景) 등으로 고양, 김포 등지에 전도케 하니 동시에 교회가 4, 5곳 신설되고, 의사 헤론은…."[26]

『111년사』는 김포읍교회가 세워진 과정에 대해 "특히 언더우드는 1894년부터는 경기도 고양군, 김포군, 시흥읍 등 서울 근교 일원으로 확대해 나가서 경기도 일대에 4~5개의 교회를 세우는 성과를 올렸다. 이때 많은 한국인 전도인들이 파송되었는데, 이들은 대개가 새문안교회의 초기 교인들이었다. 이런 노력으로 결실을 맺은 곳 가운데 하나가 바로 우리 김포읍교회"[27]라고 설명하고 곧바로 "『새문안교회 100년사』[28]에 보면 김포읍교회는 1896년에 고군보와 박살라미가 전도하여 설립한 것으로 되어 있고…『새문안교회 100년사』에 정리되어

---

25 권평, 『김포중앙교회 111년사』(김포중앙교회, 2007), 68.
26 차재명, 『朝鮮예수교長老會 史記』, 26.
27 권평, 『김포중앙교회 111년사』, 66-67.
28 윤경로, 『새문안교회 100년사(1887~1987)』(새문안교회 창립 100주년 기념사업회 역사편찬위원회, 1995), 109.

기록된 것 같이 1896년인가 아니면 그보다 이른 시기인가?"라고 물은 후 "그렇다면 김포읍교회가 정확히 언제 세워진 것인가?" 하고 의문을 제기하고 있다. 글 서두에 김포의 첫 교회인 김포읍교회가 공식적으로 1894년에 설립되었다고 규정해 놓고, 후반부에서는 김포읍교회가 언제 설립했는지 의문을 제기하는 모순을 나타내고 있다.

〈표 2-2〉 경기도 일원에 세운 개척교회(1894~1906)[29]

교회	소재지	설립 연도	전도인
잔다리교회	고양군 세교리	1895년 이전	
행주교회	고양군 행주읍	1896년 이전	신화순
고양읍교회	고양군 고양읍	1896년 이전	최덕준, 김영한, 이용석
김포읍교회	김포군[30]	1896년[31]	고군보, 박세라미
토당리교회[32]	고양군 행주읍[33]	1897년	도정희, 신화순
송마리교회	김포군 대곶면[34]	1901년[35]	(언더우드)[36], 신화순, 이춘경
신사리교회	광주군 신사리	1901년	언더우드, 유성철
고산리교회	광주군 고산리	1902년	피터스, 김덕윤, 유홍렬
안성읍교회	안성읍	1902년	밀러, 김홍경
누산리교회	김포군 양촌면[37]	1904년	신화순, 이춘경
시흥리교회	시흥리	1904년	도정섭, 윤상덕
죽원리교회	파주군	1906년	언더우드
대동리교회	파주군	1906년	
노량진교회	시흥군	1906년	이용석, 신여장, 최덕준
용강리교회	김포군 월곶면[38]	1906년	언더우드, (김기현, 신화순)[39]

---

29 앞에 책 109. 새문안교회가 1894년부터 1906년까지 '경기도 일원에 세운 개척교회' 현황을 기술한 자료(도표)이다. 그러나 도표의 인용 출처가 없고, '소재지'가 부분적으로 잘못 표기되어 있어 필자가 수정(괄호 표시)해 기입했다.

30 도표는 김포읍교회 소재지를 '고양군 김포읍'으로 표시하고 있으나 '김포군'이다(도표 안의 괄호(김포군) 표시는 필자가 삽입한 것이다).

31 김포읍교회 설립일은 『朝鮮예수교長老會 史記』에 1897년으로 기록되어 있다. 『새문

하지만 『111년사』는 김포읍교회 설립 연도에 대한 의문을 제기한 후 교회사 다음 주제 장(제3장 김포읍교회의 성립과 활동)에서는 "김포읍교회가 1894년도에 성립되었다"고 결론을 짓고 있다.

"김포읍교회는 1894년에 설립되었다. 그런데 조선예수교장로회 사기(史記)에 따르면 우리 김포읍교회의 성립은 공식적으로 1897년에 시작된 것으로 기록되어 있다"40고 『조선예수교장로회 사기(史記)』의 1897년의 기록을 소개한다.

  안교회 100년사』의 표기 오기이다. 괄호는 필자가 수정한 것이다.
32 토당리교회(사산/사뫼교회)는 행주교회에서 분리되었다. 행주교회는 토당리교회가 1893년에 분리한 것으로 말하고, 『사기』(史記)는 1897년에 분리했다고 기술하고 있다. 1937년에 능곡교회로 개명하였다. _ 필자 주.
33 도표는 토당리교회 소재지를 '김포군 고양읍'으로 표시하고 있으나 '고양군 행주읍'이다. 도표안의 괄호 (고양군)(행주읍) 표시는 필자가 삽입한 것이다. '토당리교회'(사산/사뫼교회)는 현 고양시의 '능곡교회'이다.
34 도표 '송마리교회' 소재지 '고양군 김포읍'은 '김포군 대곶면'이다. 괄호 (김포군 대곶면)은 필자가 삽입한 것이다.
35 송마리교회의 설립 기록은 『조선예수교장로회 사기(史記)』에 1901년으로 기록하고 있다. 그러나 언더우드 선교사의 1898년 9월 30일자 전도 사역 보고서에 송마리교회의 설립 과정이 자세하게 소개되고 있으며, 이 보고서는 1898년 9월 30일자로 사역 보고할 내용을 마감하여 미국 선교본부에 보낸 편지이다. 이 편지의 내용 중 "… 지난해 이곳에서 21명이 세례를 받았고 18명이 학습을 받았습니다"라고 설명하고 있어 '지난해'는 1897년이므로 김포읍교회가 설립된 직후 세워졌음을 알 수 있다. 이만열·옥성득 편역, 『언더우드 자료집 II』(연세대학교 출판부, 2006), 「개인연례보고서(1898)」, "선교본부에 올린 1898년 9월 30일자로 마감된 해를 위한 한국 서울의 H. G. 언더우드의 전도사역보고서," 209.
36 차재명, 『朝鮮예수교長老會 史記』, 83.
37 도표 누산리교회의 소재지 '김포군 누산리'는 '김포군 양촌면 누산리'이다. 괄호 (양촌면) 표시는 필자가 삽입한 것이다.
38 도표 '용강리교회'의 소재지 '김포군'은 '김포군 월곶면 용강리'이다. 괄호 (월곶면 용강리)는 필자가 삽입한 것이다.
39 앞의 책, 147.
40 권평, 『김포중앙교회 111년사』, 68.

(1897년에) 김포읍교회가 성립하다. 이전에 고양군 세교교회(細橋敎會) 고군보(高君甫)와 그 부인 박살라미(朴撒羅米)가 이곳에 도달하여 열심히 전도함으로 우리 읍사람인 천덕현(千德鉉), 이봉춘(李奉春)과 걸포리인 유공선(劉公善), 박성삼(朴聖三), 황춘군(黃春根), 유중근(劉重根)이 믿기 시작하고 유공선의 개인 집에 모여서 예배드리더니 지금에 이르러 신자가 날마다 더하여 3백여 명에 달하였다. 모두가 한마음으로 협력하여 우리 읍 서리(西里)에 16칸 가옥을 매수하여 예배당으로 사용하니 당시 조사(助師)는 홍성화(洪聖化)(후에 타락)였다.[41]

111년사는 같은 사료집에 김포읍교회 설립에 대한 두 가지 기록에 대해 의문을 제기하면서도 1894년에 김포읍교회가 설립된 것에 방점을 두고 1894년과 1897년의 시간 차이를 '조직교회'와 '미조직교회'로 구분하여 그 이유를 설명하고 있다. 즉, 김포읍교회가 공식적으로는 1897년에 교회가 설립되었지만, 1894년부터 미조직교회로 출발했다는 설명이다.

정리하면, 1894년에 언더우드의 파송으로 김포 지역에 들어온 우리 김포읍교회의 초대장로 이춘경(李春景)의 전도에 의해 김포읍교회가 미조직교회로서 세워졌고 이후 〈사기(史記)〉의 구체적인 기록대로 고군보와 그의 부인 박살라미의 전도로 김포읍의 여러 사람들이 열심 있는 교인이 되었다.[42]

---

41 차재명, 『朝鮮예수교長老會 史記』, 39-40.
42 권평, 『김포중앙교회 111년사』, 69.

김포읍교회 설립에 대한 『111년사』의 설명을 정리하면 다음과 같다. 김포읍교회 설립을 1894년으로 규정한다. 이에 대한 근거로서 『조선예수교장로회 사기』(史記)의 기록에 기술된 김포읍교회 설립 관련 내용 두 가지의 1894년과 1897년의 기록을 제시하고 있다. 그러나 하나의 사료에 두 가지 다른 설립 연도의 기록과 또 김포읍교회 설립을 주도한 『새문안교회 100년사』 자료에 김포읍교회가 1896년에 설립되었다는 기록에 어느 연도가 김포읍교회 설립 연도로 볼것인지 의문을 제기한다. 설립 연도에 대한 세 가지 사료 기록에 대해 근본적인 의문을 던지면서도 『111년사』는 1894년의 『사기』(史記)의 기록을 김포읍교회의 공식 설립 연도로 확정 짓는다. 이 논리는 김포읍교회가 1894년에 미조직교회로 시작하여 1897년에 조직교회가 되었다고 설명하고 있다.

III. 『사기』(史記) 기록 해석의 문제

1. 『사기』(史記) 1894년은 총괄 설명

　　김포읍교회의 1894년 설립에 관한 『제일교회사』와 『111년사』의 내용은 『조선예수교장로회 사기(史記)』에 그 근거를 두고 있다. 그러나 두 교회사의 김포읍교회 1894년 설립에 대한 설명은 『사기』(史記)의 1894년 기록을 확대해석한 결과로 보여진다.

년도	『사기』(史記) (1928)	『새문안교회 100년사』(1995)	『김포제일교회사』(2010)	『김포중앙교회 111년사』(2007)
1894	언더우드선교사 고양, 김포 등 경기일원 전도인 파견, 4~5교회 신설	언더우드선교사 고양, 김포 등 경기일원 전도인 파견, 4~5교회 신설	미조직 가정교회 창립	미조직교회 김포읍교회 설립
1896		김포읍교회 설립		
1897	김포읍교회 설립		조직교회 설립	조직교회

표 내용 중 1894년 『사기』(史記) 기록을 살펴보면 『제일교회사』와 『111년사』가 1894년에 김포읍교회가 설립되었다고 주장할 수 있었던 직접적인 내용은 "김포 등지에 4~5개의 교회가 신설되었다"는 문장이다. 이 내용으로만 보면 김포에 교회 설립 사실을 의심할 수 없다. 1894년에 전도인이 파견되었고, '김포'라는 지명이 기록되었고, 4~5개의 교회가 세워졌으니 그 교회 중 하나가 김포읍교회라고 추정할 수 있다. 그러나 『사기』(史記)의 1894년 기록은 1897년의 기록과 병행하여 해석되어야 하고 『사기』(史記)의 교회사 편집 양식 구성을 이해할 필요가 있다.

『사기』(史記)는 1916년 조선예수교장로회 총회에서 편찬을 결정하고 1928년 발간된 장로교 교회 역사서이다(초기 선교부터 1911년까지 기록). 자료 수집은 각 교회는 노회에, 각 노회는 총회에 보고하는 순서로 진행되었으며, 교회의 당회록, 노회록, 총회록을 중심으로 기술된 자료집이다. 이 『사기』(史記)의 편집 양식 구성은 교회 설립자와 인도자, 교회 설립과 교육에 관한 사항, 교회 환란, 치리회가 조직된 사항(당회와 노회), (교회 직원과 장립, 집사, 장로, 목사), 전도 사업, 전도회, 전도인 파송, 선교사 파송, 교회의 특별 사항 순으로 기술되었다.

김포읍교회 설립을 소개하고 있는 『사기』(史記)의 "제2장 선교사공의회 시대(1893~1900년). 1. 교회 설립"에서 서술 방식은 연도별, 지역별(노회[老會]), 교회(개교회)별로 교회 개척 상황을 기술하고 있다. 먼저 연도를 기록하고 다음으로 전체 지역(노회)의 교회 설립 상황을 설명하고, 마지막으로 개교회의 설립 상황을 소개하는 방식이다. 따라서 『사기』(史記)의 1894년의 기록은 새문안교회 언더우드 선교사가 "1894년 이후부터 전도 지역을 고양군, 김포군, 시흥읍 등 서울 근교 경기도 일원으로 확대시켜 나가 1~2년 사이에 경기도 일대에 4~5개의 지교회를 세웠다"[43]는 내용, 즉 지역별, 개교회 설립에 앞서 전도 구역 전체 상황을 총괄적으로 설명하고 있는 것이다. 이 총괄 설명 후 개교회 설립 상황이 소개되어야 하지만, 개교회(김포읍교회) 설립 소개 내용이 없다. 이 해에 김포 지역에 전도 파견은 있었지만, 교회를 세우지는 못해 김포읍교회 설립 소개가 없는 것이다. 그러므로 두 교회사의 설명대로 1894년에 김포군 걸포리 지역에 김포읍교회가 미조직 예배처로 출발했다면, 『사기』(史記)의 1894년 기록에 김포읍교회뿐만 아니라 고양군, 시흥 등 경기 일원에 설립된 개별 교회도 소개되어야 한다.

2. 미조직교회와 조직교회 구분

또 다른 문제는 『제일교회사』와 『111년사』는 김포읍교회가 1894년에 설립되었다는 내용을 확증하기 위해 미조직교회와 조직교회로 1894년의 설립을 설명하고 있으나 다음과 같은 문제가 나타난다.

교회가 조직교회와 미조직교회로 구분되는 기준은 당회(堂會)의 구

---

43 윤경로, 『새문안교회 100년사(1887~1987)』, 108.

성 여부에 있다. 즉, 당회(堂會)의 성립 기준은 목사와 장로(長老)로 이루어진다. 김포읍교회가 첫 장로가 결정돼 김포읍교회의 공식 당회(堂會)가 구성된 것은 1912년 1월 19일[44]이므로 김포읍교회가 조직교회로서의 출발이 1897년이라고 설명한 『제일교회사』의 설명은 사실과 다르다. 또한 『111년사』도 "1897년에 언더우드 선교사가 김포읍교회의 당회장으로서 비로소 조직교회로서 면모를 갖추어 가기 시작했다는 설명도 사실관계가 맞지 않는다.

3. 1947년 창립 50주년 기념식

김포읍교회가 1897년에 설립되었다는 또 다른 역사적 근거를 『김포읍교회 당회록(堂會錄)』에서 찾을 수 있다.

1947년 3월 2일자 『당회록(堂會錄)』(제163회)을 보면 김포읍교회 창립 50주년 기념식을 준비하는 당회(堂會)에서 기념일을 5월 11일(음력 3월 21일)에 개최한다는 내용이다. 이 『당회록(堂會錄)』 기록에서 김포읍교회 설립 50주년 기념식을 1947년 5월 11일에 개최한다는 결정으로부터 50년 전(前)이 되는 해는 1897년이 된다. 1947년 김포읍교회 『당회록(堂會錄)』 내용은 다음과 같다.

---

[44] 김포읍교회. 『김포읍당회사록 I』, 1913년 1월 일; 『제1회 김포읍 당회사록』, 1912년 1월 19일 오후 2시, "세례교인 125인이 당회 되기를 원하여 경충노회 앞에 허락을 받은 후 1912년 1월 19일 오후 2시에 교회로 모일 새 회장 원두우(Underwood) 목사께서 승석하시어 기도하므로 개회하니 참석한 사람은 일반 교우와 서경조 목사와 김영한 조사 제씨요. 회장이 김영한 조사를 서기로 공천하고 장로 될 만한 사람을 택할 새 리춘경(李春景) 씨를 투표로 선정한 후 회장이 일반교인에게 당회되는 것을 설명하고 찬미 93장을 부른 후 서경조 목사의 기도로 폐회하다. 회장 원두우(Underwood) 서기 김영한."

주후 1947년 3월 2일(주일) 오후 3시에 본회 제163회 사무실에 회집하니 출석원 차재명, 유창익, 최기화, 김복만 제씨요. (중략) 1.경로회 일자는 4월 6일(주일) 음(윤달) 2월 15일로 정하고 준비위원은 당회원 4씨와 남집사 전상봉, 김윤흠, 최영근, 여집사 박루타, 김보배 제씨로 정하고, 2. 50주년 기념 일자는 래(來) 5월 11일(주일) 음 3월 21일로 정하고 이상 준비위원이 겸임하기로 하다.45

이와 관련『제일교회사』는『당회록(堂會錄)』에 기술된 "1947년 5월 11일 김포읍교회는 창립 50주년(희년) 기념 예배를 하나님께 감사하는 마음으로 드렸다"라고만 간략하게 소개하는 것으로 그치고 있으나,46 『111년사』는 '50주년 기념식과 교회 창립 연도의 문제'의 주제로 상세한 설명을 피력하고 있다.

『111년사』는 김포읍교회 설립일에 대한『사기』(史記)의 기록인 1894년의 내용을 근거로 창립기념일을 1894년 3월 3일로 규정해 왔으나 1947년『당회록(堂會錄)』에서 1897년을 설립 연도로 하는 50주년 기념식 행사 기록이 발견되자 당황해하는 상황을 묘사하고 있다.

"우리 교회는 1947년 5월 11일에 50주년(희년) 기념식을 공식적으로 거행하였다"고『당회록(堂會錄)』내용을 소개하면서 "문제는 이 기록[1897년 기준으로 50주년 기념식을 1947년에 한『당회록(堂會錄)』의 기록 _ 필자 쥐이 우리 교회와 창립 연도(1894년)와 창립일(3월 3일)에 관한 문제를 던져준

---

45 권평,『김포중앙교회 111년사』, 179;『당회록(堂會錄)』, 제163회(1947년 3월 2일자).
46 홍치모,『김포제일교회사(1894~2006)』는 김포읍교회 50주년 기념식의 당회 기록을 소개하면서도 이 기념식이 결정된 1947년 5월 11일을 기준으로 교회 설립이 1897년임을 확인하는 근거를 뒤로하고 김포읍교회 설립을 1894년으로 규정하고 있다.

다는 데 있다"며 "당시 교회지도자들을 비롯한 교인들은 우리 교회의 창립 연도를 1897년으로 두고 있었고, 날짜는 5월(음력 3월)의 첫 주일 혹은 두 번째 주에 두고 있었다는 결론이 나온다"고 강조하면서도 다시 "어떤 연도와 날짜가 더 정확한 창립 연도이며 창립일까?" 의문을 던진다.47 하지만 『제일교회사』와 『111년사』는 김포읍교회의 공식 당회(堂會) 회의록에 기록된 1897년을 설립으로 하는 창립 50주년 기념식 역사 기록을 뒤로하고 1894년의 기록이 더 합당하다는 결론을 내리고 있다.

4. 1956년 창립약사, 『사기』(史記) 복사

김포읍교회 설립이 1894년이라는 결론을 이끈 근거로서 『111년사』는 『당회록(堂會錄)』(1928년(무진) 11월기 당회록 기2 김포읍교회; 제69~147회)에 첨부된 1956년 김형원 목사의 "김포교회 창립약사"(金浦敎會 創立略史) 기록을 내세운다.

김포교회 창립약사(金浦敎會 創立略史)

1894년( ) 김포교회(金浦敎會)가 설립(設立)되다.(三月)
고양군(高陽郡) 세교리(細橋里) 교인 고군보(高君甫)씨와 기처(其妻) 박살라(朴撒羅) 여사(女史)가 당지(當地)에 래(來)하야 열심 전도함으로 본읍(本邑)인 천덕현(千德鉉)씨와 이봉춘(李奉春)씨와 걸포인 유공삼(劉公三)씨와 박성삼(朴聖三)씨와 황춘군(黃春根)씨 유중근(劉重

---

47 권평, 『김포중앙교회 111년사』, 179.

根)씨와 제인(諸人)이 시신(始信)하고 유공삼씨 사저(私邸)의 서 예배(禮拜)하더라. 신자(信者)가 일가(日加) 월증(月增)하야 동심(同心) 협심(協心)으로 본읍(本邑) 서리(西里)에 16칸 가옥(家屋)을 매수(買收)하야 예배당으로 사용하였으니, 당시 조사(助師)는 홍성화(洪聖化)이었다.

기후(其後) 1905년(을사)(乙巳) 교인이 증가하야 선교사 심익순(沈翊舜)(Smith,Walter E) 인도로 7백원을 연보(捐補)하야 와제(瓦製)(기와집. 필자주) 33평을 건축하다.

1956년 춘(春) 김형원(金亨元) 식(識)

111년사는 "당회록(堂會錄)48에 나오는 다른 내용(1897년을 교회 설립을 기준으로 창립 50주년 기념식을 기록한) 『당회록(堂會錄)』[필자 주], 즉 현재 지키고 있는 것[1894년_필자 주]과 같은 창립 연도와 내용을 기록한 약사가 기록되어 있다"며 1956년 김순원[김형원 목사를 잘못 기록_필자 주]이라는 교인[담임목사_필자 주]이 적어 놓은 약사를 설명하고 있다.49 이 기록이 "조선예수교장로회 사기(史記)의 기록과 같은 내용이며 이보다 좀 더 자세한 내용을 담고 있다"고 강조하고 "따라서 우리는 이 기록이 비록 1956년에 기록되었지만 1928년에 기초적인 자료조사를 통해 기록된 사기(史記)의 내용과 일치하고 보다 자세한 내용을 담고 있으므로 1894년 3월을 우리 교회의 공식적인 창립 연도로서 보는 것이 타당하다는 결론에 도달할 수 있다"고 설명한다.50 그러나 『111년사』가

---

48 김포읍교회, 『김포읍교회 당회록(堂會錄)(其 二), 1928년(戊辰) 11월 起』, 제163회, 1947년 3월 2일.
49 권평, 『김포중앙교회 111년사』, 179.

구분	인용 내용
창립약사 (1956년)	1894년( ) 김포교회(金浦敎會)가 설립(設立)되다.(三月)
사기(史記) 1894년	1894년(甲午) (중략) 이 해에 선교사 언더우드는 (중략) 신화순(申和淳), 도정희(都正熙), 이춘경(李春景) 등으로 고양, 김포 등지에 전도케 하니 동시에 교회가 4, 5곳 신설되고, 의사 헤론은….
사기(史記) 1897년	"(1897년에) 김포읍교회가 성립하다. 이전에 고양군 세교교회(細橋敎會) 고군보(高君甫)와 그 부인 박살라미(朴撒羅米)가 (중략)예배당으로 사용하였으니, 당시 조사(助師)는 홍성화(洪聖化)이었다.

『사기』(史記)의 기록과 같은 내용이라고 한 설명은 사실과 다른 주장이다. 왜냐하면 김형원 목사가 인용한 『사기』(史記)의 기록 중 1894년과 1897년의 기록을 1894년에 맞춰 인용하고 있는 문서이기 때문이다.

위 표의 내용 중 김형원 목사의 기록 "1894년"은 『사기』(史記)의 1894년도의 기록을 가져왔고, 1894년의 뒤의 문장 "김포교회(金浦敎會)가 설립(設立)되다.(三月)"는 1897년 『사기』(史記)의 기록을 삽입시키고 있다. 즉, 연도는 1894년을 가져오고, 내용은 1897년도의 내용을 합친 것이다. 이 합쳐진 내용은 "1894년( ) 김포교회(金浦敎會)가 설립(設立)되다.(三月)"로 만들어진 것이다. 두 개의 연도 내용이 합쳐진 문장으로 보면 김포읍교회가 1894년도에 설립된 것으로 이해될 수 있다. 더욱이 문장의 끝 부분의 "3월"의 문구는 『사기』(史記)에는 없는 내용을 첨가하고 있다.

---

50 앞의 책, 179-180.

IV. 김포읍교회 초기 신자와 교회 설립

1. 『사기』(史記) 기록의 해석과 내용

『제일교회사』와 『111년사』의 김포 지역 최초의 개신교 김포읍교회가 1894년에 설립되었다는 역사적 근거로 삼고있는 『사기』(史記)는 1894년에 언더우드 선교사가 파견한 전도인들에 의해 고양, 김포 등지에 4~5개의 교회가 세워졌다는 내용을 김포의 첫 교회가 세워진 것으로 해석하였다. 이 해석이 『사기』의 기록 중 "1897년의 김포읍교회가 성립되다"라는 기록이 없었다면 1894년의 기록은 타당성을 얻을 수 있다. 그러나 '사기(史記)'에 기록된 이 두 가지 내용의 첫 번째 사실은 1894년에 언더우드 선교사가 신화순(申和淳), 도정희(都正熙), 이춘경(李春景) 등을 김포 지역에 전도인으로 보내 전도를 시작하였고, 두 번째 고양군에 먼저 세운 세교교회의 고군보와 그 부인 박살라미 전도인에 의해 1897년에 김포 지역에 첫 교회가 세워진 것이다.

사기(史記)에 기록된 김포읍교회 설립 내용은 1894년 전도를 시작하였고 1897년 김포읍교회가 설립하였다는 사실만 기술하고 있는 것이 아니다. 이 『사기』(史記)의 기록은 1916년 9월에 조사하여 김포읍교회가 노회에 보고한 자료로 총회에서 선교 초기부터 1911년까지 교회 상황을 제출하도록 하였지만 조사한 1916년 9월 이전까지의 내용이 담겨 있다.

사기(史記)의 1894년과 1897년의 김포읍교회의 기록을 시기별로 분리하면 다음과 같다.

① "1894년(갑오)… 이 해에 선교사 언더우드는 전도의 방침을 확장하여 서상륜(徐相崙), 김흥경(金興京), 박태선(朴泰善), 유흥렬(劉興列) 등으로 경성 근방에 전도하게 하고 신화순(申和淳), 도정희(都正熙), 이춘경(李春景) 등으로 고양, 김포 등지에 전도케 하니 동시에 교회가 4, 5곳 신설되고…."[51]

② "(1897년에) 김포읍교회가 성립하다. ③ 이전에 고양군 세교교회(細橋敎會) 고군보(高君甫)와 그 부인 박살라미(朴撒羅米)가 이곳에 도달하여 열심히 전도함으로 ④ 우리 읍사람인 천덕현(千德鉉), 이봉춘(李奉春)과 걸포리인 유공선(劉公善)[52], 박성삼(朴聖三), 황춘군(黃春根), 유중근(劉重根)이 믿기 시작하고 ⑤ 유공선의 개인 집에 모여서 예배드리더니 ⑥ 지금에 이르러 신자가 날마다 더하여 3백여 명에 달하였다. ⑦ 모두가 한마음으로 협력하여 우리 읍 서리(西里)[53]에 16칸 가옥을 매수하여 예배당으로 사용하니 당시 조사(助師)는 ⑧ 홍성화(洪聖化) (후에 타락)였다."[54]

① '1894년(갑오)…이 해에 신화순(申和淳), 도정희(都正熙), 이춘경(李

---

51 차재명, 『朝鮮예수교長老會 史記』, 26.
52 차재명, 『朝鮮예수교長老會 史記』에 초대 교인 중 유공선(劉公善)의 이름으로 기록되어 있으나(39쪽), 김포읍당회 교인명부 제1(1921년 6월 조사)에는 유공선(劉公先)으로 기록되어 있어 유공선(劉公先)으로 기술한다. 유공선은 족보(강릉유씨)에는 유선원으로 지금까지 유공선(劉公先)이 유공심(劉公心)으로 동일 인물로 증언(강릉유씨 족보, 김포제일교회 유원호 장로 증언)하여 왔으나 유공선(劉公先/강릉유씨 족보 우공선(劉公先); 유선원(능선: 어릴적 이름) 유공심(劉公心)은 형제로 공선(첫째), 공심(4째) 아버지는 경채.
53 서리(西里) : 현 김포시 북변동 서변마을(섯녘말) 『김포군지명유래집』 (김포군, 1995), 46.
54 차재명, 『朝鮮예수교長老會 史記』, 39-40.

春景) 등으로 고양, 김포 등지에 전도케 하니 동시에 교회가 4, 5곳 신설되고'; 언더우드 선교사가 파송한 새문안교회 전도인들의 전도가 1894년부터 시작하여 김포에 첫 신자가 1895년 유공선(劉公善)과 부인 배선애(裵善愛), 1896년 1월 3일 황춘군(黃春根) 등이 입교하였다.

② '(1897년에) 김포읍교회가 성립하다'; 1894년부터 전도를 시작하여 1897년에 이르러 김포읍교회를 설립하였다는 결과를 이야기하는 것이다. 1897년 이전에 김포 지역에 전도인(신화순, 도정희, 이춘경, 혹은 고군보, 박살라미)에 의해 첫 신자가 나왔다. 유공선(劉公先)과 부인 배선애(裵善愛)가 1895년55 믿기 시작하였고, 황춘근(黃春根)이 1896년 1월 3일 입교56한 이후로부터 세교교회의 고군보와 박살라미에 의해 1897년 가을57 김포읍교회가 설립한 사실을 말한다.

③ '이전에'; 이는 1897년 김포읍교회가 설립되기 이전의 상황 1894년 신화순, 도정희, 이춘경이 전도를 시작한 이후 혹은 고양군에 세교교회의 전도인 고군보와 박살라미가 전도하였다는 시기 즉 1897년 이전 시기를 말한다.

④ '읍사람 천덕현(千德鉉), 이봉춘(李奉春)과 걸포리인 유공선(劉公善), 박성삼(朴聖三), 황춘군(黃春根), 유중근(劉重根)이 믿기 시작하고'는; 1897

---

55 김포읍교회, "입교인명부" (1916. 9.). "입교인명부"는 1916년 9월에 기록하기 시작하였으며 표지에 "主後一天九百捨六年 九月入敎人名簿"(주후 1916년 9월 입교인 명부)로 쓰여 있다. 내용은 순회 목사 차재명 목사가 노회에 김포군 10개 교회, 시흥군 6개 교회, 고양군 1개 교회를 총 17개 교회의 입교인 명단을 기입하여 보고하는 내용이다. 명부 표지 안쪽에 '조선예수교장노회 희정치(95항) 제10장 당회' '10장 각종 명부록'의 8개 항을 소개하고 기록하는 형식과 내용에 대해 소개, 명부 기록은 1916년 9월부터 1946년 12월 8일까지 기록되어 있다. 총 81쪽의 분량으로 기록은 20쪽까지 기록되어 있으며 중간 두 곳을 빈칸으로 두고 내용을 기록했다.
56 김포읍교회, "입교인명부."
57 이만열 · 옥성득 편역. 『언더우드 자료집 II』, "연표," 318.

년 한해에 함께 신자가 된 것이 아니라 1987년까지의 믿음을 고백한 결과를 말하는 것이다. 유공선(劉公先)과 그 부인 배선애(裵善愛)가 신자가 된 해는 1895년의 일이고, 황춘군(黃春根)은 1896년 1월 3일로 입교하였다.58 나머지 천덕현, 박성삼, 이봉춘, 유중근은 김포읍교회 당회록이나 교인명부에 나타나지 않아 개별 입교일은 알 수 없다. 그러나 교회 설립을 1897년에 하였으므로 입교는 교회 설립일 이전으로 추정할 수 있다.

⑤ '유공선(劉公先)의 개인 집에 모여서 예배드리더니' ; 언더우드 선교사의 "개인연례보고서(1898)"에 "이곳에서는 사역 초기에 유명한 노름꾼이자 풍수쟁이가 개종했는데, 그는 귀신을 섬기던 열심을 가지고 그리스도를 위한 사역을 시작했습니다. 서울에 사는 그리스도인이 이곳에 집을 가지고 있었는데. 교회로 사용하도록 주었고 선한 일이 시작되었습니다."59의 내용으로 보아 '유공선(劉公先)의 집에서 예배를 드리기 시작한 것'이 교회 설립 이전인지 아니면 이후인지 알 수 없다. 언더우드 선교사가 1897년도 김포읍교회 상황을 보고하는 "개인연례보고서(1898)" '교회통계'60 상에 '교회' 1, '집회처'가 두 개로 나온다.

---

58 "김포읍 당회 교인 명부 제1" (1921년 6월 조사). 김포읍교회 당회 교인명부는 1921년 6월에 기록되었으며 총 68쪽 분량으로 붓으로 쓴 필사체로 되어 있다. 교인명부 표지에 "金浦邑堂會敎人名簿第一, 一天九百二十一年六月 調査"(김포읍당회교인명부 제1. 1921년 6월 조사)로 기술되어 있다. 교인명부 표지 안쪽으로 교인 이름이 나열되어 있으며 이름 위에 나이가 표기되어 있다. 명부는 신위(身位)(남자인지, 장녀인지, 남편인지 처인지를 기입), 성명, 나이, 출생 연월, 주소, 직업, 자격, 적요란으로 구성되어 있다. 적요란에는 교회를 언제 다녔는지, 언더우드 선교사에게 언제 세례를 받았는지 등의 일자와 내용이 기록되어 있다. "황춘근(黃春根) 군내면 북변리 266, 1867년 5월 19일생, 1896년 1월 3일 입교 원두우."

59 이만열・옥성득 편역. 『언더우드자료집 II』, "개인연례보고서(1898)," 208-209.

60 위의 책, 215.

김포읍교회 설립 전후 두 개의 집회 장소에서 예배를 드린 것이 확인된다.

⑥ '지금에 이르러 신자가 날마다 더하여 3백여 명에 달하였다'; 이 『사기』(史記) 자료가 김포읍교회가 1916년 9월에 조사하여 보고한 자료이므로 '지금의' 시점은 1916년 전후 상황으로 추정된다. 조사한 내용이 "김포읍교회 입교인명부(1916. 9.)"에 교인 수가 300명이 조금 넘는다. 다음 해인 1917년 김포읍교회의 총 교인 수는 226명[61]으로 보고되었다.

⑦ '모두가 한마음으로 협력하여 우리 읍 서리(西里)[62]에 16칸 가옥을 매수하여 예배당으로 사용하니'에서; 교회가 '걸포리'에서 '서리'(서변리) 16칸 가옥(오순기 씨 집)을 매수하여 예배 처소를 이전한 시기는 1900년 4월이다.[63] 언더우드 선교사가 북변리 대지 3,064평을 구입 기증(북변리 280번지)[64]한 일은 1905년 3월이다.

⑧ '당시 조사(助師)는 홍성화(洪聖化)'(후에 타락)였다'; 홍성화는 1916년 9월 조사[65]에서 '부평선주지리'로 이전한 사실을 입교인 명부에 기

---

61 "경기충청노회 제12회 회의록 총계표" (1917).
62 1899년(김포읍지)부터 1913년까지 김포읍은 군내면, 석한면, 고현내면, 3개 면으로 군내면은 동변리(東邊里), 서변리(西邊里), 북변리(北邊里), 걸포리(傑浦里), 감정리(次井里), 옹자정리(盆子井里), 나진리(羅津里)의 7개 리로 1914년에 동변리, 서변리, 북변리를 합쳐 북변리로, 나진리, 걸포리를 합쳐 걸포리로, 옹자정리, 감정리를 합쳐 감정리로 개편되었다. 위 본문 서리(西里)는 서변리를 줄여서 서리로 불렀다(서변마을(섯녘말). 『김포군지명유래집』(1995), 41-46.
63 권평, 『김포중앙교회 111년사』, 72.
64 김포읍교회. 『김포읍교회 당회록(堂會錄) 기2. 1928년(무진) 11월기』. 제149회 (1946년 3월 10일)에는 원두우(언더우드 목사의 한글 이름) 목사가 기증한 토지는 총 3,064평으로 기술하고 있으며, 토지 '등기제권리서(등기부등본)'에도 동일한 평수로 기록되어 있어 3,500평 기증 내용은 표기 오기로 보인다. _ 필자 주.
65 김포읍교회, "입교인명부(1916. 9.)".

록되고 있다.

2. 김포읍교회 설립 1897년 가을

사기(史記)의 기록대로 김포 지역에 1894년 어느달에 신화순, 도정희, 이춘경에 의해 전도가 시작되었다. 이 전도 결과로 1895년에 김포에 첫 신자가 발생하였다. 그 신자가 바로 걸포리 사람 유공선(劉公先)과 그의 부인 배선애(裵善愛)이다.66 다음 해인 1896년에는 황춘군(黃春根)이 믿음을 고백하였다.67

김포 지역의 첫 개신교 신자로 입교한 유공선(劉公先)과 김포읍교회가 어떻게 설립되었는지를 언더우드 선교사는 1897년 "개인연례보고서"에서 알려주고 있다.

---

66 김포읍교회, "김포읍당회교인명부 제1(1921년 6월 조사)." "김포군 군내면 걸포리 295-3, 1895년 입교, 1924년 3월 23일 주일 ○○○(치리 책벌)/처배선애(裵善愛), 1895년 입교/자(子) 유점능(劉占能); 명식(明植), 자부(子婦) 박의자(朴義子), 손(孫) 큰아들) 상준(相俊), 둘째 아들 상덕(相德) 득문, 큰손녀 분임(粉任), 둘째 손녀 부예(富禮), 셋째 손녀 순예(順禮), 넷째 손녀 의○." 김포읍교회 당회 교인명부는 1921년 6월에 기록되었으며 총 68쪽 분량으로 붓으로 쓴 필사체로 되어 있다. 교인명부 표지에 "金浦邑堂會敎人名簿第一, 一天九百二十一年六月 調査"(김포읍당회교인명부 제1. 1921년 6월 조사)로 기술되어 있다. 교인명부 표지 안쪽으로 교인 이름이 나열되어 있으며 이름 위에 나이가 표기되어 있다. 명부는 신위(身位)(남자인지, 장녀인지, 남편인지 처인지를 기입), 성명, 나이, 출생 연월, 주소, 직업, 자격, 적요란으로 구성되어 있다. 적요란에는 교회를 언제 다녔는지, 언더우드 선교사에게 언제 세례를 받았는지 등의 일자와 내용이 기록되어 있다.
67 김포읍교회, "김포읍당회교인명부 제1(1921년 6월 조사)." 나머지 『사기』(史記)에 기록된 김포읍교회 초기 신자 천덕현(千德鉉), 이봉춘(李奉春), 박성삼(朴聖三), 유중근(劉重根)은 교인 명부와 당회록 등에 이름이 나타나지 않는다. 이들은 1895년부터 1897년 전후에 입교한 신자들이다.

"이 마을들에서 실천하는 그리스도교의 성격은 몇 달 전에 일어난 한 사건과의 관계를 보면 알 수 있을 것입니다. 김포의 한 마을에 사는 한국인이 복음의 영향력이 느껴지기 시작한 행주를 처음으로 지나가다가 마을과 사람들이 전혀 달라진 것을 보고 '예수교'의 결과라는 말을 듣고, 시간을 내어 그리스도교의 교리를 문의하고, 가지고 가기 위해서 많은 책을 사면서 자기 마을에도 행주가 가진 것이 필요하다고 말했습니다. 지금 이 보고서를 쓰고 있는데 김포에서 전갈이 도착했고, 약 20가구가 그리스도를 믿는 믿음을 고백했다고 합니다."[68]

이 보고서 내용에서 말하는 주인공은 김포군 군내면 걸포리에 사는 유공선(劉公先)[69]을 말하며 행주마을에서 사람들이 전혀 달라진 것을 보고 예수교의 결과라는 말을 들은 그 '예수교'는 바로 '행주교회'[70]이다. 언더우드 선교사가 미국 선교본부에 이 편지를 보낸 시기는 1897

---

68 이만열·옥성득 편역, 『언더우드 자료집 II』, "개인연례보고서(1897)," 190.

69 앞의 책. 209. 행주교회를 방문해 김포 지역에도 교회를 세워달라는 유공선(劉公先)의 인물에 대해서 언더우드 선교사는 "개인연례보고서(1898)"에 상세히 밝히고 있다. "김포: (중략) 이곳에서는 사역 초기에 유명한 노름꾼이자 풍수쟁이가 개종했는데, 그는 귀신을 섬기던 열심을 가지고 그리스도를 위한 사역을 시작했습니다. 서울에 사는 그리스도인이 이곳에 집을 가지고 있었는데, 교회로 사용하도록 주었고 선한 일이 시작되었습니다. 큰 박해가 일어났지만, 박해를 겪은 그들은 더욱 정결하고 더 좋은 자들이 되었습니다. 지난해 남자 12명, 여자 7명, 유아 2명이 세례를 받았고, 12명이 학습을 받았습니다."

70 행주교회는 고양군 행주읍에 세워진 교회로 1890년 언더우드 선교사의 전도로 세워졌다. 『조선예수교장로회 사기(史記)』에는 1897년에 설립 기록이 기술되어 있어 교회 설립 시기가 일치하지 않고 있다. 행주교회는 1893년 토당리교회(사산/사뫼교회)로 분리한 것으로 기술하고 있는데, 『사기』(史記)는 1897년에 분리했다고 기록하고 있다. 토당리교회(사산/사뫼교회)는 1937년 능곡교회로 교회 명칭이 바뀌었다. _ 필자 주.

년이나 일자는 알 수 없다. 그런데 이 편지 앞부분에 고양군에 있는 행주교회 이야기가 나온다.[71] 이 내용이 언더우드 선교사가 창간한 「그리스도신문」 1897년 7월 8일자에 보도되었다. 또한 언더우드 편지 후반부(200쪽)에 「그리스도신문」을 지방관청에서 주문하였다는 내용을 말하면서 창간(1897. 4. 1.)한 지 6개월밖에 안 되었는데 고무적인 일이라고 보고한다.[72] 따라서 언더우드 선교사가 편지를 쓴 시기를 추정할 수 있다. 1897년 7월 8일 이후가 되며, 신문 창간일 4월 1일로부터 6개월이 지난 10월경이 편지를 쓰는 시점을 추정할 수 있다. 이 시점에서 유공선이 행주를 방문하는 시간이 '몇 달 전이'라고 하였으므로 10월에서 몇 개월(2~3개월) 전이므로 1897년 6~7월경으로 추정이 가능하다.

언더우드 선교사가 편지 말미에 "지금 이 보고서를 쓰고 있는데 김포에서 전갈이 도착했고, 약 20가구가 그리스도를 믿는 믿음을 고백했다"[73]고 교회 설립에 관한 이야기를 전해주고 있음을 볼 때, 걸포리

---

71 이만열·옥성득 편역, 『언더우드 자료집 II』, "개인연례보고서(1898)," 189. "이 지역의 나룻배 관리자가 교회에 가입했는데 마을 촌장이 즉시 그를 그 지위에서 해임하면서. 예수교인 이 나루에서 일할 수 없다고 통고했습니다. 그들은 저에게 힘이 있고 이것을 궁궐에서 사용할 수 있다고 생각했으므로, 복직시켜 달라고 저에게 요청했습니다."
72 앞의 책, 200. "매주 2부에서 10부 정도를 정부의 10개 부처에서 가져가며, 13도의 관찰사들이 한국의 370개 지방관청에 주기 위해서 충분한 부수를 주문했습니다. 신문이 창간된 지 약 6개월밖에 되지 않은 점을 고려할 때 이것은 매우 고무적인 일입니다."
73 앞의 책, 215. 김포 지역의 교회 설립과 교세 현황은 1898년도부터 보고되고 있다. 언더우드 선교사가 1897년도의 "개인연례보고서(1898)"에 김포 지역 "교회통계표" 현황을 살펴보면 김포(김포읍교회) 교회 1, 자립교회 1, 예배당/예배 처소 1, 집회처 2, 주중 집회 5, 세례 추가 19, 총 입교인 19, 학습 추가 12, 총 학습인 12, 교인 합계 31, 출석 교인35/통진(송마리교회) 교회 1, 자립교회 1, 예배당/예배 처소 1, 집회처 2, 주중 집회 5, 세례 추가 19, 총 입교인 19, 학습 추가 17, 총 학습인 17, 교인 합계 17, 출석 교인 29.

유공선(劉公先) 씨와 세교리교회 전도인들이 함께 전도 활동을 전개해 언더우드 선교사가 보고서를 쓰고 있는 1897년 10월경에 보고를 받은 것이다.

언더우드 선교사의 『자료집 II』 후반부에 언더우드 선교사의 연대기(연표)74에서 확인할 수 있는데, 이 연표에 "1897년 가을, 김포읍교회 설립"으로 기술하고 있어 김포읍교회가 1897년 가을에 세워졌음을 알 수 있다.

---

74 앞의 책, 315. "연표(A CHRONOLOGY OF HORACE GRANT UNDERWOOD, 1859~1916)."

참고문헌

권평. 『김포중앙교회 111년사』. 김포중앙교회, 2007.
김포군. 『김포군지명유래집』. 1995.
김포읍교회. 『김포읍교회 당회록(堂會錄)(其 二), 1928年(戊辰) 11月 起』. 1928.
_____. "교인명부 제1(1921년 6월 조사)."
_____. "입교인명부(1916. 9.)."
_____. 『김포읍당회사록 I, 1913년 1월』. 1912.
박용규. "조선예수교장로회사기 해제." 「신학지남」 (2014).
윤경로. 『새문안교회 100년사(1887~1987)』. 새문안교회 창립 100주년 기념사업회 역사편찬위원회, 1995.
이만열·옥성득 편역. 『언더우드 자료집 II』. 연세대학교 출판부, 2006.
차재명. 『朝鮮예수교長老會 史記』. 신문내교회당, 1928.
홍치모. 『김포제일교회사(1894~2006)』. 김포제일교회, 2010. (미간행 자료)

제2부

한국교회의
신앙 공동체 형성

김포 지역 교회 당회록을 통해 본 초기 한국교회의 신앙 공동체

박종현 | 연세대학교 연세학연구소

I. 서론

1884년 9월 미국북장로교회의 호레이스 알렌이 입국하고 이듬해 1885년 4월 미국북장로교회의 호레이스 언더우드와 미국북감리교회의 게르하르트 아펜젤러의 입국으로 개신교회의 한국 선교가 시작되었다.

기독교회는 성서의 가르침을 신앙하는 공동체로서 독특한 역사를 갖고 있다. 한국의 개신교회도 19세기 말의 조선 개화기의 역사적 전환 속에서 한국에 전래되어 한 세기가 넘는 선교와 교회 확장의 역사를 이루어 왔다.

이 글은 20세기 초 김포 지역의 신앙 공동체인 김포장로교회의 당회록을 통해서 신앙 공동체를 구성하려는 당시 교회의 분투하는 모습을 돌이켜 보고 지금의 한국 개신교회에 주는 시사점을 찾아내려 한다.

한국 개신교회는 광범위한 순회 전도와 성경 교습을 통해 빠른 성장을 이룩하였다. 1895년 청일전쟁과 1905년 러일전쟁의 국난 속에서도 한국 민중의 수난과 고통을 함께하며 한국인의 영혼 깊이 자리하고 심성과 하나 되는 교회로 성장하였다.

1907년 유명한 대부흥 운동을 겪고 1907년 장로교회는 독로회를 조직하여 조직된 장로교회로서 토대를 만들어 나갔다. 1912년에는 조선예수교장로회 총회를 설립하여 명실상부한 장로교회 체제를 갖추게 되었다. 장로교회의 지역 교회의 조직 구성은 당회를 통해 공고해지고 장로교회의 교회법적 지위를 갖게 된다. 한국장로교회의 당회는 노회와 총회 구성 이전에 이미 여러 교회에 조직되어 있었다.

노회와 총회 조직 이전의 당회와 지역 교회는 비교적 자유로운 공동체적 구성을 하고 있었다. 그러나 이러한 지역 교회들이 상회인 노회와 총회로 통합되는 과정은 인간 사회가 빚어내는 새로운 난관을 창출하기도 하였다. 총회 설립 이전의 상향식 또는 수평적 리더십은 직접 민주주의적 성격을 지니는 경향이 있다. 그런데 노회와 총회는 당회와 노회의 대의원을 주축으로 하는 대의제 민주주의 체제이다.

따라서 전국적 조직의 통합되는 과정은 선교 초기의 직접 민주주의의 경향이 조직교회의 대의적 민주주의로 전환되는 것에서 발생하는 시련을 보여주기도 한다.

이 글에서는 김포교회 당회록을 통해서 김포 지역 선교의 지정학적 성격, 조직화 과정에서 나타난 책벌의 문제, 공동체성 구성을 위한 이명증서의 성격, 상회 등장 이전의 당회의 지도력과 이후의 지도력 변화의 차이를 서술하고 현재 한국 개신교회에 주는 의미를 찾아내려 한다.

II. 김포교회의 지리적 성격

원시 기독교에서 가장 탁월한 선교 전략은 바울에 의해 수행되었다. 바울의 선교 전략은 지리적으로 활발한 교통을 이루는 지역에서 이루어졌다. 이집트의 알렉산드리아는 인구 백만을 넘는 거대한 도시였지만 나일강 내륙에 있는 고립된 도시로서 바울의 선교 목표 밖에 있었다. 바울은 고린도 에베소 빌립보 등 교통의 요지에 주목하였고 그런 도시들에 교회를 설립하고 자주 방문하였다.

내한 선교사들의 선교 전략은 크게 두 갈래로 나뉘었다. 서울과 평양 같은 전통적 대도시로서 인구가 밀집된 지역에 선교부를 설치하였다. 그러나 지방의 경우는 전통적 도시들이 아닌 근대적 전환을 시작하는 도시들에 선교부를 설치하였다. 일례로 전라도의 경우는 전주와 나주가 전통적 행정 도시였다. 그런데 선교사들은 광주, 군산, 순천, 목포 등 근대화 시기에 급성장하는 신도시에 선교부를 설치하였다. 경상도 지역도 경주나 상주 같은 전통적 행정 도시가 아닌 부산, 대구, 안동 등 새로운 도시에 주목하였고, 그곳을 중심으로 선교를 펼쳤다.

전체적으로는 서울 평양 등 대도시, 부산, 인천, 원산 같은 신흥 개항 도시, 광주, 군산, 신의주, 대전 같은 근대화 시기에 발달하기 시작한 도시가 선교의 중요 거점이 되었다. 이러한 사실은 기독교가 한국의 개화 또는 근대화 이념적 물질적 구조를 따라 선교가 이루어졌음을 의미한다.

김포교회가 위치한 김포는 한강의 하구로서 한반도에서 지리적 요충지가 된다. 한강은 구석기 이후 중요한 인류의 거점이었다. 평야와 하구로 이루어진 지형은 풍부한 농업 생산지로서 가치를 인정받아 왔다. 삼국시대 내내 한강 유역은 한반도의 패권을 위한 전략적 요충지였고 고려 시대에는 몽골 침략기 강화도로 수도를 이전함에 따라 지정학적 중요성이 드러났다. 조선의 수도가 서울이 된 후 김포는 경제적 군사적 요충지의 역할을 하였다.

일제의 한반도 강제 병합 후 행정 구역 개편에 따라 한반도는 조선총독부에 의해 1910년 13도 12부 317개 군으로 개편되었다. 김포는 경기도 내의 경성부와 인천부, 둘 중 인천부에 속하였다. 1913년 행정 개편이 지속되는 가운데 전통적인 김포, 통진, 양천, 세 군은 김포군으로 통합되었다.

개화기에 인천은 수도에 인접한 개화의 항구였고 개국과 연관된 일련의 역사적 사건들이 인천과 강화도를 중심으로 발생하였다. 19세기에 도래한 개신교 선교부는 빠르게 근대화가 진행되는 지역을 선교의 거점으로 삼았다. 서울은 한국 선교의 거점이었고 이러한 선교 전략은 일제강점기를 거치는 동안에도 일관되게 진행되었다.

언더우드 선교사는 서울 정동의 새문안교회(1887)에서 시작하여 서교동교회(1895), 영등포교회(1897), 김포교회(1895), 시흥교회(1904)로 이어지는 언더우드 선교 벨트를 따라 선교를 확대하였다.[1]

새문안교회의 역사에 따르면 새문안교회의 초기 신자들인 김홍경, 박태선, 유홍렬, 신화순, 도정희, 이춘경 등이 1890년쯤부터 고양 파주 시흥 김포 광주 행주 지역에 진출하여 전도 활동을 하였고 1900년대가 되면서 10여 개 처의 조직교회들이 연이어 설립되었다고 기록하고 있다.[2]

---

1 위의 연대는 각 교회의 홈페이지에 근거한 것임.
2 대한예수교장로회 새문안교회 역사편찬위원회, 『새문안교회 100년사(1887~1987)』

교회	지역	연도	전도인
잔다리교회	고양군 세교리	1895년 이전	
행주교회	고양군 행주읍	1896년 이전	신화순
고양읍교회	고양군 고양읍	1896년 이전	최덕준, 김영한, 이용석
김포읍교회	고양군 김포읍	1896년	고군보, 박세라미
토당리교회	고양군 김포읍	1897년	도정희, 신화순
송마리교회	고양군 김포읍	1901년	신화순, 이춘경
신사리교회	광주군 신사리	1901년	언더우드, 유성철
고산리교회	광주군 고산리	1902년	피터스, 김덕윤, 유홍렬
안성읍교회	안성읍	1902년	밀러, 김홍경
누산리교회	김포군 누산리	1904년	신화순, 이춘경
시흥리교회	시흥리	1904년	도정섭, 윤상덕
죽원리교회	파주군	1906년	언더우드
대동리교회	파주군	1906년	
노량진교회	시흥군	1906년	이용석, 신여장, 최덕준
용강리교회	김포군	1906년	언더우드

김포교회의 설립도 이러한 두 가지 역사적 상황 속에서 전개되었다. 하나는 개화를 지향하는 당시 한국의 역사적 정황 속에서 수도 서울과 개항 인천 두 지역을 중심으로 지역이 개발되기 시작하였다. 한국에서 개신교 선교는 근대화의 추진 세력 중 하나로써 개신교 선교가 이루어졌다. 따라서 김포읍에 있는 김포읍교회는 근대화가 이루어지는 지역에 근대적 종교로서의 역사적 지위를 얻게 되었다.

(서울: 신앙과 지성사, 1995), 109. 초기 한국교회 지역 교회의 설립 연도의 확정 문제는 교회 설립에 대한 합의된 학술적 기준이 확정되고 상응하는 사료를 근거로 전반적인 재검토를 필요로 한다.

III. 김포교회 당회록에 나타난 책벌과 그 이해

인간은 사회적 동물이라는 말은 인간은 규범적 동물이라는 말과 같은 의미이다. 인간의 사회적 성격은 그 사회의 규범에 따라 규정되기 때문이다. 모든 공동체는 규범으로 유지된다. 인류는 어떤 시대이든 어떤 장소에서든 사회적 형태의 삶을 영위한다. 때로 사회의 규범이 무너지는 경우가 있지만, 그것은 필연적으로 사회의 붕괴를 가져온다. 사회의 붕괴는 규범의 무효화와 연관된다. 효력이 없는 규범, 규범 자체의 소멸과 같은 무규범의 상태, 규범 적용의 비일관적 형태 등은 그 규범이 지배하는 사회를 약화하거나 붕괴시키는 것이다.

인류의 역사를 고찰하면 규범은 두 가지 성격을 갖는다. 권력이 낮거나 권력이 아닌 권위에 의존하는 형태와 강력한 권력 또는 폭력에 기반한 규범으로 구분할 수 있다. 인류가 국가를 발명하기 전까지는 소수 무리의 사회를 구성하여 생존하였고 이러한 원시사회는 사회 구성과 운영을 낮은 수준의 권력에 의해 유지한다. 반면에 국가가 등장하면 국가를 유지하는 규범은 인류가 경험한 가장 강력한 수준의 권력과 폭력에 의존한다.

원시 공동체의 규범은 현대사회에도 이어져 자발적 공동체 또는 사회는 물리적 폭력을 동반하지 않는 규범에 의존하고 그 사회의 지도자도 권력이 아닌 권위에 의존한다. 반면 아무리 현대화된 국가라 할지라도 국가는 그 바탕에 권력과 폭력을 근거로 제도를 유지한다. 국가와 같은 권력 기관은 물리적 형벌 또는 처벌을 통해 제도를 유지하고 비권력 공동체 또는 사회의 징계는 본질적으로 물리력을 동원하지 않는다.

기독교의 근거가 되는 성서는 규범의 다양한 형태를 보여준다. 구약성서는 최소 두 가지의 정치체제가 나타난다. 모세의 출애굽으로 형성된 사사시대는 분권형 지파 동맹의 체제를 형성하였다. 이 체제는 이스라엘의 열두 지파를 통괄하는 단일 권력 구조를 구성하지 않았다. 지파의 구성원은 동등한 연방제를 구성하고 지파의 인구 비례에 따른 토지분배를 시행하고 집중된 권력 기구를 만들지 않았다고 기록하고 있다.

사사시대의 이러한 체제를 이후로 왕조시대가 출현하며 권력 집중이 이루어진 중앙정부가 출현한다. 열왕기의 기록은 왕조 출현 이후 이스라엘이 극도의 혼란 속으로 빠져들고 있음을 보여준다. 왕권이 미약한 사울은 몰락하고 왕권이 강한 다윗은 밧세바 사건으로 알려진 중범죄를 저지르고 아들 압살롬의 반란을 겪게 된다. 또 왕국은 다윗 왕조의 3대에 이르러 전국적 반란을 직면하고 두 개의 왕국으로 분열한다. 모세의 법체제는 왕국의 출현으로 본질적 위기를 겪고 사실상 체제의 붕괴를 경험하게 된다. 주전 586년 신 바빌론의 네부카드네자르의 공격으로 유다 왕국은 소멸한다.

신약성서는 그리스의 팔레스타인 정복과 뒤이어 그리스를 무너뜨린 로마의 팔레스타인 정복 시대가 배경을 이룬다. 예수를 주님으로 고백하는 교회는 구약성서의 이상인 하나님이 유일한 왕이 되시는 하나님의 왕국을 공동체적으로 구현하려는 혁명적 목표를 갖고 출현하였다. 로마제국이 붕괴하고 하나님이 통치하는 천년왕국의 도래를 예견하였다.

교회의 구조는 하나님의 새로운 율법인 예수 그리스도의 법을 그 근간으로 하였다. 예수의 가르침은 비폭력, 자비와 사랑의 공동체를 바라보았다. 바울이 설립한 이방인 교회들도 로마제국의 강압적 체제에 대항하여 노예와 자유인, 남자와 여자, 헬라인과 유대인의 차별이 철폐된 새로운 공동체를 추구하였다.

따라서 교회의 규율과 치리는 두 개의 목표를 갖게 된다. 첫째는 공동체가 지향하는 평화와 자비의 복음을 가르쳐 구원의 공동체를 구현하는 것이었다. 둘째는 이러한 공동체를 구성하는데 요구되는 공동체의 규범을 준수하지 않는 이들을 치리하는 현실적 과제였다. 고대교회는 세 가지 규율 위반을 가장 큰 범죄로 보아 공동체에서 축출하였다. 그 범죄는 살인죄, 간음죄, 배교죄였다. 다른 죄악은 충분한 회개를 거치면 공동체의 동의를 통해 다시 받아들여질 수 있었다. 그러나 앞의 세 가지 범죄는 용서하지 않고 추방하는 엄격한 윤리적 기준을 수립하였다.

모든 교회사 시대에 교회는 신앙 공동체를 구성하기 위한 윤리적 규범을 갖고 있었다. 한국의 장로교회는 17세기 영국 청교도혁명의 역사적 유산을 이어받고 있다. 한국 장로교회는 미국의 장로교 선교로 설립되었기 때문이다. 영국과 미국의 칼빈주의는 영국 청교도에 그 뿌리를 두고 있다. 장로교회의 규율을 완성한 사람은 스코틀랜드 장로교회를 수립한 존 녹스이다. 존 녹스의『제2 치리서』는 장로교회와 회중교회의 공동체의 규범으로 사용된다.

『제2 치리서』의 중요한 목적은 존 녹스가 종교개혁의 후기를 대표하는 인물로서 가톨릭의 지배를 받는 스코틀랜드를 장로교회로 개혁하는 과정에서 정치에 의한 종교 침해를 방지하는데 가장 큰 목적을 두고 있다.3 이 치리서에는 신자들의 권징은 불과 여러 개 항목에 한정되지만 전체적으로 교회 정치 특히 교회와 정부의 관계에 관한 규정이 대부분을 이루고 있다.

이와 달리 한국의 초기 교회에서 치리의 목적은 선교지 교회에서 신자들이 기독교적 윤리와 기독교적 생활 방식을 습득하고 실행하는 데 있어 미진한 이들을 견책하고 기독교 공동체와 그 외부의 윤리적 표준의 경계를 수립하는 것을 목적으로 한다고 할 수 있다.

한국장로교회의 헌법은 1907년 조선예수교장로회독로회가 설립될 때 신조와 정치를 임시로 채용하여 사용하였다. 1912년 조선예수교장로회 총회가 수립되고 1915년 제4회 총회부터 정치 편집위원회가 조직되었고 1921년 제10회 총회에서 조선예수교장로회 헌법을 채택하였다.4

교회의 권징에 관한 대한예수교장로회 총회(통합측) 헌법의 정의에 따르면 권징이란 그리스도께서 주신 권한과 극 법도를 각 치리회가 헌법과 규정에 따라 범죄한 교인, 직원, 치리회를 권고하고 징계하는 행위로 규정하고 있다. 그 목적은 범죄를 방지하고 교회의 질서 유지와 범죄자의 회개 촉구 및 올바른 신앙생활을 영유하게 하려는 것이라고 규정한다.5

신약성서에는 주로 바울의 편지들에 치리와 유사한 것이 나타나고 있다. 특히 고린도전서에는 교회 안에서 일어난 비윤리적 사건, 교인 간의 소송 등을 언급하면서 정도가 심한 이들이 출교와 경미한 이들에게 대한 권고를 보여주기도 하였다.

---

3 장대선 번역·해설, 『스코틀랜드장로교회의 제2 치리서』 (서울: 고백과 문답, 2019), 13.
4 이후 한국장로교회는 여러 교파로 분립하였기 때문에 각 교파에 따른 개정 헌법을 간행하였다.
5 한국장로교출판사, 『헌법』 (서울: 한국장로교출판사, 2012), 209.

김포읍교회 당회록에는 치리에 관한 보고가 꾸준하게 기록되어 있다. 김포교회 당회록에 기록된 치리의 종류는 권면, 책벌, 제명, 출교, 정직, 면직 등 여섯 가지가 나타나고 있다. 권면은 당회에서 당사자를 소환하여 교회의 신앙생활에 불성실한 이유를 묻고 그 상당한 이유에 따라 신앙생활에 충실하도록 당회가 지도하는 것을 의미한다. 책벌은 신자가 교회의 신앙생활 규범을 반복적으로 위반하거나 위반 내용이 중대할 때 책임을 물어 처벌하는 것이었다.

제명은 교회의 세례 학습 명부에서 제명하거나 교인으로서 자격을 박탈하는 출교와 제명이 있었다. 출교는 교회가 행하는 가장 큰 처벌로써 기독교인의 자격을 박탈하는 강도 높은 처벌이다. 교회는 출교된 신자들이 오랜 기간 자숙하고 뉘우침으로써 교회의 신앙생활에 다시 적응하고 복귀하려고 노력할 때 복권의 기회를 주었던 것으로 보인다. 그러나 교회의 판단으로 이제는 기독교 신자로서의 삶을 영위할 의지가 없다고 판단되고 그러한 행위가 장기간 지속되면 제명을 시행하였던 것으로 보인다. 교회의 명부에서 지우는 것으로 최고의 처벌은 출교와 제명을 동시에 시행하는 출교 제명이 존재하였다.[6] 신자 전체에 대한 책벌이 이상 네 가지라면 제직들의 경우는 교회의 역할을 정지하거나 박탈하는 정직과 면직이 따로 있었다.[7] 제직이 그 직무를

---

[6] 제명은 성서의 권위를 최고로 두는 개신교회에서는 매우 상징적 행위라고 할 수 있다. 요한계시록의 생명책(계 20:15)의 상징성에 따라 교회 명부에서 제명되는 것은 생명책에서 제명되는 것과 같은 상징적 의미를 내포하고 따라서 교회의 최고 처벌로 간주된 것으로 추측할 수 있다.

[7] 100여 년 전의 장로교회의 책벌 규정과 달리 100년이 지난 현재 장로교회의 권징은 국가의 사법체제처럼 기소 고발 변호 소송 재판 등 준사법 체제화되어 있다. 이런 변화가 그리스도교회에 긍정적인가에 대한 재검토가 필요하다.

소홀히 한 경우는 정직 처분을 내리고 기독교 윤리를 현저하게 위반한 경우는 직분을 박탈하는 면직 처분이 가해졌다.

김포교회 당회록에 나타난 책벌 종류별 귀책 사유는 주로 신앙생활의 불성실과 기독교윤리 위반이라고 할 수 있다.[8] 당회에서 권면의 대상이 된 가장 많은 이유는 주일성수를 하지 않았다는 것이다. 전체 권면 사유 91건 중 89건이 주일성수를 하지 않는다는 것에 있었다. 다른 사유는 가정 사정의 어려움이나 집사로서 직무에 충실하지 않았다는 것이 등장한다.

권면을 넘어 구체적 책벌이 시행된 것은 154건이다. 책벌은 권면으로도 시정되지 않는 신앙생활 위반이 있는 경우 구체적으로 벌을 시행하는 것이다.[9] 책벌의 사유로 다수를 차지한 것이 주일성수 위반이었다. 책벌이 시행되는 경우는 최소 3개월 이상부터 3년 이상 주일성수를 하지 않는 경우였다.

다음으로 가장 책벌이 나왔던 것은 음주였다. 음주로 책벌을 받은 것이 19건이었다. 그 외 조혼, 불신자와 혼인, 축첩 등 초대 한국교회가 강하게 제동을 걸었던 혼인 문제로 책벌을 받은 것이 10건이었다. 다음은 7계명 위반인 간음죄로 간주된 경우는 9건으로 미혼 출산과 처첩을 처벌하였다. 제2 계명 위반인 우상숭배도 7건이 나타난다. 점

---

8 이 사건들의 산정 기간은 본 연구의 주제가 초기 교회의 모습을 연구하는 것이어서 해방 이전의 기간에 발생한 사건에 한정한다. 기간은 1912년부터 1945년까지로 한정한다.
9 유럽 교회사에서는 고대에는 배교, 살인, 간음은 복귀 불가의 출교 처분으로 교회의 울타리를 보호하였다. 가톨릭교회가 성립된 후에는 초대교회의 엄격한 기준이 완화되어 배교자의 회개도 수용하는 형태가 되었고 그 후 장기간에 걸쳐 수찬정지가 가장 큰 처벌이 되었다. 카놋사의 굴육 사건에서 보듯이 교회 정치적 사건에서 파문(출교)이 간혹 나타나기도 하였다.

쟁이를 들여 점치는 행위, 교회가 금지한 제사 행위 등이 처벌 대상이었다.

다음으로는 교인이 교회의 권면을 거부한 사례로 권면을 거부하면 책벌의 대상이 되었다. 이것은 책벌 대상자가 당회나 제직회 또는 교회의 판단에 불복하고 사적인 방법을 통해서 저항하려 할 때 구체적인 처벌을 시행한 것으로 보인다. 이들은 목회자 비방, 당회와 제직회의 결정에 불복하고 항거하는 행위로 교회 안팎에서 교회를 비방하는 행위를 처벌하였다.10 그 외에도 당회의 책벌 대상이 된 경우는 교회가 금지한 불건전한 오락,11 도박, 절도, 교회 밖의 분쟁 등도 처벌의 대상이 되었다.12

당회록에 나타난 출교 사유는 교회의 권면을 거부하는 행위가 장기적으로 지속되는 경우가 대부분이었다. 장기간에 걸쳐 책벌 아래에 있으나 회개를 거부하는 신자, 장기간 교회에 출석하지 않는 신자, 교회가 금지한 우상숭배를 하는 신자, 음주 행위를 하는 신자, 주류 판매를 하는 신자, 불신자와 혼인하는 자, 처첩을 두는 자, 간통한 자, 미혼 출산자 그리고 배교하는 자들은 출교의 대상이 되었다.

제명 사유도 출교 사유와 유사한 측면이 많았다. 출교된 이들은 대다수가 제명 대상이 되었던 것으로 해석할 수 있다. 제명의 사유는 개

---

10 여기에 해당하는 책벌 사건은 네 건이다. 권면 받은 신자가 자신에 대한 권면이 부당하다고 여겨 항거하는 것은 초기 장로교회에서 자신을 충분히 변호할 방어권이 확립되지 않은 이유라고 볼 수도 있다. 현재 한국의 장로교회는 교인의 항변권을 충분히 보장하기 위한 변호권을 여러 형태로 확보하고 있다.

11 사행성 도박이나 불건전한 오락이 금지된 것은 청교도혁명을 거치면서 장로교회 신앙에 확립되었다. 이는 천주교회나 성공회의 세속 오락에 대한 타협적 태도와는 다른 청교도의 강한 윤리관과 세계관의 중요 요소였다.

12 이 네 건에 관한 책벌은 각 한 건씩으로 모두 네 건.

신교회에서 천주교회로 옮겨 간 경우(5건)가 보고되고 있다. 수년간 교회에 불출석한 경우와 행방이 불명한 경우(60건)는 교회에서 신자의 신앙생활 파악이 불가능하기 때문에 제명을 한 것으로 보인다. 책벌을 받음에도 장기간 회개를 거부한 경우(5건), 우상숭배를 하거나(1건) 배교하는(1건) 행위 등 신앙의 근본적 윤리를 위반한 경우, 불신자와 혼인하거나(2건) 음주 행위(1건) 등을 장기간 교정하지 않는 경우 제명 대상이 되었다.

제직의 정직과 면직 및 사면에 관한 건은 1912년부터 1945까지 9건이 기록되어 있다. 당회가 연 1~2회 정도 열렸기 때문에 사건 보고와 정직 및 면직 그리고 사면의 기록이 부분적으로 누락되어 있기는 하지만 사건의 실체는 당회록에 상당 부분 드러나고 있다. 1915년 영수 책벌과 사면 보도는 영수가 실책한 일을 회개하였기에 3삭 간의(약 9개월) 책벌을 하였다.[13] 영수 가족의 책벌 사면도 등장하는데 아들 부부 이혼 문제를 처리하지 않은 건으로 영수 본인은 1삭 아들은 3삭 며느리 1삭 책벌의 건이 나타나 있다.[14] 같은 해 영수와 집사가 가사일로 교회 사무를 소홀히 한 것을 책벌 대상이 되었으나 당회에서 소명을 듣고 사면된 일도 있었다.[15]

집사가 회중 규칙을 위반하고 혼인한 경우 집사직을 면직한 경우,[16] 영수가 자녀를 불신자에게 혼인시켜 회개 때까지 정직 처벌한 경우,[17] 장로의 딸이 불신자와 혼인하여 정직된 경우,[18] 장로 아들이

---

13 1915년 11월 27일.
14 1916년 10월 7일.
15 1916년 11월 12일.
16 1917년 1월 13일.
17 1921년 4월 25일.

불신자와 혼인하여 정직된 경우가[19] 있었다. 정직 기한은 대략 3개월을 넘지 않았는데 우선 본인의 귀책 사유가 아니었고 자녀들의 혼인이 근대화가 진행됨에 따라 정혼에서 자유혼으로 이행되는 과정이어서 이를 모두 책벌의 대상으로 삼기에는 어려워졌을 것이라는 추측이 가능하다.

그 후에도 집사가 미성년 아들을 혼인시킨 경우에 1개월 정직을 받은 것이 기록되어 있다.[20] 또 집사가 대가 끊겨 작은 부인을 둔 경우도 보고되어 있다. 처첩은 한국 장로교회가 엄중하게 다루는 사항이었기 때문에 이 경우 책벌은 무기한 면직과 책벌이 주어지는 것을 볼 수 있다.[21]

신앙 공동체로서 교회는 공동체를 구성하고 유지함과 동시에 선교적 공동체로서 새로운 신자를 전도하고 성경으로 신앙교육 기독교교육을 실천하는 과제를 안고 있다. 익히 알려진 것처럼 바울의 편지들의 핵심적 내용이 교회를 잘못된 교훈에서 보호하고 비윤리적 행위를 견책하며 신령한 가르침과 은사들이 일어나게 하여 교회의 영적 공동체로서 활력을 불어넣는 것을 목표로 한다.

김포교회 당회록은 교회가 공동체의 구성원들을 교육하고 비윤리적 행위를 책벌하고 제도적이며 동시에 영적인 공동체로 가꾸어가는 데 분투하고 있음을 보여준다. 특히 한국의 전통사회의 관습들과 교회의 새로운 규칙들이 충돌하고, 인간의 근원적 욕망이 청교도적 절제 윤리로 전환되는 과정은 거대한 난관의 과정임을 보여준다.

---

18 1931년 10월 3일.
19 1935년 2월 19일.
20 1938년 2월 19일. 책벌 기한이 3개월 정도에서 1개월 정도로 줄어든 것을 확인할 수 있다.
21 1945년 5월 6일~6월 24일.

이러한 신앙 공동체의 구성 과정은 규율의 수립을 통한 종교 제도를 형성하고 유지하는 과정뿐 아니라 성경을 가르치고 기도와 전도 활동을 하는 등 경건한 활동이 더욱 뒷받침되어야 가능하다. 당회록은 행정 문서의 성격을 가졌기 때문에 이러한 경건 활동의 기록은 나타나 있지 않다. 그러나 당시 한국 개신교회는 모든 종교 중 가장 많은 경건 서적을 출간하였고 초기부터 성립된 기도와 경건의 전통이 지속되고 있었다. 이러한 내적 요소와 권징이라는 외적 요소가 조화되어 한국 장로교회를 성장시켜 왔다.

IV. 이명증서와 한국 장로교회

김포교회 당회록에 자주 등장하는 중요한 것이 이명증서 발부 기록이다. 필자의 견해로는 이명증서는 지역 교회들로 구성된 교회가 어떻게 하나의 신앙 고백적 교회로 실제로 구현되는가를 보여주는 중요한 제도라고 여긴다.[22]

이명증서란 한국 내의 모든 교회들의 교인이 일정 교회에서 타 지역의 교회로 옮길 때 소속되었던 교회에서 발부하여 새로운 교회에 보내주는 신자의 신앙연혁을 기록한 증서이다. 국가에서 시민권과 거주지를 증명하는 주민등록증과 유사한 교회의 증서가 이명증서라 할 수 있다. 이명증서는 신자의 학습 세례 입교 등 신앙 이력과 교회에서 맡은 직분을 기록하고 이명 사유를 기록하여 신자와 교회 사이에 정보

---

[22] 이명증서에 관한 연구는 학위논문도 학술지 논문도 아직 한 편도 없는 상황이다. 이에 관한 교회론적 연구가 시급하게 요청되는 상황이라고 보인다.

를 제공하여 신자의 교회 정착을 돕고 교회는 신자의 이력을 근거로 교회에서 부여할 역할이나 지위를 적절하게 부여하는 토대가 될 수 있었다. 무엇보다도 전국의 개신교회가 이명증서를 통해 하나의 유기적 관계를 맺을 수 있어서 지역과 교파를 넘어서는 연대를 구성할 수 있었다는 점이 특히 그 의미가 크다. 다음은 김포읍교회가 주고받은 이명증서의 내역이다.

김포읍교회 이명증서 발부 수령 내역

일시	인원	이명증서 보내 온 교회	인원	이명증서 보낸 교회
1921.3.21	4	고양 용두리교회	3	부천 박촌리교회
1921.12.30.	1	파주 대동리교회	3	고양 세교리교회 양평읍교회 경성 남문밖교회
1922.6.19.			1	고양 토당리교회
1923.3.3.	1	평남 중화교회		
1923.5.27.			1	고양 연희면 창천교회
1924.1.20.	1	수원 학현리교회	5 4	경기 여주군교회 부평교회
1925.2.22.	2	송마리교회		
1925.5.17.	4	경성 염정동교회		
1925.11.1.	1	시흥군 영등포면 양평리교회	1	평남 중화군 신리교회
1926.9.16.			5	북간도 십리평교회
1927.1.30.	4	고양군 세교리교회		
1927.11.18.	1	고양군 토당리교회		
1928.5.14.			1	고양군 창천교회
1928.5.30.	3	파주군 신산리교회	1	영등포교회
1929.5.18.			1	부평읍교회
1930.5.27.	1	파주 문산교회		
1930.5.30.	7	송마리교회		
1931.5.2.			5	부평읍교회, 영등포교회 풍곡리교회
1931.10.3.	1	파주 갈현리교회		
1932.6.7.	2	용강리교회, 세교리교회		
1933.4.9.	1	누산리교회	3	누산리교회, 새문안교회 송마리교회
1934.5.26.			1	인천 내리교회

1935.2.19.			2	새문안교회
1936.5.9.			3	만주 냉수천자교회
1936.11.7.			7	영등포교회 신천읍 서교회 송마리교회, 누산리교회 냉수천자교회
1937.11.23.	1	경성 체부정교회	1	양평군 덕수리교회
1938.2.5.	1	경성 도염정교회	2	화전리교회 김포군 오류리교회
1938.6.19.	1	양평정교회		
1939.2.26.	3	송마리교회		
1939.6.18.	4	오류리교회, 독현도교회	5	누산리교회, 덕수리교회
1940.5.25.			4	노과진교회
1940.12.20.	4	개곡리교회, 오류리교회 누산리교회, 보구곶리교회	4	부천 박촌리감리교회 신문내교회, 누산리교회 백석리교회
1941.4.13.			6	경성부 공덕정교회 김포 보구곶리교회
1941.11.			1	영등포교회
1941.11.30.			1	경성 신당정교회
1942.12.12.	4 1 3	송마리교회 송마리교회 일산교회	1 2 2 1	경성 묘동교회 공덕정 감리교회 영등포교회 양평정교회
1943.5.18.	3	경성 신설정교회		
합계	60		77	

김포교회 당회록을 통해 본 이명증서는 몇 가지 신학적으로 유용한 유산임을 보여주고 있다. 우선 교회론적으로 그리스도를 머리로 모든 신자가 지체를 이룬다는 살아있는 유기체로서의 교회론의 전형적인 실체이다. 개인 신자와 각 당회로 구성된 교회와 한국 내의 모든 교회가 이명증서를 통해 영적 공동체로서 한 몸을 이루고 있다는 것을 실체적으로 보여주는 예인 것이다. 이단적 신앙고백이 아니라면 한국의 모든 교회가 신자들의 이동을 수용하고 공동체의 일원으로 받아들인다는 점에서 신학적 교회론의 실체이다.

김포교회 당회록에는 같은 장로교회 외에도 창천감리교회, 공덕감리교회, 박촌리감리교회, 경성 체부정성결교회 등 여러 교파와 이명증서를 주고받음으로써 교회일치와 연합의 정신을 구현하고 있었다는 것을 알 수 있다.

이명증서는 교회사 속에서 후기 칼빈주의를 대표하는 회합인 도르트 회의에서 공식적으로 규정되었다.[23] 이명증서는 교회 공동체 간에 신자들의 이동이 있을 때 반드시 발행하여 교회가 그리스도의 몸으로써 일치됨을 지켜나가기 위한 것으로 규정되고 있다. 이명증서를 발행하는 교회는 ① 사도신경의 모든 항목을 성경적으로 이해하고 받아들이고, ② 이신칭의 교리를 정확하게 이해하고 받아들이며, ③ 성경을 정확 무한한 하나님의 말씀으로 받아들이는 교단들은 다 이 하나의 교회 공동체에 있는 것이라고 할 수 있다.

이명증서에 기록되어야 할 내용은 다음과 같이 규정하였다. ① 반드시 그와 관련된 그곳의 다른 구체적인 교회 공동체에 속하여야 한다는 것을 분명히 하고, ② 이때 이전 교회 공동체에서 어떻게 신앙생활을 하였는지를 밝혀서 계속성 있게 지도를 받으며 살아가야 한다는 것을 말하고, ③ 그 일이 매우 구체적이어서, 혹시 생활이 몹시 어려운 사람들은 교회의 지지를 받으며 이 문제에 대한 교회 도움의 연속성도 분명히 드러나야 하는 것을 말해 준다.

도르트 회의의 이명증서의 부수적인 목적 중 하나는 가난한 신자가 이명을 통해 경제적 조력을 받을 수 있도록 하는 배려의 정신도 포함되어 있었다. 이명증서는 교회론과 더불어 기독교 공동체의 상호부조

---

23 『도르트 신조』, 82, 83호.

정신도 구현하려는 의도가 바탕이 된 것이었다.

현재 한국 개신교회에서는 같은 교단 내의 신자의 이동에 대해서는 이명증서를 발부하고 있으나 한국 사회의 과잉 인적 유동성 때문에 그 효과가 줄어들고 있고, 타 교단 간의 이명증서는 거의 소멸된 상태이다. 이는 1970년대 이후 이농현상으로 도시 교회의 급성장으로 인한 도농교회 간의 괴리감에서 비롯한다. 또 개교회 성장주의로 교회 간의 성장 경쟁으로 타 교단, 타 교파의 신자를 이명증서 없이 받아들이는 데 익숙해진 요인이 있다. 마지막 요인으로는 해방 후에 일어난 교단의 분열로 교회 간의 장벽이 높아진 것이 원인이 될 것이다.

김포교회 당회록을 통해 나타난 초기 한국교회의 역사적 유산을 현 시점에서 복원하여 그리스도의 몸으로서의 교회의 위상을 회복하는 데 관심이 시급한 시점이다. 과잉 경쟁 사회가 된 한국을 치유하기 위해서 한국의 개신교회는 공동체성을 회복하는데 힘을 기울여야 한다.

그것은 성서적 정신을 가르쳐서 온 세상의 바른 교회들은 결국 다 하나의 교회라는 것 그리고 진정한 성도는 그중 구체적인 한 교회의 지체 역할을 제대로 하여야 한다는 것 그리고 피치 못한 여러 사정으로 교회 공동체를 옮길 때는 반드시 교회의 판단에 따라서 이명증서를 발부받아 이명해야 한다는 것을 다시금 정착해야 한다.

V. 나가는 말

김포교회 당회록은 일제강점기 초기부터 이후의 한국교회의 일상 생활을 보여주는 역사적 유산이다. 이 연구는 당회록을 통해 한국교회가 신앙 공동체를 이루기 위해 분투하고 노력해 왔음을 보여준다.

지정학적으로 김포교회는 19세기 말 개화의 중심지인 서울과 인천의 중간 지역에 위치하여 선교 초기부터 기독교 복음이 뿌리를 내린 역사성을 가진 지역이다. 이러한 경향은 해방 후에도 이어져 전통적 서울-김포-강화로 이어지는 기독교 선교 벨트의 역할을 하고 있다. 김포 지역은 앞으로도 서쪽과 북쪽으로 개발이 지속해서 이루어질 것으로 기대되면 이 지역에서의 선교의 결실이 예견된다.

둘째로 김포교회 당회록을 통해 권징을 통한 교회의 외적 제도를 확립하려는 노력을 살펴볼 수 있다. 그러나 한 가지 확실한 것은 치리 자체는 신앙 공동체의 본질적인 목표가 아니다. 권징은 노회와 총회가 조직되고 난 후에 제도 교회로서 신자의 생활을 표준화하려는 목표로 실천되는 수단이다. 교회의 진정한 목표는 그리스도를 신앙하는 신자들의 사랑의 공동체를 구현하는 것이다.

그런 점에서 권징의 기록과 함께 교회가 어떠한 복음을 선포하고 그 복음의 정신을 실천하는가를 살피는 것은 권징의 사례를 살피는 것보다 더 중요한 작업이 될 것이다. 이 작업을 추후 과제로 남겨 둔다.

김포교회 당회록은 이명증서를 수취하기도 하고 발부한 기록을 보여준다. 이는 한국교회의 위대한 유산이다. 교회가 교인 한 사람의 신앙을 돌보고 신자는 교회 공동체와 영원한 동반자로 살아갈 수 있었음을 보여주는 성경 정신의 위대한 실천의 모습이다. 현대 한국교회는 이러한 초대 한국교회의 유산을 물려받아 위기 시대의 한국에 새로운 복음의 희망을 던져주는 사명을 감당해야 한다.

한국교회 제도화 시기 신앙 공동체 형성을 위한 지역 교회의 분투 (1)
— 김포읍교회 당회록을 중심으로

문백란 | 연세대학교 국학연구원 연세학연구소

I. 머리말

김포시의 역사와 문화를 다룬 한 서적은 김포의 전통적인 마을 동제(洞祭)들과 가택신 신앙이 기독교의 빠른 보급으로 많이 파괴되었다고 기술하고 있다.[1] 이 기록은 이 일대에서 1890년대 후반부터 형성된 기독교 신앙 공동체가 전통 신앙에 타격을 준 한 세력으로 자리매

---

[1] 한양대학교 박물관, 『김포시의 역사와 문화유적』 (서울: 한양대학교박물관, 1999), 125, 137. 김포 지역의 마을 제사로는 풍무3리 서낭당제, 운양4리 당산제, 운양3리 도당제, 향산리 당산제, 태6리 도당제, 태1리 우물제, 태1리 산고사, 신곡리 산신제, 신곡리 장승제, 석모리 동제, 양곡리 동제, 학운리 삭시마을 동제, 학운리 고음달 도당굿, 율생리 마을 도당, 구래리 산고사, 대명리 풍어제, 선돌이제 등이 있었고, 개인 신앙에는 도깨비 신앙, 대감독 신앙, 무당과 무당굿, 각종 고사, 삼재풀이, 입춘축, 대문 앞 황토 놓기, 풍수신앙 등이 있으며, 그 밖에 여러 가택신이 있었다고 한다. 위의 책, 125-142.

김하게 되었다는 것을 알려준다. 김포평야의 농경사회에서 그들은 민간신앙과 풍습만 아니라 불교와 유교와도 구별된 신념 공동체인 사실을 입증하였다.2 마을 동제와 집안 제사에 참여하지 않고 음주를 피하여 사회활동에서 고립되는 것은 결코 쉬운 일이 아니었을 것이지만, 새로운 가치관과 윤리관에 기반한 공동체의 비전을 제시하기 위해 온갖 어려움을 무릅쓰며 분투하였다.3

오늘날 김포제일교회(합동 측)와 김포중앙교회(통합 측)의 전신이 되는 김포읍교회의 당회록4은 일제강점기와 해방 후에 김포의 기독교인들이 신앙 공동체를 지키기 위해 어떻게 노력했는지를 잘 보여준다. 일제강점기의 지명으로 김포군 군내면(1934년 김포면으로 개칭) 북변리에 있었던 김포읍교회는 그 지역에서 가장 먼저 시작하여 가장 많이 모였다. 1915년에는 교인 수 299명에 세례인이 139명이었고, 1938년에는 교인 수 320명에 세례인이 88명이었다.5 아래 성찬 참례인 수의 표는 그 지역에서 교세가 상대적으로 어떠하였는지를 알려준다.

---

2 김포 지역에는 문서사, 용화사, 금정사, 광은사 등의 사찰과 김포 · 양천 · 통진 향교가 있다. 그 가운데 김포향교는 김포읍교회가 있는 북변동으로 영조 47년(1771) 이건되었다. 한편 김포 지역은 경지율 50% 이상에 논 면적이 75% 이상이었는데, 이런 농경사회에서 주민들은 두레놀이, 지경다지놀이 등을 통해 유대를 강화하였다. 위의 책, 1999, 79-83;『金浦鄕校誌』상권 (金浦鄕校誌編纂委員會, 2004), 278; 김포시사편찬위원회,『김포의 역사와 문화』(김포시, 2011), 32, 39, 105, 147.
3 재정 곤란으로 1917년 폐교하기는 하였지만 1900년대 후반에 신명학교(新明學校)란 사립소학교를 세워 운영하였던 것도 새로운 지역 공동체의 조성을 의도하였던 한 증거가 된다고 할 수 있다.
4 이 논문은 김포제일교회의 김포읍교회 당회록 제공으로 작성되었다.
5 "주후一千九百十五年六月경긔츙쳥 로회뎨八회총계표,"『경긔츙쳥 로회뎨八회뎡긔회회록』(1916. 6.);『조선예수교장로회경기노회제二十七회회록』(1938. 6.), 21.

〈표 1〉 김포 지역 교회 성찬 참례인 수

연도	김포 읍내	풍곡리	군하리	용강리	루산리	학운리	송마리
1919	85	10	12	8	○	8	26
1920	83	15	12	5	○	7	26
1922	97	8	19	6	4	1	26
1923	84	○	8	6	6	○	26
1924	43	5	6	6	5	○	25
1926	45	11	15	11	6	6	25
1929	70	5	6	9	3	4	52
1930	79	4	6	6	5	4	23
1931	70	8	4	10	11	5	32
1938	88	9	4	○	40	4	26
1939	97	8	4	○	40	4	26

출처:「경긔충청로회시찰구역에교회일흠과셩찬참례인수」,『경기충청노회정기회록』 제16회, 1919. 6., 21; 제18회, 1920. 6., 34; 제22회, 1922. 6., 17; 제24회, 1923 6., 54; 제26회, 1924. 6., 45;『경기노회 정기회록』제4회, 1926. 6; 제10회, 1929. 6; 제12회, 1930. 6; 제14회, 1931 6; 제27회, 1938 6., 21; 제29회, 1939. 6., 41.
※ '○' 표시는 집계 발표가 누락된 것을 뜻한다.

1922년에는 김포읍교회가 경충노회의 총 148개 교회 중에서 경성의 큰 교회들(새문안, 연동, 승동, 남문밖, 안동)에 이어 6번째로 많은 성찬참례인 수를 기록하였다. 1939년에는 경기노회의 85개 교회 중에서 영등포교회에 이어 2번째로 성찬참례인 수가 많았다. 그러나 재정은 그다지 넉넉하지 못했던 것으로 보인다.6 그 교회는 목사의 봉급을 단독

---

6 김포읍교회의 경제사정에 대해서는 전국적인 농촌경제의 피폐, 일본인 대지주의 진출, 1925년의 대홍수로 김포의 농민들이 많은 어려움을 겪었던 점을 감안할 필요가 있다. 참고로 한 연구논문에서 김포는 중소지주형 농업지대였고 자소작농이 많았으며, 통진과 양천은 상대적으로 대지주와 소작농이 많았는데, 김포는 통진보다 지세가 더 낮았는데도 지세 중과세 현상이 나타났다고 설명되었다. 또한 1933년 현재 김포에 거주하는 일본인 주민은 0.5%밖에 되지 않았지만, 일본인 토지를 경작하는 소작농의 비율이 25.2%였다고 설명되었다. 김인호, "김포군 3.1운동 발발의 경제적 기초", 「한국독립운동사연구」 제32집 (2009): 168, 172; 조성운, "김포 지역 3.1운동의 역사적 의의 — 김포 지역사적 관점에서," 「숭실사학」 제22집 (2009), 71.

으로 대지 못하여 1940년에 처음으로 담임목사를 위임하였다.

교회 당회록을 연구자료로 활용하는 일은 몇몇 연구에서 선행되었고, 연구자들은 모두 치리 문제에 집중하였다. 윤경로는 1900년대 초기의 새문안교회 당회록을 분석하여 교회가 엄격하게 수세와 치리를 시행하였고 이렇게 하여 봉건사회의 전근대적 사회윤리의식을 불식시키고 새로운 근대적 윤리의식과 도덕관을 심으려 하였다고 설명하였다.7 김지탁도 1910년 새문안교회의 치리 사례를 예로 들며 한국 장로교회는 초기부터 교인들 특히 장로에 대해 윤리와 규범의 도덕성 확보를 강조하였고 그것이 엄격한 치리와 권징으로 나타났다고 주장하였다.8 최익제는 선교 초기 안동 풍산교회와 안동교회의 당회록을 분석하여 두 교회가 치리와 권징으로 교회의 정체성을 확립하고 도덕적 건강성을 유지하였으며 도덕성의 강점을 힘입어 지역사회와의 문화적 갈등―민간신앙과 유교 관습의 차이로 인한 반대와 핍박―을 비교적 슬기롭게 극복하였다고 설명하였다.9 권평은 일제강점기와 해방 후의 김포읍교회 당회록을 예로 들며 한국교회가 엄격하게 치리를 시행하여 사회에서 도덕적 우위를 점유할 수 있게 되었던 것처럼 오늘날 교회에서 강력한 치리의 전통이 회복되어야 한다고 주장하였다.10 이제근은 1914년부터 1957년까지 김제 만경교회의 당회록을 분석하

---

7 윤경로, "1900년대 초기 장로교회의 치리와 초창기 교인의 사회 경제적 성향―새문안교회를 중심으로―,"「한국기독교와 역사」1 (1991).
8 김지탁, "한국 장로교회의 장로 임기제에 관한 연구―그 역사성 및 신학적 타당성을 중심으로―," 계명대학교대학원 신학과 박사학위논문 (2016), 223.
9 최익제, "文化의 葛藤에 대한 初期 韓國 改新敎의 認識과 對應―安東地域 長老敎를 중심으로―,"「지방사와 지방문화」8(2) (2005).
10 권평, "초기 한국교회의 치리에 관한 일 연구,"「교회사학」11(1) (2012).

여 교회가 목회자 부족과 열악한 생활환경 속에서도 치리를 자주, 철저하게 시행하면서 교회를 성장시켰다고 설명하였다.11

그 밖에 윤은수는 총회 회록과 개교회사들의 기록을 참고하여 권징이 한국교회 초기의 철저한 세례 교육에서 시작되었고, 교회가 직분자도 권징하여 건강하게 성장하였으나, 해방 후에 교회가 권징을 중지하면서 사회적 영향력을 잃고 성장까지 멈추게 되었다고 주장하였다.12 김정화는 권평의 김포읍교회 당회록 연구를 참고하여 초기에 교회가 치리를 차별과 배제의 수단으로 활용하면서 선교사와 교회에 대한 비판을 교회에 대한 공격으로 여기고 '이단 시비'를 통제하면서 '치리'를 통해 공동체에서 배제시켰다고 주장하였다.13

이상과 같이 연구자들의 다수는 당회의 여러 업무 가운데 치리 부분에 주목하면서 강력한 치리가 긍정적인 효과를 낳았다는 결론을 제시하였다. 윤경로는 교회가 치리로써 근대적 윤리의식을 제시한 점을 지적하였고, 최익제는 문화적, 종교적 갈등을 극복한 점을 지적하였다. 그러나 윤은수와 김정화는 당회록이 아닌 당회 활동을 설명한 글에 근거하여 치리 문제를 다루었다. 그 가운데 김정화는 강력한 치리가 행해졌다고 한 권평의 결론만 가져가서 개교회 당회와는 무관하게 최소 대리회 이상의 치리회나 범교회적인 차원에서 이단 시비가 붙었던 최중진, 김장호, 이만집, 이용도, 최태용, 김교신의 경우에 적용시켰다.

본 논문에서는 김포읍교회의 당회록을 주 자료로 하고 인근 송마리

---

11 이재근, "김제 만경교회의 설립과 성장, 위기, 1914~1957: 전형과 비전형," 「한국기독교와 역사」 58 (2023): 177, 198.
12 윤은수, "권징이 한국교회 성장에 미친 영향 관한 연구," 「고신신학」 20 (2018).
13 김정화, "일제강점기 조선총독부의 기독교 통제와 조선 교회의 공동체 관리," 「아세아 연구」 66(4) (2023).

교회와 누산교회의 당회록을 참고하여 일제강점기 한국교회가 제도화되고 있던 시기에 지방의 한 교회가 어떻게 운영되었는지를 구체적으로 살펴보려 한다. 예전에 당회가 치리를 통해 사회 일반에 대한 교회의 도덕적 우위성을 확보하였다는 선행 연구자들의 주장을 수용하면서, 치리 외에 다른 방면의 운영 실태도 살펴 오늘날과는 어떤 차별성을 보였는지를 파악해 보려 한다. 이 일을 위해 먼저 김포읍교회의 지도부가 어떻게 조직되었는지를 살피고, 다음으로 김포읍교회 당회록에 기재된 갖가지 회의 내용을 분석한 후, 오늘날과 대비되는 당시 교회 운영의 특징과 시대적 의의를 짚어보려 한다.

II. 한국교회 제도화와 김포읍교회 직원 구성

1. 한국교회의 제도화와 직원 구성

김포읍교회는 1912년 1월 19일 언더우드(H. G. Underwood) 선교사가 당회장을 맡아 회의 참석자 서경조 목사와 김영한 조사와 함께 교회 회중의 투표로 교인 이춘경을 장로로 선출하고 1913년 6월 29일 언더우드와 차재명 장로가 그를 안수하여 장립함으로써 당회를 조직하였다. 그에 앞서 김포읍교회는 1911년 12월에 조직된 경충노회(경기충청노회)에 소속되었고, 이 노회가 1912년 9월에 창립된 조선예수교장로회 총회의 노회들 가운데 하나가 된 후 1924년 경기노회와 충청노회로 나뉘면서 경기노회에 속하게 되었다. 이처럼 김포읍교회 당회는 총회 및 경충노회의 출발과 함께 그 역사를 시작하여 해방 전 1945

년 8월 7일까지 144회의 회의 기록을 남겼다. 그런데 그 기록은 오늘날의 교회들과는 약간 다른 점들을 보여주고 있다. 그중 하나는 직원의 구성 형태이다. 그러므로 그런 차이를 이해하기 위해 예수교장로회 총회의 제도화 과정을 살펴볼 필요가 있다.

당회가 출범할 당시에는 총회가 아직 정치 규정을 제정하지 않아 교회들이 독노회의 매우 간략한 정치 규칙과 그간의 관행을 계속 따라야 하였다.[14] 제1회 독노회의 규칙에서 교회 직원은 장로(목사와 장로)와 집사(안수집사)로 이분하고 강도인을 첨가한 것이 전부였다. 제2회 독노회는 혼인규칙으로서 데릴사위와 민며느리 교인을 경계하고 첩 있는 사람을 원입교인으로 받지 못하게 하였다.[15] 총회와 노회도 출범한 후에 정치·윤리규정을 갖추기 시작했는데, 제1회 총회는 비조직교회가 안수집사를 세우지 못하고, 영수회와 제직회는 치리권을 갖지 못하며, 혼인은 여자가 만15세 이상, 남자가 만17세 이상인 때에 할 수 있게 하였다.[16] 제2회 총회는 교회가 영수를 투표로 선출하고 그 임기는 당회가 정하게 하였다.[17] 경충노회는 1915년 제8회 정기회 때 믿지 않는 사람과의 혼인을 금하고, 데릴사위와 민며느리 교인을 경계하며, 첩을 둔 사람은 학습인으로 받지 말 것을 정하였다.[18]

---

14 독노회의 정치 규칙은 4개조와 세칙으로 구성되어, 교회의 정의, 예배 절차, 교회 직원, 치리회(당회, 노회, 총회), 세칙(비조직교회 관리, 강도인·조사 인허, 목사 청빙과 전임(轉任), 장로와 집사 장립, 장정과 절차) 등을 간략하게 규정하고 있다. 「대한 예수교 장로회 규측」, 『대한예수교장로회로회회록』 (1908), 31-41.
15 『예수교장로회대한로회데이회회록』 (1908), 15.
16 『예수교장로회죠션총회데일회회록』 (1912), 31-33.
17 『예수교장로회죠션총회데이회회록』 (1913), 31. 그전에는 교회 또는 선교사가 영수를 임명하였다.
18 『경긔츙쳥 로회데八회뎡긔회회록』 (1915. 6. 30.), 24.

그 후 1922년 제11회 총회가 비로소 헌법을 통과시키면서, 헌법 안의 '조선예수교장로회정치'(朝鮮예수敎長老會政治, 총 24장) 장(章)에서 장로와 집사(안수집사)를 항존직으로 정하고, 제직회를 당회원과 집사로 조직하되 서리집사, 조사, 영수도 제직회원의 권리를 가질 수 있게 하며, 여자도 당회가 서리집사로 선택할 수 있도록 정하였다.[19] 이렇게 하여 제직회와 서리집사직을 제도화하였고, 여성이 교회 운영에 참여하는 제도적 기반을 마련하였다.[20] 1929년에는 제18회 총회가 헌법을 일부 수정하면서 교회의 임시직원과 준직원 조항을 신설하여, 임시직원에 남녀 전도사(노회가 부임을 인가한 신학생이나 목사후보생, 유급), 남녀 전도인(불신자 전도 전담 직원, 유급), 영수(임기 1년), 남녀 서리집사를 두고, 준직원에 강도사와 후보생을 두었다.[21] 그리하여 이 직원들이 헌법상 직제의 일원이 되었다.[22]

당회에 관해서는 1922년 총회 헌법에서 교회의 치리회로서 지교회 목사와 장로로 조직되고 당회장을 목사가 맡도록 규정하였다.[23] 또한 3개월에 1회씩 정기회로 모이고 필요한 때에 임시회를 열며, 목사나 장로 2인 이상의 요청으로 또는 노회가 명할 때 소집하며, 회록을 작성하여 교인명부와 함께 1년에 1차 이상 노회에 보내 검사를 받게 하였다.[24] 당회의 업무는 교인의 지식과 신앙 행위 총찰, 세례·학습

---

19 『朝鮮예수敎長老會憲法』 (경성: 朝鮮耶蘇敎書會, 1925), 75-85.
20 김일환, 『한국 장로교회 헌법의 역사: 한국장로교회 헌법의 변천과 제도적 변화 연구』 (서울: 나눔사, 2020), 82.
21 『朝鮮예수敎長老會憲法』 (경성: 朝鮮耶蘇敎書會, 1938), 73-74; 김일환, "1920년대 한국장로교회 헌법을 통해 본 장로회 정치의 특징―「朝鮮예수敎長老會政治」를 중심으로―," 「한국기독교와 역사」 49 (2018), 125.
22 김일환, 『한국 장로교회 헌법의 역사』 (2020), 91-92.
23 『朝鮮예수敎長老會憲法』 (1925), 89-81.

· 입교 · 유아세례 문답, 이명증서 접수 · 발부, 목사 부재 시 타 교회 목사 초청으로 강도와 성례 시행, 장로와 집사 선거 준비 · 장립, 연보의 시일과 방침 작정, 범죄한 교인 초치 심문 · 권면 · 책망 · 책벌 · 출교 또는 회개한 자 해벌, 사경회와 주일학교와 면려회 제반 사무 감독, 노회 헌의, 노회 파송 총대 장로 선정, 교회 정황 노회 보고 등으로 규정하였다.[25] 1929년 헌법에서는 정기회를 연 1차 이상, 임시회를 필요한 때에 회집하게 하였고,[26] 당회록과 교인명부를 일 년 1차씩 노회에서 검사받되 상회의 가부 판정을 당회가 거부하지 못하며, 기록의 착오가 드러나면 상회의 계책(戒責)을 받고 개정 명령을 준행하여 상회에 보고하게 하였다.[27]

이같이 하여 교회의 제도화가 조직화보다 늦어졌고, 구한말부터 통용되어 온 직제가 나중에 공식화, 체계화되었다. 이런 사정은 김포읍교회의 당회록에 반영되었다. 그리고 다음에 살펴볼 것처럼, 그 시대의 인적 여건도 교회에 영향을 주었다.

2. 김포읍교회의 직원 구성

김포읍교회는 당회를 조직하던 시기에 시작된 총회의 제도화 과정을 좇아 당회록 상에서 아래와 같이 직원(편의상 서리집사, 권찰 제외)을 구성하였다.

---

24 위의 책, 95.
25 위의 책, 94.
26 『朝鮮예수敎長老會憲法』(1938), 92, 97.
27 위의 책, 189-190.

〈표 2〉 김포읍교회 당회록(1~144회, 1912~1945년) 상의 교회 직원

직책	순서	이름	장립·부임 시기	이후 행적
장로	1	이춘경	2회 1913.6.29.	1914년 시흥 벌말교회로 이명 시무: 1년여
	2	고봉상	6회 1915.11.21.	9회 1916.3.까지 활동, 이후 기록 없음 시무: 1년여
	3	신홍균	16회 1917.4.29.	조사(7회부터 기록), 1918년 신학교 졸업 신학공부 차 평양행(24회, 1918.4.14.) 시무: 1년
	4	김공화	26회 1919.7.3.	장립식 이후 활동 기록 없음
	5	김중인	26회 1919.7.3.	26회부터 당회 참석, 장립 시기 불분명 휴직(93회 1938.2.19.). 시무: 18년 7개월
	6	김사필	35회 1921.7.10.	이명(38회 1922.6.19.) 복귀, 조사 시무 시작(63회 1927.11.18.) 장로 시무 다시 시작(64회, 1928.2.5.) 누산교회 전도사직 사면(1936.4.18.) 시무: 19년여
	7	유인환	48회 1925.1.4.	휴직(63회 1927.11.18.) 장로 시무 다시 시작(65회 1928.5.14.) 이명(91회 1937.11.23.) 시무: 거의 12년
	8	유창익	75회 1930.11.26.	이명(108회 1941.4.13.) 시무: 10년여
	9	최기화	97회 1939.2.26.	해방 후까지 재직. 해방 전 시무기간: 7년여
	10	김복만	111회 1942.3.25.	해방 후까지 재직. 해방 전 시무기간: 3년여
담임 목사	1	김사필	101회 1940.12.15.	자진 사임(111회 1941.12.22.)
	2	차재명	126회 1943.6.6.	청빙 취임
안수 집사	1	유창익	69회 1928.11.21.	장로 장립(75회 1930.11.26.)
	2	김영일	69회 1928.11.21.	
영수	1	유형오	4회 1914.1.14.	
	2	정윤서	4회 1914.4.14.	개선(29회 1920.12.29., 39회 1923.3.3.)
	3	김운선	불분명	장로 피택(31회 1921.3.30.), 장립 기록 없음. 영수 개선(70회 1929.5.18., 75회 1930. 11.15.)
	4	김흔식	불분명	가정사로 사면 청원 수리(11회 1916.11.12.)
	5	유창익	11회 1916.11.12.	사면 청원 수리(15회 1917.1.3.) 개선(29회 1920.12.29.) 사면 청원 수리(37회 1921.12.30.) 장로 장립(75회 1930.11.26.)

	6	임계택	11회 1916.11.12.	
	7	김중인	18회 1917.7.29.	장로 활동 시작(26회 1919.7.3.)
	8	김공화	불분명	장로 장립(26회 1919.7.3.)
	9	황춘근	29회 1920.12.29.	개선(39회 1923.3.3.)
	10	유인환	32회 1921.4.25.	개선(29회 1920.12.29.) 사면 청원 수리(37회 1921.12.30.) 장로 장립(48회 1925.1.4.)
	11	김상묵	39회 1923.3.3.	신명학교 폐교(19회 1917.9.26.) 전 교장
	12	최인순	70회 1929.5.18.	개선(75회 1930.11.15.; 83회 1933.4.8.; 86회 1934.5.26.)
	13	백창홍	70회 1929.5.18.	개선(75회 1930.11.15; 86회 1934.5.26.) 사망(127회 1943.6.19.)
전도 인	1	윤연순	100회 1939.11.11.	그전부터 여전도인으로 활동 당회에서 노회에 전도사 인허 청원 작성
조사 · 전도 사	1	김영환	이미 조사로 활동	1회 당회 서기 세례 문답 참여(29회 1920.12.29.)
	2	신홍균	7회 1915.11.27.(?)	장로 장립(16회 1919.4.29.) 1918년 신학교 졸업 목사 청빙 무산(24회 1918.4.14.)
	3	김사필	이미 조사로 활동	장로 장립(35회 1921.7.10.) 조사(전도사) 겸 장로로 계속 활동
	4	박용희	이미 조사로 활동	성찬식 인도 참여(29회 1920.12.29.)
	5	김홍기	39회 1923.3.3.	조사 신분으로 이명증(평남 중화교회) 접수. 조사 활동 불분명
	6	윤연순	103회 1940.12.29.	그전부터 여전도사로 활동 사면 청원(108회 1941.4.13.), 수리 이명(124회 1942.12.12.), 묘동교회 전도사로
강도 사	1	정준	118회 1942.7.19.	노회에 강도사로 청원키로 의결 이후 강도사로 활동

이상과 같이 당회록 상에서 장로는 총 10명이 장립되었다. 그러나 이명, 휴직, 이유 불명으로 회의에 참석한 장로는 많지 않았다. 참석인원이 1명인 때가 62번, 2명인 때가 59번, 3명인 때가 10번, 4명인 때가 6번이었고, 나머지 회수의 회기에는 타 교회 장로나 목사가 자리를 대신 채워주었다. 2명이 참석하기 시작한 것은 1921년 제36회부터였

고, 3명 참석은 1929년 제72회부터 시작되었으며, 4명 참석은 1931년 제77회부터 시작되었다.

목사는 원두우, 최피득(Victor D. Chaffin), 차재명, 군예빈(Edwin W. Koons), 이여한, 차상진, 김홍식, 이정로, 위철치(George H. Winn), 노해리(Harry A. Rhodes), 김사필, 차광석 등 12명이 당회장을 맡았고, 이들 가운데 1940년 이후에 위임목사가 된 김사필과 차재명을 뺀 나머지 당회장은 노회에서 파송되었다. 임시 당회장들 사이에서는 위철치 선교사가 당회를 35번, 김홍식 목사가 23번, 차재명 목사가 13번 이끌었으며, 언더우드 선교사가 초창기에 5번 이끌었다. 특이하게 본교회의 유인환 장로가 이끈 경우도 한 번 있었다. 그동안 당회는 여러 번 목사 청빙을 시도하였다. 1917년에는 다른 3개 교회와 공동으로 목사를 청빙하려 하였고, 1918년에는 신학교 졸업을 앞둔 조사 신홍균을 청빙하려 하였으며, 1938년에는 김사필 전도사를 위철치의 동사목사로 세우려 하였다. 1940년 마침내 김사필을 담임목사로 위임하였으나, 그가 1941년 이유를 밝히지 않고 사임해버리자 차재명 목사와 교섭하면서 정준 전도사를 차재명의 동사목사로 세우려 하였다. 그 후 1943년 차재명을 담임목사로 위임하고 그와 함께 해방을 맞았다.

'장립 집사'(안수집사)는 총 2명이 장립되었는데, 1928년 회중 투표로 선출된 후에 목사와 장로에게 안수받았다. 그런데 서리집사도 1916년 제9회 회록에서 "회즁이 녀집사 3인 더 틱하기를 가로 결뎡훈 후 투표ᄒᆞ여… 三인을 틱하고"(떠어쓰기: 필자)라고 기록된 것처럼, 종종 회중의 투표로 선출되었다. 그뿐 아니라 1914년 제4회 회록에서 "… 二년 집ᄉᆞ로 …은 三년 …은 四년 집ᄉᆞ로 여집ᄉᆞ … 二년 … 三년 … 은 四년으로 가결ᄒᆞ다"(떠어쓰기: 필자)라고 한 것처럼 서리집사에게 임기까지 부여되었다.

조사는 1938년 제96회 당회 때부터 '전도사'라고 불렸다. 그런데 조사가 당회 서기를 맡기도 하고, 이웃 교회의 조사를 겸하기도 하였다. 1912년 제1회 당회 때는 김영한 조사가 서기로 선정되었다. 1915년 제7회 당회록에서 처음 거명된 신홍균 조사는 송마리교회의 제1~9회(1915~1918) 당회록에서도 조사로 활동하고 있었다. 김포읍교회 장로이면서 전도사로 시무하고 있던 김사필은 1934년 누산교회 제1회 당회록에서도 전도사로 기록되어 있다가 1936년 그 교회에서 사면(辭免)되었다.

목사와 장로도 여러 교회에서 활동하는 모습을 보였다. 목사는 응당 시찰위원회의 일원으로서 여러 교회를 돌보아야 하였다. 장로의 경우에는 1918년 제25회 당회 때 송마리교회의 김상현 장로를 초청하여 성회하고 세례 문답을 진행하였다. 1912년 제1회 당회 때는 임시당회장 외에 서경조 목사가 와서 장로 선출 절차를 진행하였고, 1913년 제2회 때는 차재명 장로가 와서 장로 장립식을 거행하였으며, 1934년에는 김포읍교회의 유인환 장로가 누산교회에 가서 제1회 당회의 개회를 도와 초대 장로 선택을 위한 노회 청원 안건이 통과되게 하였다.

당시에는 오늘날과는 다른 직제와 관행도 통용되었다. 오늘날에는 없는 '영수'와 '전도인'이 임명되었고, '동사목사' 또는 타 교회와의 '공동 담임목사' 직제가 시행되었다. 이는 당시의 헌법으로 인정된 일이었으나, 헌법에서 명문화되지 않은 일도 관행적으로 통용되었다. 조사(전도사)가 여러 교회에서 동시에 시무하였고, 심지어 타 교회 장로가 참석해도 당회의 정족수 충족이 인정되었다. 서리집사에게 2년 이상의 임기를 부여하거나 여자 서리집사를 회중 투표로 선출하기도 하였다. 이러한 현상들이 나타난 것은 한국교회 제도화가 뒤늦게 진행되었고, 아래 경충노회 현황표에서 보는 바와 같이, 교회 지도자가 부족하였기 때문이라고 생각된다.

〈표 3〉 1912~24년간 경충노회 일부 직원과 교회 현황

연도	목사	장로	조사		조직교회	미조직교회
			남	여		
1912	12(선교사 포함)	21	32		○	○
1913	12(선교사 포함)	24	29		16	○
1914	5	27	31		19	155
1915	4	32	25		21	128
1916	6	33	25		24	134
1917	10	41	24	11	28	133
1918	7	47	24	12	25	133
1919	10	56	21	12	30	130
1920	9	59	32	8	36	106
1921	13	69	29	8	36	107
1922	12	80	34	11	38	113
1923	19	83	32	1	43	98
1924	16	76	21	7	33	92

출처: 총회 제1~13회, 1912~24년 총계표

III. 김포읍교회 당회록 내용 분석

1. 자료 개관

김포읍교회 당회는 앞서 설명한 대로 1912년 1월 19일 장로를 선택하고 서기를 선정한 일을 제1회 회기의 처리 사건으로 기록한 후, 1945년 8월 7일 차재명 목사의 주재로 일본기독교조선교단 경기교구 회의에 보낼 총대들을 선정하고 남녀 서리집사를 한 명씩 선택한 일을 제144회 회기의 처리 사건으로 기록함으로써 한 시대를 마감하였다.

회의는 주로 당일에 끝났지만, 결의한 안건을 실행한 날까지 같은 회기에 넣은 경우도 많았다. 예를 들면 당회가 성례의 거행을 의결한 후 예배시간에 실행한 것까지 같은 회기의 업무에 포함하였다. 이처럼 당회는 회기 때 처리한 일을 며칠 후에 요약 정리하여 교회회의록 기재 양식을 좇아 당회록을 작성하였다. 그 양식은 노회에서 규정되었지만,28 교회 당회록의 형태는 시간이 지나면서 짜임새가 있게 되었다. 당회는 회의를 시작할 때 전회록을 낭독하여 착오 여부를 확인하였고, 매회 기록 끝에 당회장과 서기가 이름을 적고 둘 중 한 사람 이상이 날인 또는 사인(선교사의 경우)을 하였으며, 날인을 생략한 때도 있었다. 또한 노회에 회록을 제출하여 검열받았는데-매년 1회 이상 검열을 받아야 하였으나 생략한 적이 많았다29-이때도 검열자가 검열 사실과 이름을 기재하고 날인하였다.

당회는 처음에 회록을 작성할 때 한글로 쓰면서 숫자, 성명, 주소만 한문으로 썼다. 예를 들면 "쥬일천九빅十七년十月三十一日(水曜)下午七時에"라는 식으로 기재하였다, 그러다 1921년 6월 22일 노회의 검사인(檢査人) 차재명 목사가 한문을 쓰지 말도록 지시한 후부터는 순한글로 썼다. 1938년 4월 일제가 총동원법을 공포한 후 그해 6월 19일 제94회 당회 때부터는 연도를 '소화'(昭和) 연호로 표기하였고, 9월

---

28 경충노회는 제2회 회의 때 회록을 정자로 기록하고, 매 사건을 조목별로 기록하고 서두에 제목을 쓰며, 회의의 처음과 끝을 명시하도록 정하였다. 서기는 당회원만 맡지만, 필기자를 둘 수 있고, 준당회 때는 제직원에서 서기를 둘 수 있게 하였으며, 각 당회록과 준당회록에 당회장과 서기가 서명 날인하게 하였다. 『조선예수교장로회경긔츙쳥로회데이회정긔회회록』(1912. 6. 25.), 17; 『경긔츙쳥 로회데二十三회정긔회록 부규측』(1922. 12. 26.), 72.
29 노회의 당회록 검열은 1914, 1917, 1918, 1921, 1923, 1924, 1925, 1926, 1928, 1929, 1930, 1931, 1937, 1938, 1941년에 한 번씩 이루어졌다.

25일 제95회 때부터는 조사(助詞) 외에 모든 글자를 한문으로 썼으며, 1943년 5월 18일 제125회부터는 이름을 창씨개명한 한자명으로 썼다. 그러나 이웃의 송마리교회는 1940년 1월 17일 제45회 당회 때부터 연도를 '소화'로 표기하고 한문을 사용—조사만 한글로 기록—하면서도 일본식 이름을 끝내 쓰지 않았다. 이를 보면 일본 연호와 일본식 이름 표기는 일제 말에 거의 모든 교회 기록에서 약간의 차이는 있어도 공통되게 이루어졌던 것으로 보인다.

김포읍교회 당회는, 아래의 표와 같이, 1912년부터 해방 전까지 매년 한 번 이상 열렸다. 1922년 총회 헌법에서는 정기회를 3개월에 1번씩, 1929년 개정 헌법에서는 1년에 1번 이상 모이도록 규정되었으나, 매년 형편에 따라 회수를 달리하였다. 1941년 이후에는 더 자주 모였고, 심지어 13회나 모이기도 하였는데, 이는 그 당시에 장로 1명 이명과 2명 선출, 담임목사 2명의 위임·사임·청빙 교섭·위임, 일본기독교조선장로교단 및 총독부 지방관서 지시 사항 이행 등의 사건이 추가되었기 때문이었다.

〈표 4〉 김포읍교회 당회록의 연도별 회집 회수와 회차

연도	횟수	회차	연도	횟수	회차	연도	횟수	회차	연도	횟수	회차
1912	1	1	1921	8	30~37	1930	2	74~75	1939	4	98~100
1913	2	2,3	1922	1	38	1931	4	76~79	1940	3	101~103
1914	1	4	1923	3	39~41	1932	3	80~82	1941	8	104~111
1915	4	7,8	1924	6	42~47	1933	3	83~85	1942	13	112~124
1916	5	9~13	1925	7	48~54	1934	2	86~87	1943	8	125~132
1917	8	14~21	1926	6	55~60	1935	1	88	1944	6	133~138
1918	8	22~25	1927	3	61~63	1936	2	89,90	1945	6	139~144
1919	3	26~28	1928	6	64~69	1937	1	91			
1920	1	29	1929	4	70~73	1938	5	92~96			

출처: 김포읍교회 당회록 제1~144회, 1912~1945년

김포읍교회 당회는 144회의 회기 동안 대략 다음과 같은 종류의 회무를 처리하였다.

〈표 5〉 김포읍교회 당회가 회기 중에 처리한 회무 종류

빈도 순위	회무 종류	건수
1	치리	55
2	세례 문답 실시, 성례식 거행	47
3	장로 선출 및 장립, 이명	41
4	노회 관련 업무	38
5	이명증서 접수 및 발부	35
6	직원(영수, 안수집사, 서리집사) 임명	31
7	담임목사 및 임시 당회장 청빙, 취임, 사임	14
8	교회 재산 및 회계업무 관리	10
9	조사(전도사), 강도사, 전도인 고용	8
10	특별(감사, 성탄, 모친, 아해)주일예배 개최 준비	7
11	주일학교 관리	6
12	사경회 개최 준비	3
13	대심방 실시 준비	2
14	예배처소 분립 및 병합	2
15	단회성 업무	5
16	일제말 총독부 정책 강제 이행	18

※ 15번째 단회성 업무 5가지: 1. 전도회 조직, 2. 교회 인가일과 포교 담임자 등록 변경, 3. 교회 부속 신명학교 폐교, 4. 교회 희년 기념 표창, 5. 창립 당회 서기 선정

위의 표에서 보는 바와 같이 최소 두 번 이상 처리된 회무의 종류는 14가지였으나, 여기에서는 그 가운데 몇 가지, 곧 치리·수세·이명 문제를 집중해서 살펴보기로 한다.

2. 치리 사례

당회록이 기록된 그 전체 기간에 가장 많이 처리된 것은 역시 치리 문제였다. 김포읍교회에서 처리한 치리 업무에는 권면, 책벌, 출교, 제명, 정직 또는 면직, 해벌, 복권 등이 있었다.

1) 권면

권면은 가장 가벼운 치리 행위로서, 교인이 잘못을 범하면 당회가 우선 호출하여 권면하였다. 권면의 사유로는 주일 불수(여러해, 장기, 자주, 잘 지키지 않음), 음주, 자녀 절손으로 인한 탈선과 직임 시무 거부가 있었는데, 주일예배 불참이 대부분이었다.

2) 책벌

책벌은 해당 교인이 권면에 순종하지 않거나 현저하게 잘못한 경우에 부과되었다. 책벌의 사유로는 빈도가 높은 순서로부터 장기 주일 불수(93건), 음주(37건), 불신 결혼 및 미성년 결혼(13건), 우상숭배(21건), 불륜(8건), 교회 권위 불순종과 비방(1건), 분쟁과 권면 불복(1건), 잡기(1건), 도박(1건), 도적질(1건)이 있었다.[30] 이 가운데 책벌이 부과된 주일 불수 기간은 반년 이상으로부터 '여러 해'까지였고, 대다수의 책벌이 여기에 해당되었다. 우상숭배에는 소경 초청 독경, 제사가 있었고, 불륜에는 취첩, 첩 치가, 첩살이, 미혼 출산, 음란, 방탕이 있었다. 자녀를 불신자에게 결혼시키거나 미성년 자녀를 결혼시킨 경우에는 부모와 자녀를 모두 책벌하였고, 부모가 직원일 때는 정직을 추가하였다. 당회와 제직회에 항거하고 교회와 목사를 비방한 일도 있었는데 이는 한 사람이 범한 죄목들이었다.

책벌 기간은 사안에 따라 달라 1개월, 3개월, 6개월, 회개할 때까지가 있었고, 회개하지 않으면 기간을 연장하였다. 미성년 결혼의 경우

---

30 당회록에서 여러 사람이 범한 잘못의 종류를 일괄해서 나열한 경우도 있고, 한 사람이 여러 가지 잘못을 함께 범한 경우도 있으므로 제시된 수치는 대략적이고, 건수와 인수는 반드시 일치하지 않는다.

에는 성년이 될 때까지로 정하였고, 어떤 취첩 사례에는 기한을 정하지 않았다. 당회에 항거하고 제직회와 목사를 비방한 경우에는 6개월을 부과하고 그때까지 회개하지 않으면 제명하기로 하였는데, 당사자가 회개하여 복권하였다.

〈표 6〉 김포읍교회 당회록(제1~144회, 1912~1945년)에 나타난 책벌 상황

연도	인원	책벌 사유
1913	1	경신학교 안에서 타 교회 교인과 분쟁, 권면 불복
1915	1	음주
1916	4	취첩, 아들 교훈 방기하고 혼례 허용
1917	15	음주, 주일 불수, 3년 이상 주일 불수
1918	1	첩 치가
1921	31	딸 불신 결혼, 여러 해, 반년, 1년, 2년 주일 불수, 음주, 잡기, 음란, 권면 불순종, 제사, 우상 숭배, 소경 초청 독경
1923	1	14세 아들 혼인시킴
1924	22	여러 해 주일 불수, 우상숭배, 음주, 방탕, 1년간 주일 불수
1925	2	미성년 아들 혼인시킴
1926	5	미혼 출산, 교회 비방, 1년간 주일 불수, 딸 불신 결혼, 당회에 항거, 제직회와 목사 비방
1927	2	음주 계속으로 기한 연장, 3개월 예배 불출석, 도박
1928	7	여러 해 예배 불출석, 반년간 주일 불수, 음주, 7계 위반
1929	9	외인의 첩이 됨, 우상 숭배, 주일 불수, 음주, 오래 예배 불출석
1931	2	불신 결혼, 딸 불신 결혼 방조
1933	6	장기 교회 불출석, 음주, 주일 불수
1934	3	주일 불수, 딸 불신 결혼
1936	10	주일 불수, 불신 결혼, 음주, 주일 불수
1938	4	장기 주일 불출석, 미성년 아들 혼인시킴, 8계 위반
1939	2	다년 주일 불수, 취첩
1941	5	3년간 예배 불참, 우상 봉사, 장기 예배 불참
1945	1	절손을 애통하며 유처 취처
계	134	

3) 제명

제명을 시행한 경우는 ① 출교하고 교인명부에서 제명하는 것, ② 명부 정리를 위해 행방불명자나 장기 불출석자를 제명하는 것, ③ 책

벌하고 학습과 유아세례 명부에서만 제명하는 것 등, 세 가지가 있었다. 제명한 인원은 총 99명이었고, 1929년 72회 때는 19명, 1931년 77회 때는 22명, 1941년 110회 때는 19명을 한꺼번에 제명하였다. 제명의 사유 역시 장기 예배 불출석이 가장 많았는데, 불출석 기간이 다년, 장기, 2년, 3년, 5년, 10년으로 기재되어 있었다. 가톨릭 신봉, 장기간의 권면이나 책벌 아래에서 회개하지 않은 것, 불신 결혼도 제명의 사유가 되었는데, 특별히 가톨릭을 신봉하여 제명된 사람은 5명, 불신 결혼으로 제명된 사람은 2명—그 가운데 1명은 학습인 명부 제명—이었다. 부모가 예배 출석하지 않는 등의 잘못을 범하여 유아세례인이나 학습인 명부에서 제명된 이들도 있었다.

4) 출교

교인 자격을 박탈하는 출교도 총 86명에 달할 만큼 꽤 많이 시행하였고, 때때로 무더기로 집행하여 1921년 36회 때는 16명, 1924년 45회 때는 21명, 1924년 46회 때는 11명, 1928년 64회 때는 16명을 출교하였다. 출교의 사유로는 책벌 아래에서 오랜 기간 회개하기를 거부한 경우, 장기 교회 불출석, 우상숭배, 음주 또는 술장사, 배교, 불신 결혼, 7계 위반(취첩, 첩살이, 간통, 미혼 출산) 등이 있었다.

〈표 7〉 김포읍교회 당회록(제1~144회, 1912~1945년)에 나타난 출교 상황

연도	인원	사유
1917	4	삼삭 동안 회개하지 않음, 우상 숭배, 5년간 주일 불수, 술장사
1921	16	책벌, 취첩, 음주로 책벌 받고도 회개하지 않음 우상 섬기고 다시 믿지 않겠다고 맹세함, 배도하고 외인에게 시집감 회개 아니하겠다 하고 다른 사람을 핍박함
1924	32	7계 위반, 주일 불수, 음주, 우상 봉사

		7, 8년 전에 책벌 당하였으나 여러 번 권면을 듣지 않고 외인 풍속을 다시 좇아 음주, 우상 숭배, 여러 해 주일 불수
1925	4	사유 설명 없음
1926	1	처녀 출산하고 아비 은휘하며 교회 비방
1928	16	여러 해 책벌자 권면하고 기다려도 회개 거부 여러 해 예배당 불출석, 우상 숭배, 술장사, 배부와 배교
1930	2	책벌자, 장기간 회개 거부, 상습 간통, 첩살이
1934	3	배교, 불신 결혼, 책벌자 기다려도 회개 거부
1938	4	책벌자, 오래 기다려도 회개하지 아니 함
1941	4	배교
계	86	

5) 정직, 면직

서리집사로부터 중직자에 이르기까지 직원이 잘못을 범하였을 때는 책벌과 함께 정직(일시 시무 정지)이나 면직(직책 박탈)의 벌을 추가하였다. 그 사유는 대부분 자녀의 불신 결혼이나 미성년 결혼, 아들 부부의 이혼에 대해 자녀 교육의 책임을 묻는 것이었다. 정직은 4건이 있었고, 면직은 2건이 있었는데, 그중 1건에서는 본인의 취첩 행위에 무기 책벌에 집사직 면직을 가중하였다. 책벌자가 먼저 사면(辭免)을 요청하여 수락한 경우도 3건이 있었다.

6) 해벌, 복권

책벌을 받은 자가 회개하고 그 증거를 확실하게 보이면 당회는 해벌과 복권으로 교인 자격을 회복시켰다. 출교당한 교인도 다시 교회를 다니면서 회개한 증거를 보이면 복권하였다. 해벌하고 복권한 경우는 모두 31건이었는데, 출교되었다가 복권한 경우는 4건이었다. 반대로 해벌할 기한이 찾아도 회개한 증거가 보이지 않아 해벌을 보류한 경우는 3건이었다.

3. 수세 사례

　세례 문답과 성례식(세례·성찬식)도 물론 당회의 핵심 업무였다. 성례식은 1년에 두 번 거행한 때가 많았지만, 세 번 거행한 때(1939)도 있었고, 이유는 알 수 없지만 한 해 동안 한 번도 거행하지 않은 때(1922, 1927, 1930, 1935, 1937, 1941)도 있었다.

　문답할 때는 당회록에 지원자의 신상 기록을—'씨명'(氏名), '연령', '성별', '친족', '식구', '학식'(學識), '주소', '직업', '신(信)연월일', '결정'—을 일정한 형식을 좇아 기재하였다. '친족'란에는 여자인 경우에만 남편이나 부친의 이름과 관계를 표시하였고, '식구'란에는 가족의 수를 기입하였으며, 가족 중 몇 명이 믿고 있는지도 기입하였다. 학식란에는 유·무식이나 성경 독해 여부 또는 학교 학력을 기입하였다.[31] 주소는 군내면 북변리·걸포리와 검단면 불로리가 비교적 많았다.[32] 직업은 직업이 기재된 경우의 73%가 농업이었고, '상업'도 드물게 있었으며, '학생'도 있었으나, 1940년대에는 더 다양한 직업이 등장하였다.[33] '신(信)연월일'란에는 세례, 학습, 입교, 유아세례를 받은 연월일을 기입하였고, '결정'란에는 문답한 후에 결정한 결과를 기입하였다. 그런데 항목들을 다 채우지 않고 성명, 나이, 성별, 주소, 결과만 적은 경우가 많았다.

31　예를 들면 '유식', '무식', '유문(有文)', '무문(無文)', '학생', '언문 지(知)', '언문 통(通)', '성경 독(讀)', '성경 불통', '소학교 졸업', '강습 4학년' 등등이 기입되었다.
32　그밖에 원당리, 운양리, 풍무리, 고하리, 청석리, 청수동, 동역말, 서역말, 홍두평, 동도리, 농무리, 고산하리, 새모롱 등도 기입되었다.
33　1940년대에는 '군청 내무계', '상업조합 이사', '부사국 수화계(部使局 受話系)', '김포여관', '농업 정미기계소'가 기입되어 직업이 다양해진 것을 볼 수 있다.

제24회 당회록에서는 '첫 번 문답', '재문답', '3차 문답' 등을 기록하여 탈락한 수세 지원자가 적지 않았던 것을 짐작할 수 있게 한다. 또한 유식해도 '도리에 몽매'하다는 이유로 탈락시키고 무식해도 통과시킨 것을 보면 학식 여부는 문답 통과의 조건으로 여기지 않았던 것 같다.

유아세례인의 명단에는 '이름', '연령', '성별', '부모 세례', '부모 이름', '속병'을 기입하였다. 부모 세례 난에는 유아세례 지원자 양친의 수세 여부를 적었고, 속병란에는 지원자의 가족 관계로서 '장자', '장녀', '1녀', '2남', 등등을 적었다.

문답자들의 성별을 종합하여 정리해보면, 때때로 성별이 표시되지 않아 이름을 보고 남녀를 짐작-예를 들면 '애'(愛)가 들어간 이름은 여자로, '희'(熙)가 들어간 이름은 남자로 추정-하였으므로 정확하지는 않지만, 아래 표와 같이 여자가 더 많았고, 총계를 내면 남녀 1:2의 비율을 보였다. 유아세례의 경우에는 오히려 남자가 더 많았다.

〈표 8〉 김포읍교회 당회록(제1~144회, 1912~1945년)에 나타난 수세자 성별 통계

종류	세례		학습		입교		전체		유아세례	
성별	남	녀	남	녀	남	녀	남	녀	남	녀
	35	80	58	87	17	45	110	212	102	79
계	115		145		62		322		181	

4. 이명 사례

이명도 엄격하게 관리되었다. 당회는 이명증서의 접수와 발부를 정식 안건으로 다루고, 접수한 사람의 수세 기록을 포함한 인적사항을 당회록에 기입하였다. 아래의 표에서 보는 바와 같이 타지에서 오거나 타지로 떠나는 교인이 제법 많았고, 오는 교인보다 떠나는 교인

이 조금 더 많았다. 대부분 김포 안이나 비교적 가까운 경기도 지역과 서울 사이를 이동하였지만, 평안남도에서 오거나 그곳으로 떠난 경우도 1번씩 있었고, 황해도로 떠난 경우는 1번, 만주로 떠난 경우는 3번 있었다. 그런 가운데 이춘경, 신흥균, 김사필, 유인환, 유창익 장로가 타지로 떠나서 장로를 다시 선출할 필요가 생기곤 하였다. 이들 가운데 김사필 장로는 1921년 7월에 장립된 후 1922년 6월에 고양 토당리교회로 이명하였다가 1927년 11월에 복귀하여 조사로 부임하고 이듬해 2월 공동의회의 시무 투표를 거쳐 장로직을 회복하였다.

〈표 9〉 김포읍교회 당회록(제1~144회, 1912~1945년)에 나타난 이명 상황

연도	이명증서 접수		이명증서 발수	
	인원	보내온 곳	인원	보낸 곳
1921	5	고양 승인면 용두리교회, 파주 대동리교회	3	부천 박촌리교회, 고양 세교리교회 시흥 양평읍교회, 경성 남문밖교회
1922			1	고양 토당리교회
1923	1	평남 중화교회	1	고양군 연희면 창천교회
1924	1	수원 의왕면 학현리교회	9	경기 여주군 교회, 부평교회
1925	7	김포 송마리교회 경성 염정동교회 시흥 영등포면 양평리교회	1	평남 중화 상원면 신리교회
1926			5	북간도 장인강 십리평교회
1927	5	고양 세교리교회, 토당리교회		
1928	3	파주 신산리교회	2	고양군 창천교회, 경성 영등포교회
1929			1	부평읍교회
1930	8	파주 문산교회, 김포 송마리교회		
1931	1	파주 갈현리교회	5	부평읍교회, 영등포교회, 풍곡리교회
1932	2	김포 용강리교회, 세교리교회		

1933	1	김포 누산교회	3	김포 누산교회, 송마리교회 경성 새문안교회
1934			1	인천 내리교회
1935			2	새문안교회
1936			10	만주 냉수천자교회, 신천읍 서교회 경성 영등포교회, 김포 송마리교회, 누산교회
1937	1	경성 체부정교회	1	양평군 덕수리교회
1938	2	경성 도염정교회, 시흥 양평정교회	2	화전리교회, 김포군 오류리교회
1939	7	김포 송마리교회, 오류리교회, 독현도교회	5	김포 누산교회, 덕수리교회
1940	4	김포 개곡리교회, 오류리교회, 누산교회, 보구곶리교회	8	만주 노과진교회, 경성 신문내교회 부천 박촌리 감리교회 김포 누산교회, 백석리교회
1941			8 이상	경성 공덕정교회, 보구곶리교회, 영등포교회, 신당정교회
1942	9	경성 신당정교회, 김포 송마리교회, 고양 일산교회	5	경성 묘동교회, 공덕정 감리교회, 영등포교회, 시흥 양평정교회
1943	3	경성 신설정교회		
계		60명		73명 이상

IV. 맺음말: 김포읍교회 운영의 특징과 의의

　구한말과 일제강점기 교회들의 당회록을 활용한 선행 연구자들은 대부분 당시 교회가 엄격한 치리 시행으로 지역사회에 대한 도덕적 우위성을 확보하였다는 점을 강조하였다. 그러나 본 논문에서는 치리 문제에 국한하지 않고 김포읍교회 당회의 조직 과정과 교회 직원 구성 상황을 살펴보고 당회가 한 일들을 개관하면서 치리 외에 수세와 이명의 사례까지 살펴보았다. 여기에서는 그 내용을 종합하여 ① 당회의 조직과 교회 직원 구성, ② 업무수행 상황을 간략히 정리한 다음, ③ 오늘날과 대비되는 그 교회의 특징과 그 역사적 의의를 드러내려 한다.

① 당회의 조직과 교회 직원 구성 문제는 다음과 같이 정리할 수 있다. 김포읍교회는 1911년 11월 경충노회가 조직되고 1912년 9월 조선예수교장로회 총회가 창립되었던 것과 비슷한 시기에 당회를 출범시켰다. 당회는 1912년 1월 19일 초대 장로를 선출한 후 1945년 8월 7일까지 144회의 당회록을 남겼다. 1940년 전까지 10명의 임시 당회장이 노회 시찰위원회에서 파송되었고, 그 사이에 당회가 여러 번 담임목사 옹립을 시도하다 마침내 1940년 김사필 전도사를 담임목사로 위임하였으며, 1943년에는 차재명 목사를 위임하였다. 장로는 이명과 휴직 또는 이유 불명으로 결원이 생겨 총 10명을 장립하였는데, 처음에는 9년 동안 1명이 임시 당회장과 함께 회의를 진행하였고, 그 후에도 회의에 참석한 장로의 수는 최대 4명 이하였다. 그 과정에서 당회의 성회를 위해 타 교회 장로가 본 교회 당회에 참석하기도 하고 본 교회 장로가 타 교회의 당회에 참석하기도 하였다.

'장립 집사' 또는 '집사'라고 불렸던 안수집사는 총 2명을 장립하였다. 영수는 매년 임명하였고, 영수들 사이에서 장로를 선출하였다. 남녀 [서리]'집사'도 매년 임명하였는데, 특이하게 이 직임에 임기제를 적용하거나 회중의 투표로 선출하기도 하였다. 조사는 처음부터 있었고, 1938년 제96회부터 '전도사'라고 기록되었다. 그러는 동안 신홍균 조사가 송마리교회에서, 김사필 전도사가 누산교회에서 겸직하기도 하였다. 여자 '전도인'도 두었다가 노회의 인허를 받아 전도사로 고용하였다.

이처럼 당시에는 총회 헌법의 정치 규정 안에 있으나 오늘날에는 없는 직원들이 있었고, 규정 밖의 관행도 통용되었다. 이는 헌법이 총회 조직 10년 후에 제정되고 나중에 수정되는 과정을 거치면서 교회의 제도화가 늦어졌고 교회 수에 비해 교회 지도자가 많이 부족하기 때문이었을 것으로 생각된다.

② 당회의 업무 수행은 다음과 같이 정리할 수 있다. 당회는 30여 년에 걸친 많은 회기 동안 치리를 비롯하여 세례 문답과 성례식 시행, 장로 선출·장립·이명, 노회 관련 업무, 이명증서 접수·발부, 직원(영수, 안수집사, 서리집사) 임명, 담임목사 및 임시 당회장 청빙·위임·사임 등등 다양한 안건들을 처리하였다. 그 가운데 치리의 빈도가 가장 높았는데, 당회는 교회가 넉넉하게 성장하고 있다고 보기 어려운 상황에서도 때때로 교인들을 무더기로 출교하거나 제명하였다. 이처럼 엄정한 치리를 통해 교인들을 철저히 관리하였다.

당회는 치리할 때 사안의 경중과 대상자의 반성 여부에 따라 권면, 책벌, 출교, 제명, 정직 또는 면직, 해벌, 복권 등을 부과하였는데, 중직자도 예외 없이 책벌하고-대체로 자녀교육의 책임을 물었다-정직이나 면직을 추가하였다. 가장 빈도가 높은 치리 사유는 장기간의 주일예배 불참이었고, 다음으로 음주 또는 술장사, 혼인 규례 위반(중혼, 간통, 여성 첩살이, 불신 결혼, 조혼), 우상숭배(제사, 민간신앙 추종), 가톨릭교 신봉, 당회에 대한 저항과 비방, 분쟁, 잡기, 도박, 도적질, 직임 시무 거부 등이 있었다.

치리 사례들을 개관하면 첫째로 당회의 권위가 존중되었던 것을 알 수 있다. 1940년 담임목사의 부임 전까지는 임시 당회장이 회의 때만 교회를 방문하였으므로 실질적인 개교회 운영 권한은 장로 등의 중직자에게 있었다고 생각된다. 그러나 그들도 잘못하면 치리 대상이 될 수 있었던 것을 고려하면, 그 권한도 제한적이었을 것으로 생각된다.

둘째로 교회 안에 분쟁과 분열이 거의 없었던 것을 알 수 있다. '분쟁'으로 기록된 것은 단 한 건으로 교인 한 명이 다른 교회 교인과 싸우고 권면에 불복하여 책벌한 경우였다. 또 다른 시기에 오래된 교인 한 명이 당회에 항거하고 목사―당시 임시 당회장은 한국인 목사―와 제직회를 도적이라 비방하여 9개월간 책벌하였다가 해벌한 적이 있었다. 당회에 정면으로 항거한 흔적을 남긴 교인이 30여 년 동안 단 한 명에 불과하였을 정도로 교회는 비교적 평온하게 운영되었다. 한국교회에서 종종 벌어진 이단 시비나 1920년대 이후에 큰 문제가 된 세대 간의 갈등에 휘말린 흔적도 없었다.

셋째로 예배 불출석, 음주와 술장사, 중혼, 불신 결혼, 조혼, 제사 참여로 인한 치리의 비율이 높았던 것을 보면, 선행 연구자들의 지적처럼, 사회 인습과 전통 종교에 대항하여 신앙의 순수성과 교회의 도덕 수준을 지키기 위한 분투가 치열하였던 것을 알 수 있다.

당회는 세례 문답, 성례식, 이명도 철저하게 관리하였다. 당회록에 적힌 문답자들의 신상기록을 보면, 대부분 농업에 종사하였으나, 1940년대에는 직업이 더 다양해졌으며, 오늘날보다 가족 수가 훨씬 더 많았고, 온 가족이 함께 믿는 경우가 많았다. 문답을 여러 번 지원한 자들이 있었던 것은 심사가 꽤 엄격하였다는 것을 뜻한다. 세례·학습·입교 문답자들 사이에서는 여자가 남자보다 더 많았지만, 유아세례의 경우에는 남자가 여자보다 더 많았다. 이명증서 접수자의 가족 관계와 수세 상황도 당회록에 기입되었는데, 기록을 보면 타지에서 온 교인보다 떠나는 교인이 조금 더 많았다.

③ 이상의 제반 현상에서 오늘날과 대비되는 역사적 특징과 의의를 짚어보면, 다음과 같이 말할 수 있을 것이다. 첫째로 김포읍교회는

당회의 조직과 교회 직원 구성 면에서 한국교회 제도화 과정의 과도기적 성격을 보인 동시에 지도자가 부족한 인적 여건을 극복하기 위해 타 교회들과 상호부조하고 개교회주의가 약한 모습을 보였다.

둘째로 업무처리 면에서는 당회가 엄격한 치리로써 교회의 순수성과 도덕적 우위를 지키는 일에 주력하였다. 이런 것은 미래 사회를 위한 윤리적 대안이 자신들에게 있다고 여기는 나름의 자신감에서 비롯되었을 것이다. 교회가 고수한 금주와 금연, 중혼과 조혼 금지 등의 윤리규정은 구한말의 교회에서 물려받은 것으로서 국가의 개화와 부강을 위해 필요한 일로 여겨온 것이었다.34 그 전통의 유효성은 1920년대부터 금주, 금연의 절제 운동이 본격적으로 추진된 사실로써 짐작할 수 있듯이 당대에도 인정되고 있었다. 그들은 자신들의 윤리규정이 사회를 선도할 수 있다고 여겼던 까닭에 사회 인습과 관행을 공개적으로 비판하지는 않았어도 철저한 치리를 통해 그런 것을 거부하였고, 그런 분투 속에서 구한말 교회의 윤리규정을 깊이 내면화하여 해방 후 새 시대의 교회에 전수하였다.

셋째로 김포읍교회는 그러는 동안 교회 성장주의에는 큰 관심이 없는 듯한 모습을 보였다. 교인들을 자주 책벌하고 무더기로 출교·제명했던 것은 교회 성장에 그다지 도움이 되지 않았을 것이다. 장로를 포함하여 전출 교인들에게 이명증서를 순순히 발부해준 것도 그러하였을 것이다. 다른 한편으로 당회록 상에서 김포읍교회는 사경회를 세 번(1916, 1917, 1930년. 1930년의 사경회 인도자는 여자 선교사)밖에 개최하지 않았고, 1920년대 이후에 크게 유행했던 부흥회도 해방 전까지 한 번도

---

34 윤은순, "초기 한국기독교의 금주금연 문제," 「한국기독교와 역사」 32호 (2010): 9-16.

열지 않았다.

    이상의 고찰은 교회 기록물을 활용한 역사 연구의 한 사례에 불과하지만, 향후 학계에서 교회 기록물들을 광범위하고 실증적으로 연구하여 도시와 농촌 또는 지역별 교회들의 운영 실태를 밝히고 그 역사성을 드러내는 일이 활발하게 이루어지기를 기대한다.

참고문헌

1차 자료

『김포읍교회 당회록』. 1912-1945.

『누산교회 당회록』. 1934-1941.

『송마리교회 당회록』. 1915-1942.

『예수교장로회독로회 회록』. 제1~2회, 1908.

『예수교장로회조선총회 회록』. 제1~13회, 1912-1924.

『조선예수교장로회 경기노회 회록』. 제4회, 1926; 제10회, 1929; 제12회, 1930; 제14회, 1931; 제27회, 1938; 제29회, 1939.

『조선예수교장로회 경충노회 회록』. 제2회, 1912; 제8회, 1915; 제16회, 1919; 제18회, 1920; 제22~23회, 1922; 제24회, 1923; 제26회, 1924.

『朝鮮예수敎長老會憲法』. 경성: 朝鮮耶蘇敎書會, 1925.

『朝鮮예수敎長老會憲法』. 경성: 朝鮮耶蘇敎書會, 1938.

연구 논저

권평(2012). " 초기 한국교회의 치리에 관한 일 연구."「교회사학」11(1).

김인호(2009). "김포군 3.1운동 발발의 경제적 기초."「한국독립운동사연구」32.

김일환(2018). "1920년대 한국장로교회 헌법을 통해 본 장로회 정치의 특징―「朝鮮예수敎長老會政治」를 중심으로―."「한국기독교와 역사」49.

_____.『한국 장로교회 헌법의 역사: 한국장로교회 헌법의 변천과 제도적 변화 연구』. 서울: 나눔사, 2020.

김정화(2023). "일제강점기 조선총독부의 기독교 통제와 조선 교회의 공동체 관리." 「아세아연구」66(4).

김지탁. "한국 장로교회의 장로 임기제에 관한 연구―그 역사성 및 신학적 타당성을 중심으로―." 계명대학교대학원 신학과 박사학위논문, 2016.

김포시사편찬위원회.『김포의 역사와 문화』. 김포시, 2011.

『金浦鄕校誌』상권. 金浦鄕校誌編纂委員會, 2004.

윤경로(1991). "1900년대 초기 장로교회의 치리와 초창기 교인의 사회 경제적 성향

―새문안교회를 중심으로―."「한국기독교와 역사」1.
윤은수(2018). "권징이 한국교회 성장에 미친 영향 관한 연구."「고신신학」20.
윤은순(2010). "초기 한국기독교의 금주금연 문제."「한국기독교와 역사」32.
이재근(2023). "김제 만경교회의 설립과 성장, 위기, 1914~1957: 전형과 비전형."「한국기독교와 역사」58.
조성운(2009). "김포 지역 3·1운동의 역사적 의의-김포 지역사적 관점에서."「숭실사학」22.
최익제(2005). "文化的 葛藤에 대한 初期 韓國 改新敎의 認識과 對應―安東地域 長老敎를 중심으로―."「지방사와 지방문화」8(2).
한양대학교 박물관.『김포시의 역사와 문화유적』. 서울: 한양대학교박물관, 1999.

한국교회 제도화 시기 신앙 공동체 형성을 위한 지역 교회의 분투 (2)
— 세교리교회 당회록과 양평리교회 교우문답집을 중심으로

문백란 | 연세대학교 국학연구원 연세학연구소

I. 머리말

한강 양안에서 양화대교로 연결되고 있는 서울 서교동과 양평동에는 구한말에 세워져 매우 오랜 역사를 자랑하는 교회들이 있다. 서교동교회는 1895년에, 양평동교회는 1907년에 설립되었다고 알려져 있는데, 이 교회들은 미국 북장로회 선교사인 언더우드(Horace G. Underwood, 원두우)의 담당구역(district) 안에 있었고, 여기에 그가 세운 새문안교회가 포함되어 있었다. 한국 최초의 장로교 조직교회로서 초기 선교사들에게 '한국 장로교의 모교회'로 인정받았던 새문안교회는 사역이 발전함에 따라 외지 교인들을 내보내어 새로운 교회에서 핵심적인 역할을 하게 하였다.[1] 그렇게 하여 위의 두 교회도 새문안교회와

---

1 "Annual Report of Seoul Station to the Korea Mission," Presbyterian Church

그 구역 선교사들의 영향권 안에 있게 되었다. 선교사들은 1909년 북장로회 한국선교회 연례회의 보고서에서 잔다리(서교동교회의 옛 지명)와 영등포에 있는, 새문안교회의 두 지교회가 분립하였다고 보고하였다.² 양평동교회도 교회 설립 때 언더우드의 지원을 받은 것으로 알려져 있고, 오늘날 남아 있는 교우문답집에는 언더우드가 1913년 두 차례 임시 당회를 이끈 것으로 기록되어 있다.³

그런데 세월의 변천 속에서 두 교회의 주소가 몇 차례 바뀌었고, 교회명도 그에 따라 바뀌었다. 고양군 연희면의 잔다리는 1918년부터 세교리로 불렸고, 1936년 경성부로 편입되면서 세교리 안의 서세교리가 서교정으로 바뀐 후, 1946년 마포구 서교동이 되었다. 시흥군 북면의 양평리는 1917년 영등포면에 소속되었다가 1936년 경성부에

---

in the U.S.A.[이하 PCUSA] (1902.8.), Roll 285.
2 영어 원문은 다음과 같다. "The two chapels of this church at Chandari and Yongdonpo, have been set apart as churches. The former church starts out with 63 baptized members, 20 baptized children, and 23 catechumens. A school with 21 pupils is maintained by this church, the contributions for the past eleven months total $199. The chapel at Yondongpo was organized as a separate church last spring with 21 communicants and 44 catechumens. This little congregation has a school of its own with 18 boys and a progressive school teacher. $125 has been given by them for school and church work." 잔다리교회에 이미 상당수의 교인과 교회 운영 학교(야학으로 추정) 학생이 있었지만, 선교사들은 이때 비로소 독립된 교회로 인정하였던 것으로 보인다. "Report on the Korea Mission of the PCUSA to the Annual Meeting" (1909.7.), Roll 284. 한편 선교사들이 1900년 잔다리교회에 대해 "잔다리 예배당의 증축 공사가 끝나서 이곳으로부터 많은 사역이 이루어졌다. 연초에 이곳에서 매우 뚜렷한 영적 각성이 일어나 그 효과가 이웃 마을들뿐만 아니라 정동교회(새문안교회)에서도 매우 크게 감지되었다"고 보고한 것을 보면 그 전부터 교회가 꾸준히 발전해 왔던 것을 알 수 있다. "Annual Report of Seoul Station to the Korea Mission," PCUSA (1900.6.), Roll 181.
3 양평동교회 역사편찬위원회, 『양평동교회 110년사 1907~2017』 (서울: 2017), 92.

편입되면서 양평정이 되었고, 1946년 영등포구 양평동이 되었다.4 그러는 동안 두 교회는 많은 역경을 능동적으로 극복하였다. 세교리교회는 호박밭 농사가 주업인 농촌 마을의 곤궁한 여건 속에서도 지역사회 계몽을 위해 학교를 운영하였다.5 양평리교회도 수해가 잦고 채소와 과일을 겨우 재배하는 척박한 밭농사 지역에 있었으나6 학교와 지교회―가리봉교회, 개화리교회, 당산동교회―를 세우는 저력을 보였다. 그러다 영등포에 경인선과 경부선이 분기하는 영등포역이 설치되고 그 일대가 공업 지대로 변화되면서7 교인 가운데 공장 노동자의 비율이 높아졌다.

이처럼 비슷한 역사적, 경제적 배경을 지닌 두 교회는 이후에도 가까이 지내며 공동의 보조를 취하였다. 1915년에는 각자 장로를 장립하여 조직교회가 되었고, 1927년에도 각자 장로를 장립하고 교회 종을 장만하였으며, 그해 12월 16일에는 영등포교회와 함께 차재명 목사를 세 교회 공동의 전임목사로 위임하였다.8 세교리교회와 양평리교회는 또한 제각기 야학을 운영하다가 1925년 배영의숙, 1923년 창신학원을 세웠다.9 1924년에는 유재한을 공동의 조사로 세웠으며,10 1925년

---

4 김하나, "20세기 초 영등포의 도시 변화 및 위상," 「서울학연구」 XLV (2011), 31.
5 강호천, "100년 전통 위에 새시대 교회상을," 「새가정」 11월호(통권 451호) (1994), 14.
6 김하나, "20세기 초 영등포의 도시 변화 및 위상" (2011) 32.
7 김하나, 위의 글; 김하나, "1930년대 전후 공업도시 담론과 영등포의 서울 편입," 「도시연구: 역사·사회·문화」 제11호 (2014); 곽건홍, "해방 직후 영등포 공장지대와 노동운동," 「역사연구」 제9호 (2001); 예지숙, "일제 강점기 영등포 지역의 장소성과 젠더―1930년대 방적 여성 노동자를 중심으로―," 「개념과 소통」 제33호 (2024).
8 『경긔츙쳥 로회뎨十三회뎡긔회록』, 1917년 12월 4일, 4; 『경긔츙쳥 로회뎨十四회뎡긔회회록』, 1918년 6월 17일, 13.
9 『경긔츙쳥 로회뎨十九회뎡긔회록』, 1920년 12월 7일, 7; 『경긔츙쳥 로회뎨二十六회뎡긔회록』, 1924년 6월 17일, 15; 강호천, "100년 전통 위에 새시대 교회상을," 15;

에는 함께 사경회를 열었고,[11] 몇 가지 신앙의 미담도 남겼다.[12]

두 교회는 함께 1911년 12월에 출범한 경충노회에 속해 있다가 1924년 12월부터 경기노회에 속해 있으면서 영등포교회, 김포읍교회와 함께 사실상 4강의 교세를 형성하였다.[13] 노회록의 통계표에서 등록 교인과 예배출석자와 성찬 참례자의 수가 함께 제시된 경우를 정리하면 다음과 같다.

양평동교회 역사편찬위원회, 『양평동교회 110년사 1907~2017』, 133.
10 그 후 1926년 양평리교회에서 유재한을 독조사로 세웠다. 『경긔로회뎨三정긔회록』, 1925년 12월 29일, 20; 『경긔로회뎨五회정긔회록』, 1926년 12월 14일, 8.
11 "楊坪, 細橋 사경," 「기독신보」 1925년 12월 23일, 2면.
12 "장로회통신(長老會通信) 손자의 믿음," 「기독신보」 1916년 12월 20일, 3면; "교회 통신: 임종시에쥬를부름," 「기독신보」 1924년 12월 10일, 4면; "金老人의愛經," 「기독신보」 1927년 4월 6일, 4면. 이 가운데 첫 번째 기사는 잔다리교회에서 조부가 생전에 형편상 내지 못한 교회 건축 작정 헌금을 손자가 대신 헌금했다는 내용이다. 두 번째 기사는 세교리교회 나봉구 장로의 부인이 임종 시에 신앙의 감화를 끼쳤다는 내용이다. 세 번째 기사는 양평리교회의 칠순이 넘은 김순애 노인이 성경을 몇 장씩 외우고 교회를 극진히 사랑하며 교역자를 돕고 있다는 내용이다.
13 노회록의 통계표에 기재된 두 교회 성찬참례인 수를 주변 교회들과 비교하면 아래와 같다.

〈표 1〉 고양, 시흥 지역 교회 성찬 참례인 수

연도	고양군				시흥군			
	세교리	행주리	토당리	행신리	양평리	영등포	광명리	하안리
1919	65	31	52	22	67	130	30	9
1920	68	35	40	15	73	145	40	9
1922	78	48	42	11	72	137	30	22
1923	77	48	42	-	38	98	30	23
1924	58	54	43	-	70	98	20	23
1926	48	26	-	-	47	70	8	12
1929	60	22	-	-	60	120	9	4
1930	50	22	20	-	60	100	20	-
1931	48	22	20	-	60	100	15	-

출처: 경기충청노회 회록, 제16회, 1919년 6월, 21; 제18회, 1920년 6월, 34; 제22회, 1922년 6월, 17; 제24회, 1923년 6월, 54; 제26회, 1924년 6월, 45; 경기노회 회록, 제4회, 1926년 6월; 제10회, 1929년 6월; 제12회, 1930년 6월; 제14회, 1931년 6월.

<표 2> 세교리교회와 양평리교회 예배출석자와 성찬참례자

연도	세교리교회(잔다리교회, 서교정교회)				양평리교회(양평정교회)			
	교인 총수		성찬인 수		교인 총수		성찬인 수	
	교인	예배 출석자	책벌자 제외	책벌자 포함	교인	예배 출석자	책벌자 제외	책벌자 포함
1916	180(서교동 사료집) 186(양평동110년사)	-	90	-	175 (양평)	-	61	-
1917	152(서교)	-	80	102	184	-	55	64
1918	174	91	82	106	146	110	57	76
1938	150		60		504		80	
1939	150		60		265		85	

출처: 경충노회 회록, 제10회, 1916년 6월; 제12회, 1917년 6월; 제14회, 1918년 6월.
경기노회 회록, 제27회, 1938년 6월, 21; 제29회, 1939년 6월, 41·42.
서교동교회 홍보 출판위원회, 『서교동교회 106년 사료집』(서울, 2002), 44-46.
양평동교회 역사편찬위원회, 『양평동교회 110년사 1907~2017』, 서울: 2017, 114.
※ 1916년 6월 경충노회 통계표에서 잔다리와 양평리 교인 총수의 끝자리 수가 불명확하여 서교동교회 측과 양평동교회 측이 서로 다르게 판독하고 있다.

이 표에서 보듯이 두 교회의 교인 총수는 대략 150명에서 200명 사이였는데, 양평리교회는 특별히 1938년에 교인 수가 504명으로 크게 늘었다. 성찬 참례자의 수는 성찬 참여 자격이 박탈된 책벌자를 포함한 수와 제외한 수가 매년 10~20명가량 차이를 보였다. 이는 매년 교회 안에 그 정도의 책벌자가 있었다는 것을 알려주지만, 정작 세교리교회는 당회록에 책벌 기록을 별로 남기지 않았다. 이렇게 하여 많은 치리 기록을 남긴 다른 교회들에 비해 큰 차별성을 나타냈다. 사실 다른 교회의 당회록을 조사한 선행 연구들은 모두 초기 한국교회의 치리 문제에 집중하였다.[14] 연구자들은 교회들이 엄격한 치리를 통해

---

14 당회록을 주요 자료로 사용한 선행 연구로서 다음의 논문들이 있다. 윤경로, "1900년대 초기 장로교회의 치리와 초창기 교인의 사회 경제적 성향—새문안교회를 중심으로—,"「한국기독교와 역사」1 (1991); 김지탁, "한국 장로교회의 장로 임기제에 관한

근대적 윤리의식을 제시하고 지역사회에 대한 도덕적 우위를 확립하며 문화적, 종교적 갈등과 핍박을 극복하면서 성장을 도모하였다고 평가하였다.15 그와 달리 세교리교회는 당회록만 놓고 보면, 실제로는 여느 교회들과 다를 바 없이 치리를 시행하였을지라도, 그런 사실을 기록으로 남기는 데에 그다지 관심을 보이지 않았다고 할 수 있다.

한편 양평동교회에는 양평리교회 시절의 교우문답집이 남아 있는데, 미조직교회 시절 임시 당회의 업무처리 상황도 간략하게 함께 기록되어 세교리교회 당회록과 비교해 볼 여지가 남아 있다. 두 교회는 이미 교회의 역사를 규명하는 일에 열의를 갖고 사료집과 개교회사를 발행하여 위의 기록물의 내용을 요약·정리하였을 뿐만 아니라 참고할 만한 다른 1차 자료들도 찾아내어 수록하고 신문과 잡지 기사들까지 소개하였다.16 그러므로 이 논문에서는 이 책들도 참고하고, 나아가 김포읍교회의 당회록과 새문안교회의 교우문답집도 일부 참고하

연구—그 역사성 및 신학적 타당성을 중심으로—," 계명대학교대학원 신학과 박사학위논문, 2016; 최익제, "文化的 葛藤에 대한 初期 韓國 改新敎의 認識과 對應—安東 地域 長老敎를 중심으로—," 「지방사와 지방문화」 8(2) (2005); 권평, "초기 한국교회의 치리에 관한 일 연구," 「교회사학」 11(1) (2012); 이재근, "김제 만경교회의 설립과 성장, 위기, 1914~1957: 전형과 비전형," 「한국기독교와 역사」 58 (2023).

15 이 내용을 더 상세히 이해하려면 문백란, "한국교회 제도화 시기 신앙 공동체 보존을 위한 지역 교회의 분투 (1) ― 김포읍교회 당회록을 중심으로," 머리말의 설명 참조.

16 서교동교회 홍보 출판위원회, 『서교동교회 106년 사료집』 (서울, 2002); 양평동교회, 『양평동교회 80년사』 (서울, 1987); 양평동교회 역사편찬위원회, 『양평동교회 110년사 1907~2017』 (서울, 2017). 서교동교회 사료집에 1차 자료로 장로회 사기와 노회록의 관련 기록들이 실렸고, 보도자료와 신문·잡지 기사들과 회고록도 소개되었다. 여기에 실린 잡지 기사는 "소망에 찬 서교동교회," 「새가정」 8·9월호 (1968); "백년 역사 속의 서교동교회," 「신앙 세계」 11월호 (1996); "백년 전통 위에 새시대 교회상을," 「새가정」 11월호 (1994)이다. 양평동교회는 110년사의 부록에서 교우문답집에 기재된 수세자의 명단을 소개하였다.

면서 비교하고자 한다.

연구 시기는 일제강점기, 곧 한국교회 제도화 시기로 한정하여 세교리교회와 양평리교회의 운영 상황을 살펴보고자 한다. 조선예수교장로회는 1911년 10월 전라노회가 노회 조직의 서막을 연 후 1912년 9월 총회를 창립함으로써 본격적인 제도화의 궤도에 올랐다. 그와 더불어 정치·윤리규정을 갖추기 시작하여 1922년 제11회 총회 때 비로소 헌법을 통과시키고 1929년 이를 일부 수정하여 직제를 보완하였다. 그러므로 그동안에는 교회들이 새로 제정된 규정들을 익히는 한편으로 미완의 직제와 관행을 좇아 운영되어 현대 교회와는 다른 시대적 특징을 띄게 되었다. 이 논문에서는 이런 점을 유의하며 그 시대에는 세교리교회와 양평리교회의 당회가 사안들을 어떻게 처리하여 공통성과 차별성을 보인 동시에 오늘날과는 어떤 차이를 보였는지를 이해하고자 한다.

II. 세교리교회 당회록과 양평리교회 교우문답집 내용 분석

1. 세교리교회 당회록

1) 자료 개관

현재 남아 있는 세교리교회 당회록은 제1회 당회 때부터의 기록이 아니라 1923년 11월 25일 열린 제45회부터 1950년 1월 1일 열린 제129회 당회까지의 회의록을 편집한 것이다.17 그런데 1943년 3월 31

일 열린 117회 다음부터 해방 후 1947년까지 회의록이 빠져있고, 그전 1929년과 1932년의 67~71회 회의록도 빠져있다. 1928년 6월 3일에 62회가 열린 후 1930년 6월 8일에 63회가 열린 것으로 기록되어, 1929년에는 마치 당회가 한 번도 열리지 않은 듯한 모습을 보여준다. 연도별 당회 회의 수와 참석자를 표로 정리하면 아래와 같다.

〈표 3〉 연도별 당회 회의 수와 참석자

연도	회차	횟수	당회장	서기	참석 장로
1923	45~47	3	차재명	김영한	나봉구, 최봉인, 김영한
1924	48~49	2	차재명	최봉인	〃
1925	50~52	3	차재명	최봉구	〃
1926	53~55	3	차재명	최봉인	나봉구, 최봉인
1927	56~60	5	차재명 밀의두(60회~)	최봉인	〃
1928	61~63	3	밀의두	최봉인	〃
1930	63~65	2	밀의두	최봉인 김영한(65회~)	나봉구, 최봉인, 김영한(64회~)
1931	66	1	밀의두	김영한	〃
1933	72~78	7	밀의두	김영한	〃
1934	79~82	4	밀의두	김영한	〃
1935	83~88	6	밀의두 고언(86회~)	김영한	〃
1936	89~90	2	고언 밀의두(90회~)	김영한	〃
1937	91~96	7	밀의두	김상돈(91회) 김영한(92회~)	나봉구, 김영한, 최봉인(94, 95회), 나병환(96회~)
1938	97~100	4	밀의두	김영한 장로 나병환(99회~)	
1939	101~103	3	밀의두	나병환	김태화, 나병환, 최봉인

17 이 당회록을 요약한 초록이 서교동교회에서 발행한 『서교동교회 106년 사료집』제2편 제1부, 111-142에 실려 있고 당회록 기록의 이해를 돕는 보충 설명도 제시되어 있다.

1940	104~105	2	최봉인(임시)	나병환	
1941	106~110	5	김영한 목사	나병환	나병환, 김태화, 최봉인, 나봉구
1942	111~114	4	김건호	나병환	
1943	115~117	3	김건호	나병환	나봉구, 김태화, 나병환
출처:『고양 세교리 당회록』, 1923. 11. 25.~1950. 1. 1.					

겉표지에 붓글씨로 『고양 세교리 당회록』(高陽 細橋里 堂會錄)이라고 적혀 있고, 속표지에 역시 붓글씨로 "주 1923년 11월 일 고양군 연희면 세교리당회록 제"(主 一千九百二三年 十一月 日 高陽郡 延禧面 細橋里堂會錄 第)라고 적혀 있다. 그다음 페이지에는 '부전'(符箋)이란 글자 밑으로 '면장담임'(面長 擔任)이란 글자가 인쇄되어 있고, 여기에 '나봉구'(羅鳳九) 교회 장로 이름과 '175대 224평'(一七五垈 二百二十四坪)이란 글자가 펜글씨로 적혀 있다. 맨 뒤에는 부록으로 재령에서 보낸 1932년 5월 25일자 이명증서 1장과 개성의 감리교회에서 보낸 1937년 3월 19일과 24일자 이명증서 2장이 첨부되어 있다.

노회록을 노회에 제출하여 검사를 받았다는 기록은 총 7차례 나온다.[18] 연도는 서기로 표기되다가 1941년 6월 제106회 때부터 일본 '소화' 연도가 사용되었다. 대부분 한글로 띄어쓰기 없이 펜글씨로 기록되고 숫자와 일부 성명, 일부 세례문답표 등만 한문으로 기록되었으나, 1942년 6월 112회부터 한글로 토를 단 한문 표기와 일본식 이름 표기가 시작되었다.[19]

---

[18] 노회록을 검사받은 해는 1925, 1927, 1928, 1937, 1938, 1939, 1941년이다.
[19] 다른 교회들의 당회록에서도 일제 말에는 일본 연호 사용, 한글로 토를 단 한문 표기, 일본식 이름 표기가 이루어졌으나, 그 시작 시기는 교회마다 조금씩 다르다. 예를 들면 김포읍교회에서는 1938년부터 일본 소화 연호를 쓰고 한문으로 기록하였으며, 일본식 성명은 1943년부터 표기하였다. 김포 송마리교회는 1940년부터 일본 연호를 쓰고

당회장은 밀러(Edward H. Miller, 밀의두)가 가장 많이 35번 맡았고, 다음으로 차재명이 14번, 김건호가 10번, 코엔(Roscoe C. Coen, 고언)이 4번, 김영한이 3번 맡았으며, 특별히 최봉인 장로도 1번 맡았다. 당회록의 편집이 시작된 1923년에는 차재명 목사가 잔다리교회, 양평리교회, 영등포교회, 세 교회의 공동 전임목사직을 1920년 12월에 끝내고 노회에서 파송된 당회장의 역할을 하고 있었다. 1935년에는 신학교를 졸업한 김상돈 본교회 집사를 담임목사로 청빙하기 위해 교인 투표에 부쳐 통과시켰다가 무산되는 일을 겪었고, 1940년에도 평양 곽희정 목사의 청빙을 작정하고 봉급 80원을 책정하였다가 청빙에 실패하였다. 1941년 107회 당회 때는 김건호 목사를 임시 목사로 청빙하여 이후에 당회를 이끌게 하였다. 그에 앞서 최봉인 초대 장로가 임시 당회장을 맡았던 1940년 104회 당회 때는 허실된 교적을 새로 작성하기 위해 개회하여 전교인의 가정을 심방하기로 결정하고 타 교회에서 온 교인들의 이명증서를 수납하였다.

당회록이 시작된 1923년에는 이미 세 명의 장로—최봉인(1915), 나봉구(1917), 김영한(1922)—가 장립되어 있었다. 그 후 나병환 장로가 1937년 12월에 장립되었고, 김태화 장로가 1938년 10월에 회중의 시무 투표로 당회원이 되었다. 그 전 1937년 1월에 최봉인, 나봉구가 연로하고 김영한이 고양에서 전도사로 시무한다는 이유로 장로 시무 사면을 청원하여 2명의 장로만 시무하게 하기로 하고, 공동처리회를 열

한문으로 기록하면서도 일본식 성명은 끝내 표기하지 않았다. 『김포읍교회 당회록』 (1912~1945); 『송마리교회 당회록』(1915~1942). 미발표 논문인 문백란, "한국교회 제도화 시기 신앙 공동체 보존을 위한 지역 교회의 분투 (1) — 김포읍교회 당회록을 중심으로."

어 재시무 투표를 실시하였다. 그 결과 더 많은 표를 얻은 나봉구, 김영한 장로의 시무위임식을 거행하면서, 장로 임기제를 적용하여 김영한은 3년조로 1939년 말까지, 나봉구는 2년조로 1938년 말까지 시무하게 하였다. 그러나 그 기한 전인 1938년 10월에 열린 99회 회기 때 김영한이 장로 사면과 교회 이명을 청원하자 이를 수리하고, 같은 달에 열린 100회 때 시무 투표를 통해 김영한 대신 김태화가, 노령인 나봉구 대신 최봉인이 시무하도록 결정하였다. 나봉구 장로는 이후에도 당회에 자주 참석하였다.

세교리교회는 조사를 두는 일에 특히 어려움을 겪었던 것으로 보인다. 1923년 46회 때 김재형을 명예조사를 세웠다가 5개월 후에 그가 연동교회로 가버리자, 1925년 양평리교회와 공동으로 유재하를 조사로 세웠다가 이듬해에 그가 양평리교회 독조사로 시무하는 것을 허락하였고, 1927년에 드디어 정태희 조사를 청빙하였다.[20] 1935년 3월에는 1934년 12월에 부임한 임시전도사 한상기가 신학 공부를 위해 도일하려 하자 본교회 집사인 김상돈을 전도사로 영입한 후, 다음 달에 그를 아예 담임목사로 청빙하기로 결정하였다가 11월에 그의 사면 청원을 받아들였다. 1939년 6월에는 김흥순을 조사로 쓰는 문제로 논쟁이 벌어지자 노회 시취 전에는 그 직책을 '조사'라고 부르고 그 후에 '전도사'라고 부르기로 하여 문제를 해결하였다.

영수는 세교리교회 시절에 별다른 역할을 하지 않은 것으로 보인다. 1925년 11월에 나병휘 영수의 배영의숙 숙장 사면 청원을 수납하고 1927년 12월에 나병환과 최등만을 영수로 선출한 후에는 영수의

---

[20] 그를 청빙한 사실은 당회록에 기록되었지만, 부임한 사실은 『서교동교회 106년 사료집』 제2편 당회록 초록, 125에 첨언되어 있다.

직책이 거론되지 않았다.

장립집사(안수집사)는 거론된 적이 없었고, 서리집사 임명 문제는 당회에서 꽤 많이 다루어졌다. 그런데 서리집사를 당회가 직접 뽑지 않고 회중의 투표로 선출하였으며, 그들에게 임기제를 적용하였다. 당회록에서 그 실례를 들면 다음과 같다.

주후一九三三년十二월三十一일(주)하오七시에당회결의에의하야교우전체가예배당에모히여당회장에기도로개회하고서리집사를택할새 여좌히피선되다
김상돈 (二五점) 一九三六년까지
최경득 (二三점) 一九三六년까지
라병환 (二二점) 一九三五년까지
양운식 (十八점) 一九三四년까지
남집사四인은이상과갓치피선되다 [제78회 당회록, 1933년 2월 31일]

昭和十八年一月三日午前十一時主日禮拜時說教가끈난後堂會長金鍵昊牧師의司會下에共動處理會를開하고署理執事를擇한結果와昭和十七年度決算書及昭和十八年度豫算書를通過함이如左하다

署理執事 男子六人	署理執事 女子八人
三年組	三年組
二年組	二年組
一年組	一年組

[제114회 당회록, 1943년 1월 30일]

위의 인용문들에서 보는 바와 같이 세교리교회는 서리집사를 마치 장로나 안수집사를 선출하듯이 회중의 투표로 선출하고 임기를 부여하였다. 이런 것과 관련하여 김포읍교회의 경우를 보면, 회중 투표로 서리집사를 선출하고 임기를 정하기도 하였지만, 당회가 직접 선택하기도 하였다.[21] 회중의 서리집사 선출과 임기제 적용 방식은 일제강점기의 장로회 총회 헌법에서 당회가 선정하게 한 규정과 무관하게 여러 교회에서 시행하고 개교회 별로 조금씩 다르게 적용하기도 한 교회 정치 관행이었던 것으로 이해된다.

세교리교회는 1923년 11월 25일 제45회부터 1943년 3월 31일 제117회까지 73차례의 회기 동안 대략 다음과 같은 종류의 회무를 처리하였다.

〈표 4〉 당회가 처리한 회무의 종류

	회무 종류	빈도수
1	성례식 작정 및 거행	29
2	노회 총대 선정	28
3	세례 · 입교 · 학습 문답 작정 및 실시	22
4	서리집사, 영수 선출 및 사면	19
5	장로 시무 투표, 노회에 대한 장로 선출 허락 청원	9
6	조사 청빙, 임명, 사면, 호칭 결정	8
7	당회장 파견 요청, 목사 청빙	7
8	이명증서 수납 및 발행	7
9	주일학교장 임명, 교사 선물 제공, 예배 · 헌금 작정	7
10	도사경회 장소 사용 허락, 주간 사경회반 조직	4
11	교인 대심방 작정, 교적 정리를 위한 심방 작정	3

---

21 김포읍교회 당회록에서 몇 가지 실례를 들면 다음과 같다. "…이년집亽로…은三년…은四년집亽로녀집亽…二년…三년…은四년으로가결ㅎ다."『김포읍당회록 一』4회, 1914년 1월 14일; "남녀집亽를기션ㅎ기로작뎡ㅎ후그잇흔날쥬일례비후에공동처리회로모혀셔투표홈으로남집亽는…졔씨요여집亽는…졔씨더라." 위의 책, 39회, 1923년 3월 3일; "女執事…은事情에依하야解職하고…로選定하다. 위의 책, 137회, 1944년 12월 1일.

12	치리	3
13	예결산 승인	2
14	당회 서기 교체	2
15	교회 부설학교 직영, 직원 선정	1
16	부인 총회 장소 사용 허락	1

출처: 『고양 세교리 당회록』, 1923. 11. 25.~1950. 1. 1.

위의 표에서 두 번 이상 처리된 사안은 열네 가지였는데, 성례식(세례·성찬식) 거행 작정 및 실행이 가장 빈도가 높았고, 노회 총대 선정 등의 노회 관련 업무가 두 번째로, 세례 문답 작정 및 실시가 세 번째로 빈도가 높았다. 성례식과 문답식을 합하면 성례 관련 업무가 단연 많이 처리되었고, 서리집사 선출 문제도 돋보일 만큼 많이 처리되었다.

4번에서 집사와 영수 선출이 한 항목에 들어있지만, 회의록에서 영수는 두 번밖에 언급되지 않았다.

치리 문제가 세 번밖에 거론되지 않은 것도 매우 특이하고, 다른 교회들의 당회록과 비교할 때 가장 큰 차이를 보여주고 있다. 예를 들면 김포읍교회에서는 치리의 범주에 드는 권면, 책벌, 출교, 제명, 정직, 면직, 해벌, 복권이 모두 시행되었고, 그 사유도 다양하여 장기— 최소 3개월이나 반년 이상— 주일예배 불참에 대해 단연 많은 치리가 이루어졌으며, 다음으로 음주, 불신 결혼과 미성년 결혼, 우상숭배, 불륜, 교회 권위 불순종과 비방, 분쟁과 권면 불복, 잡기, 도박, 도적질 순으로 치리가 많이 이루어졌다.[22] 그뿐 아니라 중직자의 경우에는— 대체로 자녀 교육의 책임을 물어— 책벌에 정직이나 면직을 가중하였다. 그런데 세교리교회 당회록에 기록된 치리 사례는 혼인 부정과 불

---

[22] 김포읍교회 치리 문제에 관해서는 본 연구논문집에 실린 문백란, "한국교회 제도화 시기 신앙 공동체 보존을 위한 지역 교회의 분투 (1) — 김포읍교회 당회록을 중심으로."

신 약혼을 이유로 부녀 두 명을 책벌한 것과 이들이 회개하여 해벌한 것 그리고 타 교파에서 다시 세례받고 타 교회에 다녀서 한 명을 제명한 것이 전부였다. 실제로는 치리가 더 많이 이루어졌을 것으로 짐작되지만, 당회록에는 치리 기록을 남기려 하지 않았던 것으로 보인다.

2) 수세 상황

세례 문답은 총 73번 열린 당회 회기 동안 20번 시행되었다. 그 사이에 아래의 표에서 보는 바와 같이 수세 기록이 없는 해(1929, 1931, 1932, 1938, 1940)도 있었다. 문답자 명단은 아래와 같이 여러 가지 형식으로 기록되었다.

a. 성인세례 문답

- 57회 1924년 6월 19일
  - 一. ○○○ 58 4.19生 六朔信 初聞 城山里507 農業 五口中 四口信 언문 學習 │
  - 二. ○○○ 39 1.4生 三年 二次 城山里 農業 四口中 一口밋고 언문 셰례 ╋
- 61회, 1928년 2월 18일

번호	시명	친속	년령	생월일	쥬소	작뎡
1	○○○	○○○ 장남	34	십월二四일	성산리	셰례
2	○○○	호쥬	58	四月十九生	〃 〃 〃	〃 〃

- 75회, 1933년 6월 17일
  - 一 ○○○ 37
  - 二 윤씨 (○○○ 부인) 28

- 80회, 1934년 4월 7일

    一 ○○○ (○○○부인) 四十세 학습세우기로 …

    五 ○○○ (○○○부인) 二八세 첫 번문답하여학습작정

b. 유아세례 문답

- 57회 1924년 6월 19일]

    一. ○○○ 1 부 ○○○ ╋ 모 림시╋ 쟝ᄌ 二月九日生 유ᄋ세례

    二. ○○○ 1 부 ○○○ ╋ 모 ○○○╋ 쟝ᄌ 一月十八日生 유ᄋ세례

- 102회, 1939년 9월 12일

    一. ○○○ 부 ○○○ 모 ○○○ 쟝녀 유아세례

    一. ○○○ 부 ○○○ 모 ○○○ 二남 -----

    一. ○○○ 부 ○○○ 모 ○○○ 쟝남 -----

이상과 같이 연령과 친족 관계는 대체로 충실하게 기록하였지만— 여자의 경우에는 누구의 부인이거나 딸이라는 점을 기록하였다— 초문답이나 재문답 여부, 주소, 학력, 직업 사항은 기록하지 않은 경우가 훨씬 많았다. 그 때문에 문답 명부를 통한 교인들의 직업이나 학력 형세 파악이 사실상 불가능하다. 그래도 가장 확실하게 기록된 10대 이상 성인 문답자의 연령을 정리하면 각종 문답자의 전체 인원 159명에서 10대가 79명, 20대가 36명, 40대가 10명, 50대가 11명, 60대가 1명, 70대가 1명, 빈칸이 3명으로, 10대가 가장 많고 나이가 들수록 그 수가 적어지는 것을 볼 수 있다. 남녀 비율과 문답 결과도 다음과 같이 정리해서 살펴볼 수 있다.

〈표 5〉 세교리교회 세례 · 입교 · 학습 문답 상황

	연월일	회차	인원	남	여	세례	입교	학습	보류	빈칸
1	1923.11.25.	45	6	-	6	2	1	3	-	-
2	1924.5.27.	47	5	3	2	3	1	-	-	1
3	1924.12.12.	49	16	3	3	10	1	5	-	-
4	1925.5.17.	50	2	1	1	2	-	-	-	-
5	1925.12.6.	52	7	2	5	1	-	1	5	-
6	1926.5.16.	53	7	1	6	1	1	4	1	-
7	1926.11.21.	54	3	-	3	-	3	-	-	-
8	1927.6.19.	57	3	1	2	2	-	1	-	-
9	1928.2.18.	61	21	12	9	5	8	8	-	-
10	1930.12.27.	65	10	1	9	-	2	7	1	-
11	1933.6.17.	75	8	3	5	1	-	6	1	-
12	1934.4.7.	80	11	-	11	1	1	9	-	-
13	1934.11.17.	82	4	-	4	1	-	3	-	-
14	1935.12.20.	88	11	3	8	2	2	4	3	-
15	1936.4.29.	89	11	7	4	-	3	6	2	-
16	1937.1.16.	91	6	2	4	2	-	4	-	-
17	1937.12.24.~26.	96	12	6	6	5	1	1	5	-
18	1939.11.11.	102	2	1	1	1	-	1	-	-
19	1941.12.6.	109	11	3	8	-	7	4	-	-
20	1942.10.31.	113	3	-	3	1	2	-	-	-
	계		159	49	110	40	33	67	18	1

출처:『고양 세교리 당회록』, 1923. 11. 25.~1950. 1. 1.

〈표 6〉 세교리교회 유아세례 문답 상황

	연월일	회차	인원	남	여
1	1923.11.25.	45	3	3	-
2	1924.12.12.	49	5	3	2
3	1925.12.6.	52	7	5	2
4	1926.5.16.	53	4	2	2
5	1926.11.21.	54	3	-	3
6	1927.6.19.	57	2	2	-
7	1928.2.18.	61	7	4	3
8	1935.12.20.	88	10	6	4
9	1939.11.11.	102	12	4	8
10	1941.12.6.	109	8	5	3
11	1942.6.13.	112	3	3	-
	계		64	37	27

출처:『고양 세교리 당회록』, 1923. 11. 25.~1950. 1. 1.

문답자의 수를 합산하면 유아세례 문답자는 성인세례 문답자의 40%가량이 된다. 성별로 합산하면, 성인세례의 경우 49명 대 110명으로 여자가 2배 이상 많지만, 유아세례의 경우에는 오히려 남자가 더 많다. 이 같은 성인·유아 문답자의 총수와 남녀 비율의 차이는 이 교회만 아니라 그 당시 모든 교회에서 공통되게 나타났던 것으로 보인다.

2. 양평리교회 교우문답집

1) 자료 개관

양평리교회 교우문답집은 당회의 세례, 입교, 학습 문답 상황을 기록한 것으로, 겉표지가 없고 첫 회의일로 추정되는 1913년 1월 26일 문답 기록의 처음 두 페이지가 유실되어 이 편집본의 서지정보를 찾아볼 수 없게 되어있다. 문답 대상자의 개인정보와 문답 결과를 새문안교회의 교우문답집 기록 양식과 똑같이 인쇄된 용지의 가로와 세로로 줄이 쳐진 빈칸을 채우는 방식으로 펜글씨로 작성되어있다. 한글과 한문이 임의로 함께 사용되고, 세례, 학습, 유아세례 작정자에게 각각 '十', 'ㅣ', 'ㅏ' 부호가 표시되어있으나, 표시되지 않은 경우도 더러 있다. 이 논문에서는 1913년 1월 26일부터 1934년 4월 13일까지 당회가 총 28차례 개회하여 총 26차례 문답을 한 기록을 살펴보고자 한다.

용지의 양식의 맨 위에 "…도…동닉 [빈칸] 당회가 문답ᄒ러 모히는딕 그 회원들은 [빈칸] 목ᄉ와…쟝로이오 참셕ᄒᆫ 교우는 [빈칸] 긔도ᄒ고 긔회ᄒᆫ 후에 전회 회록을 랑독ᄒ여 가결ᄒ고 문답ᄒᆷ이 여좌ᄒ니라"라고 인쇄된 글이 있어 빈칸에 "경기", "시흥군", "양평리교회", 목사와 장로와 참석자 이름 등을 기입하도록 되어 있다. 그 아래로 8

줄 10칸의 표가 있는데, 표의 맨 윗줄에 각 칸의 제목인 "셩명", "년세", "몃둘 밋음"[신력], "젼문답흔째"[문답 차수], "집통수와 호수", "영업"[직업], "식구의밋음 엇더흠", "글의 유무식", "별노히긔록홀 것", "원입인이나 셰례인이나 고딕인이나"[문답 결과]가 기재되어, 그 아래 7줄에 문답자 7명의 해당 내용을 기록하게 되어있다. 각 회차의 페이지 수는 문답자의 수에 따라 달라지지만, 마지막 페이지에서는 표의 맨 아래에 "일이 다흔 후[빈칸] 기도ㅎ고 폐회ㅎ다 주강싱일쳔구빅…년…월…목ㅅ회장…셔긔"라고 인쇄된 글이 있어 폐회 기도자와 연월일과 당회장 목사와 서기의 이름을 기입하게 되어있다. 전체적으로는 충실하게 기입된 편이지만, 빈칸도 간혹 보인다.

이 문답집에는 양평리교회 당회가 1915년 11월 8일 조직된 사실이 기록되어 있는데, 그 전에 열린 4차례의 회의 기록에 임시 당회의 업무처리 사실도 간략하게 기록되어 있다. 또한 외부인이 와서 당회원의 역할을 대신해준 것도 기록되어 있다. 아래의 표는 각 회기의 당회 참석자들을 정리한 것인데, 순서 번호 3, 4번 때는 문답이 이루어지지 않았고, 5번 때는 당회가 조직되었다.

〈표 7〉 양평리교회 『교우문답집』(1913~1934년)의 당회 참석자 상황

	연월일	당회장	서기	참석 장로
1	1913.1.26.	원두우	김영한	
2	1913.11.29~30.	원두우	김영한	
3	1914.7.19.	최피득		
4	1915.4.5.	최피득	김기현	이춘경
5	1915.11.8.	최피득	김기현	이춘경
6	1916.12.14.	차재명		이춘경
7	1917.11.10.	차재명	이춘경	이춘경
8	1918.11.29.	차재명	김준기	김준기
9	1919.10.31.	차재명	김준기	김준기
10	1919.11.2.	차재명	김준기	

11	?	차재명	김준기	김준기, 송봉서
12	1921.4.17.	차재명		김준기, 송봉서
13	1921.8.18.			
14	1922.2.19.			
15	1923.4.23.	김백원		김준기, 송봉서
16	1924.5.4.			
17	1924.12.8.	차재명		김준기, 송봉서, 노경빈
18	1925.5.17.	차재명		김준기, 송봉서, 노경빈
19	1925.11.20.	차재명	노경빈	송봉서, 조사 1인
20	1926.5.9.	차재명	노경빈	김준기, 송봉서, 노경빈
21	1926.11.11.	차재명	노경빈	김준기, 송봉서, 노경빈
22	1927.7.22.	차재명		김준기, 송봉서, 노경빈
23	1927.12.4.	차재명		김준기, 송봉서
24	1928.5.27.	군예빈	노경빈	김준기, 송봉서, 노경빈
25	1928.12.9.			
26	1929.7.7.	군예빈		김준기, 송봉서, 노경빈
27	1930.3.28	군예빈	노경빈	김준기, 송봉서, 노경빈
28	1934.4.13.	차상진	노경빈	김준기, 송봉서, 노경빈

출처: 『양평리교회 교우문답집』, 1913. 1. 26.~1934. 4. 13.

위의 표에서 순서 번호 11번 때는 일자 표기가 없고, 빈칸들은 기록이 없는 경우인데, 대체로 그 전후 회기의 직분자가 그 자리에 있었을 것으로 생각된다. 당회장은 차재명, 쿤스(Edwin W. Koons, 군예빈), 채핀(Victor D. Chaffin, 최피득), 언더우드, 김백원, 차상진 순으로 많이 맡았다. 차재명은 1918~19년에는 양평리·세교리·영등포교회의 공동 전임목사로서 당회를 이끌었고, 나머지 기간에는 노회 파송 임시 당회장으로서 당회를 이끌었다. 채핀 선교사는 언더우드와 함께 새문안교회의 동사목사로 사역하면서 1914~15년에 양평리교회와 김포읍교회에서 당회장을 맡았다. 그 후 1922년 김백원 목사가 양평리교회 위임목사가 되었다가 이듬해에 그만두게 되어 다시 차재명 목사가 당회장을 맡았다.23

---

23 『경긔츙쳥 로회뎨二十三회회록』, 1922년 12월 26일, 17; 『경긔츙쳥 도회뎨二十五회

서기의 경우는 김포읍교회가 1912년 1월 19일 당회를 조직할 때 이 일을 이끌었던 당회장과 서기 조합이 이 교회의 1913년 1월 26일과 11월 29~30일 회의 때 재현되었다. 그때 서기였던 김영한은 신학생으로서 김포읍교회 교인이 아니었으나 그 교회의 당회가 조직될 때 서기를 맡았고, 양평리교회에서도 당회가 조직되기 전 1913년에 두 번 서기를 맡았다. 그 후 1921년 세교리교회에서 조사가 되고 1922년 12월 장로가 되어 1930년 64회부터 오랜 기간 세교리교회 당회 서기로 활동하였으며, 1940년 12월 1일 105회부터 1941년 10월 27일 107회 회기에는 목사로서 노회의 파송을 받아 그 교회의 당회장을 맡았다. 1915년에 두 번 양평리교회 서기를 맡은 김기현은 그때 신학교 2학년생이었다.24

이춘경 장로는 새문안교회 전도인으로서 1912년 1월 김포읍교회의 창립 당회 때 초대 장로로 피택된 후 1913년 6월 장립되어 그 교회가 조직교회를 이룰 수 있게 하였다. 그 후 1914년 시흥 벌말교회로 갔다가, 1915년 4월 5일 양평리교회 당회에 참석하였고, 그해 11월 8일 초대 장로로 위임받아 양평리교회도 조직교회가 되게 하였으며, 1917년 양평읍교회로 이사하였다.25 이후 양평리교회에서는 1917년에 김준기 장로가, 1920년에 송봉서 장로가, 1921년에 노경빈 장로가 장립되어 교회 운영의 주축이 되었다.

뎡긔회록』, 1923년 12월 19일, 23.
24 『경긔츔쳥 로회데九회회록』, 1915년 12월 1일, 23.
25 『경긔츔쳥 로회데칠회회록』, 1914년 12월 1일, 19; 『경긔츔쳥 로회데九회회록』, 1915년 12월 1일, 17; 『경긔츔쳥 로회데十三뎡긔회록』, 1917년 12월 4일, 5.

2) 치리 상황

1913년 1월 26일부터 1915년 11월 8일까지 열린 임시 당회들과 첫 당회의 기록은 그 후의 당회 때와 달리, 아래와 같이 업무 처리 기록이 부가되어 당회록의 성격을 보여준다.

〈표 8〉 양평리교회 교우문답집(1913~18년)의 당회 활동

	연월일	당회장	업무 처리 내용
1	1913.1.26.	원두우	문답
2	1913.11.29~30.	원두우	문답, 송유현을 영수로 선택, 기존 집사 3명 시무 기한 설정, 새 집사 4명 임명과 시무기한 설정
3	1914.7.19.	최피득	문답, 교인 2명 책벌-교회에 해를 끼침, 부정 행실
4	1915.4.5.	최피득	문답, 김준기 영수로 선택, 남녀 집사 6명 택정
5	1915.11.8.	최피득	문답, 교인들의 청원건 처리, 이춘경 김포읍교회 장로를 양평리교회 장로로 위임. 세례·성찬식 거행
6	1916.12.14.	차재명	문답, 주일에 세례식 거행
7	1917.11.10.	차재명	문답, 주일에 세례·성찬식 거행
8	1918.11.29.	차재명	문답, 주일에 세례·성찬식 거행

출처: 『양평리교회 교우문답집』, 1913. 1. 26.~1934. 4. 13.

이 기간의 기록은 간략하기는 하지만, 세례 문답 외에도 성례식 거행, 직원 임명, 치리가 시행된 것을 보여준다. 1915년 11월 8일에 처리된 이춘경 장로 위임 문제는 문답집에 다음과 같이 기록되어 있다.

이춘경 씨 장로를 본 교회서 투표 받은 장로가 아니오 김포읍에서 위임된 장로이니 지금은 양평리교회 장로로 위임키로 당회장 최비득 목사께서 교우에게 의론하매 교우가 다 소원인 고로 양평리교회 장로로 위임키로 가결하고 본 교회에 당회가 비로소 조직됨을 하나님께 감사하고 박덕수 기도 후 예배당에서 장로 위임식과 세례 성찬 후 폐회함.[26]

이 기록은 한 문장으로 되어있지만, 장로를 위임하여 조직교회가 되기까지 당회 회의, 전교인 공동의회, 위임식이 모두 이루어졌던 것을 보여준다. 그 후 1913년 두 번째 당회와 1914년 당회 때는 영수와 남녀 집사를 임명하고 집사의 시무 기한을 정하는 일이 당회 회의석에서 이루어졌던 것으로 보인다. 서리집사에게 시무 기한을 부여한 것은 서교동교회의 경우와 같았지만, 서리집사 선정 때 회중 투표를 통하지 않은 것은 같지 않았다. 이처럼 두 교회의 당회는 짧은 기록을 통해서도 같은 점과 다른 점을 드러냈다.

치리 문제에서는 당회 초기에 다소 혼란스러운 모습을 보여주었다. 1913년 1월 26일자와 11월 29일자, 1916년 12월 14일자 기록에서는 학습을 준 이유가 '오래지 못하고 주일을 범하므로', '주일 범하므로', '주일 범하고 술 잘 먹고 외인 짝하므로', '도리에 몽매하므로 술도 먹고', '부모에게 불공하므로', '2처인 고로'라고 기재되어 있다. 이런 일들이 당시에 다른 교회 같으면 치리 사유가 되었을 것인데, 여기에서는 학습까지만 주는 이유가 되었다. 이런 것은 치리가 초기에 한때 엄격하지 않았던 것 같다는 인상을 준다.

3) 수세 상황

앞서 설명했듯이 1914년 7월 19일과 1915년 4월 5일에 열린 당회 때는 회의만 하고 문답을 하지 않았고, 이 경우 외에는 각 문답자 당 총 10가지 사항을 기재하였다. 그 가운데에서 우선 남녀 인원수와 문답 결과만을 정리하면 아래와 같다.

---

26 『양평리교회 교우문답집』, 1915년 11월 8일.

〈표 9〉 양평리교회 성인세례 문답 상황

* 성찬 허락, 재입교

순서	일자	인원	남	여	세례	학습	입교	고대	*	빈칸
1	1913.1.26.	19	10	9	11	7	-	1	-	-
2	1913.11.29.	24	11	13	16	8	-	-	-	-
3	1915.11.8.	21	10	11	18	1	-	-	-	2
4	1916.12.14.	10	3	7	6	4	-	-	-	-
5	1917.11.10.	7	2	5	6	1	-	-	-	-
6	1918.11.29.	8	1	7	7	1	-	-	-	-
7	1919.10.31.	7	2	5	4	3	-	-	-	-
8	1919.11.2.	-	-	-	-	-	-	-	-	-
9	미상	6	3	3	4	-	-	1	1	-
10	1921.4.17.	24	15	9	9	14	1	-	-	-
11	1921.8.18.	6	5	1	4	2	-	-	-	-
12	1922.2.19.	12	11	1	4	5	1	2	-	-
13	1923.4.23.	14	8	6	5	5	-	1	-	3
14	1924.5.4.	11	2	9	5	2	-	-	-	4
15	1924.12.8.	9	5	4	6	2	1	-	-	-
16	1925.5.17.	4	2	2	2	2	-	-	-	-
17	1925.11.20.	4	2	2	3	1	-	-	-	-
18	1926.5.9.	9	4	5	3	3	1	-	-	2
19	1026.11.11.	16	5	11	5	11	-	-	-	-
20	1927.7.22.	14	4	10	5	4	1	-	-	4
21	1927.12.4.	7	-	7	4	1	-	2	-	-
22	1928.5.27.	24	5	19	8	11	5	-	-	-
23	1928.12.9.	12	2	10	7	5	-	-	-	-
24	1929.7.7.	20	6	14	10	9	1	-	-	-
25	1930.3.28.	20	10	10	6	10	3	-	-	1
26	1034.4.13.	15	6	9	8	4	-	1	1	1
	계	323	134	189	166	116	14	8	2	17

※ 남녀 구별이 어려운 경우가 일부 있었다.
출처:『양평리교회 교우문답집』, 1913. 1. 26.~1934. 4. 13.

〈표 10〉 양평리교회 유아세례 문답 상황

순서	일자	인원	남	여
1	1913.1.26.	7	3	4
2	1913.11.29.	14	10	4
3	1915.11.8.	9	5	4
4	1916.12.14.	7	3	4
5	1917.11.10.	4	1	3
6	1918.11.29.	5	1	4

8	1919.11.2.	7	-	-
10	1921.4.17.	2	1	1
17	1925.11.20.	2	1	1
18	1926.5.9.	4	2	2
19	1926.11.11.	5	5	-
20	1927.7.22.	2	1	1
21	1927.12.4.	3	2	1
22	1928.5.27.	4	1	3
계		75	36	32

※ 성별이 표기되어 있으나, 7명은 신상기록이 없어 남녀를 판별하지 못하였다.
출처: 『양평리교회 교우문답집』, 1913. 1. 26.~1934. 4. 13.

위의 표를 보면 양평리교회는 1913~34년에 총 26회에 걸쳐 성인 323명과 유아 75명에게 문답하였고, 성별로 나누면, 성인의 경우에는 남자와 여자가 대략 134명과 189명가량으로 여자가 더 많았으며, 유아의 경우에는 신상기록이 없는 7명을 빼고 남아가 36명, 여아가 32명으로 남자가 조금 더 많았다. 문답의 결과를 보면 세례 작정자가 166명, 학습 작정자가 116명, 입교 작정자가 14명, 기타가 27명이었다.

세례 작정자의 경우만 더 자세히 살피고, 아래 표와 같이, 김포읍교회 당회록과 새문안교회 교우문답집의 문답 기록과 비교해 보면 몇 가지 특징을 발견할 수 있다. (새문안교회의 경우에는 1920년대의 문답 기록만 비교하였다. 1920년대에 이루어진 새문안교회의 문답 회수는 양평리교회 전체 문답 회수의 2/3에 해당한다.) 다만 문답 기간과 횟수가 다르므로 수치 자체보다는 그 비율(%)을 비교하는 편이 좋을 것이다.

원본의 표기 누락으로 집계에서 빠진 수치들이 위의 표에 있기는 하지만, 그래도 비율들을 비교하면 몇 가지 두드러진 현상을 볼 수 있다. 우선 세 교회가 공통되게 전체 성인 문답자 가운데에서는 여자가 더 많았고, 유아세례 문답자 가운데에서는 남자가 더 많았으며, 연령층은 성인 수세자의 경우 10대와 20대가 가장 많고 노년까지 전 연령

〈표 11〉 양평리교회, 김포읍교회, 새문안교회 세례 문답 상황 비교

교회			양평리교회	김포읍교회	새문안교회
기간			1913. 1. 26. ~1934. 4. 13	1912. 1. 19. ~1945. 8. 7.	1921. 3. 11. ~1930. 11. 7., 27
총 회수			27회	37회	21회
전체 문답자	성인	전체	323	341	280
		남자	134(41%)	91(27%)	86(31%)
		여자	189(59%)	162(48%)	194(69%)
	유아	전체	75	179	189
		남아	36(48%)	93(52%)	81(42%)
		여아	32(43%)	76(42%)	67(35%)
세례 작정자	문답 회차	전체	166	115	147
		1차	56(34%)		81(55%)
		2차	96(58%)		62(42%)
		3차	5(3%)		2(1%)
		4차	1(0.6%)		-
		기타	8(5%)		2(1%)
	연령	10대	42(25%)	22(19%)	45(31%)
		20대	42(25%)	28(16%)	48(33%)
		30대	21(13%)	11(10%)	20(14%)
		40대	21(13%)	4(3%)	12(8%)
		50대	13(8%)	6(5%)	12(8%))
		60대	9(5%)	3(3%)	5(3%)
		70대	8(5%)	0	2(1%)
		80대	4(2%)	0	2(1%)
		빈칸	6(4%)	41(%)	1(0.7%)

※ 양평리교회 세례 작정자 부분의 문답 회차 '기타' 항목에는 빈칸과 판별이 곤란한 경우가 포함되어 있다.
원본 기록의 문답자 성별 표기 누락으로 인해 김포읍교회는 전체 성인 341명 가운데 88명이, 유아세례 대상 179명 가운데 10명이 집계에서 빠져있다. 양평리교회는 75명 가운데 7명이 집계에서 빠져있고, 새문안교회는 189명 가운데 41명이 집계에서 빠져 있다. 또한 김포읍교회는 문답 회차의 기록이 단 두 번 이루어져 집계를 내기 어렵게 되어 있다.
출처: 『양평리교회 교우문답집』, 1913. 1. 26.~1934. 4. 13., 『김포읍당회록』 一·二, 1912. 1. 19.~1945. 12. 27., 새문안교회 『교우문답책』 第一, 1907. 11.~1931. 5.

대에 걸쳐 있었다. 유아의 수가 성인의 수보다 적었던 것도 세 교회에 공통되었다. 그러나 그 비율은 달라서 양평리교회는 유세자 75명이 성인 수세자 323명의 23%에 해당하여, 김포읍교회의 52% 및 새문안교회의 68%와 꽤 큰 차이를 보여주고 있었다.

세례작정자의 문답 회차를 비교해 보면, 양평리교회에서는 총 166명 가운데 1차 56명, 2차 96명, 3차 5명, 4차 1명으로, 첫 문답에서 탈락하고 재문답에 도전한 사람이 세례를 받는 비율이 가장 높았다. 그와 다르게 새문안교회에서는 1920년대 수세자 총 147명 가운데 1차 81명, 2차 62명, 3차 2명으로, 첫 문답 때 세례를 받는 비율이 가장 높았다. 이 같은 수치로 수세의 엄격성 여하를 엄정하게 판별하려면 더 많은 사례 고찰이 필요하겠지만, 양평리교회가 더 엄격한 편이었던 것처럼 보인다고 말할 수는 있을 것이다.

4) 학력과 직업 상황

양평리교회는 문답한 교인들의 직업과 학력도 나름의 분류 기준에 따라 상세하게 기록하였다. 그런데 표기법이 상세하고 다양하여 농업 종사자는 '농업' 또는 '농ᄉ'로 표기하였고, 공장 근로자는 '공업'·'공생'·'회사'·'직공' 등으로 표기하였으며, 농업과 상업과 공장 근로와 노동의 직종들을 겸하는 경우에는 '농상'·'농공'·'농노'·'노공'으로 표기하였다. '교역', '전도', '불농 불사'처럼 그 뜻이 애매한 경우도 있었다.[27] 학력을 기록할 때는 '무식', '국문', '국한문' 외에 '유식'과 '학생'이란 용

---

27 이 단어들은 모두 한글로 적혀 있다. '교역'과 '전도'가 교역자나 전도인을 가리킨다고 할 수는 없을 것이다. 직분자들이 문답을 받았을 리가 없기 때문이다. '불농 불사'는 직업이 없다는 의미가 아닌가 추정된다.

어를 또한 사용하여 그 당시로서는 특별한 학력 수준을 지녔음을 표시하였다. 그러나 '국한문'과 '유식' 표기는 중첩되고 있지 않은 점에서 사실상 같은 뜻을 다르게 표현한 것이었으리라고 생각된다.

〈표 12〉 양평리교회 성인 문답자의 직업과 학력 상황

순서	일자	성인전체	직업													학력					
			농업	공업	상업	노동	학생	농상	농공	농노	노공	교역	전도	공무원	불농불사	빈칸	무식	유식	국문	국한문	학생	빈칸
1	1913.1.26.	19	15	1	-	2	-	1	-	-	-	-	-	-	-	-	12	-	6	1	-	-
2	1913.11.29.	24	19	4	-	-	-	-	-	-	-	-	-	-	-	1	11	-	13	-	-	-
3	1915.11.8.	21	11	4	1	-	3	-	-	-	-	-	-	-	-	2	7	4	9	-	-	1
4	1916.12.14.	10	5	1	3	-	1	-	-	-	-	-	-	-	-	-	5	4	-	-	1	-
5	1917.11.10.	7	-	-	-	-	-	-	-	-	-	-	-	-	-	7	-	-	-	-	-	7
6	1918.11.29.	8	6	-	1	-	-	1	-	-	-	-	-	-	-	-	6	-	2	-	-	-
7	1919.10.31.	7	2	4	-	1	-	-	-	-	-	-	-	-	-	-	5	-	2	-	-	-
8	1919.11.2.	-	-	-	-	-	-	-	-	-	-	-	-	-	-	-	-	-	-	-	-	-
9	미상	6	-	3	1	-	2	-	-	-	-	-	-	-	-	-	-	-	6	-	-	-
10	1921.4.17.	24	10	14	-	-	-	-	-	-	-	-	-	-	-	-	8	-	15	-	-	-
11	1921.8.18.	6	3	3	-	-	-	-	-	-	-	-	-	-	-	-	2	-	4	-	-	-
12	1922.2.19.	12	7	3	2	-	-	-	-	-	-	-	-	-	-	-	4	-	6	2	-	-
13	1923.4.23.	14	10	3	-	-	-	-	-	-	1	-	-	-	-	-	5	3	1	-	-	5
14	1924.5.4.	11	2	6	-	-	-	-	-	-	-	1	-	-	-	2	4	-	4	1	-	2
15	1924.12.8.	9	4	1	2	-	1	-	1	-	-	-	-	-	-	-	2	-	5	2	-	-
16	1925.5.17.	4	2	1	-	-	-	-	-	-	1	-	-	-	-	-	-	-	2	2	-	-
17	1925.11.20.	4	2	1	-	-	-	1	-	-	-	-	-	-	-	-	2	-	1	1	-	-
18	1926.5.9.	9	2	2	3	-	2	-	-	-	-	-	-	-	-	-	4	-	1	4	-	-
19	1926.11.11.	16	9	5	1	1	-	-	-	-	-	-	-	-	-	-	9	-	5	2	-	-
20	1927.7.22.	14	3	-	-	2	-	3	4	1	1	-	-	-	-	-	7	-	7	-	-	-
21	1927.12.4.	7	-	1	-	1	1	2	-	1	1	-	-	-	-	-	5	-	1	1	-	-
22	1928.5.27.	24	8	7	-	-	2	-	-	-	-	-	-	-	-	7	9	-	14	1	-	-
23	1928.12.9.	12	9	2	-	1	-	-	-	-	-	-	-	-	-	-	6	2	4	-	-	-
24	1929.7.7.	20	12	7	-	1	-	-	-	-	-	-	-	-	-	-	6	-	13	1	-	-
25	1930.3.28.	7	6	1	-	-	-	-	-	-	-	-	-	-	-	-	3	-	1	3	-	-
26	1930.3.28.	13	8	4	-	-	-	-	-	-	1	-	-	-	-	-	6	-	4	3	-	-
27	1934.4.13.	15	11	3	-	-	-	-	-	-	-	-	1	-	-	-	6	1	4	3	1	-
	계	323	166	81	14	11	10	6	7	2	2	3	1	1	1	18	134	14	130	28	2	15
	비율(%)		51	25	4	3	3	2	2	0.6	0.6	0.9	0.3	0.3	0.3	6	41	4	40	9	0.6	5

출처: 『양평리교회 교우문답집』, 1913. 1. 26.~1934. 4. 13.

위의 표를 보면, 우선 직업 분야에서 농업 종사자가 성인 문답자 323명 가운데 51%로 절반을 차지하였다. 농업이 다수를 이루기는 하였지만, 이 정도의 비율은 농민이 대다수였던 당시의 일반적인 농촌 교회 상황[28]과 다소 차이를 보인다고 할 수 있을 것이다. 1913년부터 1934년까지 양평리교회의 성인 문답자들 가운데 공업과 상업과 노동을 직업으로 삼거나 겸직이라도 하는 비농업 분야 종사자는 46%에 달하였다. 그런데 김포읍교회의 경우에는 당회록에 직업이 기재되지 않은 경우가 많지만, 기재된 것만 살피면, 농업 종사자 30명이 73%에 달하였다.

학력 분야에서는 '무식'으로 기재된 문답자가 41%를 이루었는데 이는 전 사회적으로 문맹률이 70% 이상이었던 시대[29]에 양평리교회는 교인 문맹률이 대체로 그 정도밖에 되지 않았다는 것을 뜻한다. 문답집에서 때때로 보이는, 무식한 문답자에게 '국문을 배우도록 권유하다'라는 문구는 교회가 문맹 퇴치를 위해 의식적으로 노력하여 한국 사회의 문해력 제고에 일정한 기여를 하였다는 것을 입증한다.

이와 더불어 한 가지 주목할 사항은 한글이 처음에 '언문'으로 표기되다가 1924년 12월에 단 한 번 '선문'(鮮文)으로 표기된 후, 1925년부터 일관되게 '국문'으로 표기된 점이다. 이런 현상은 1925년부터 한국 사회에서 문맹 퇴치 및 문자 보급 운동이 전개되기 시작하였던 것[30]과

---

28 그 당시에는 인구의 85%가 농민으로 추정되었다. O. R. Avison's letter to John T. Underwood, Oct. 3, 1927.
29 허재영, "일제강점기 한글운동과 문맹퇴치(문자 보급) 운동 연구,"「독서연구」44권 (2017), 128.
30 송미영, "일제강점기 문자 보급 교재의 한글과 띄어쓰기·문장부호에 대한 고찰,"「국어학」제103집 (2022), 282.

어떤 상관관계가 있었을 것으로 짐작하게 한다. 그러나 모든 교회가 그러하지는 않았던 것 같다. 김포읍교회의 당회록에서는 한글이 시종 '언문'으로만 표기되었고, 새문안교회의 당회록에서는 '언문', '선문', '국문' 표기가 혼용되었다. 이런 것을 고려할 때 양평리교회 당회가 1925년부터 한글을 꾸준히 '국문'으로 표기하였던 것은 일어가 '국문'으로 공인되었던 일제 치하에서 의지적으로 민족 감정을 드러낸 행위였다고 판단해도 될 것이다.[31]

5) 기타 교인 정보

한편 여러 인물의 성명과 신상기록이 기재된 이 문답집은 역사적 발자취를 남긴 여러 인물의 흔적을 찾게 해주는 좋은 정보원이 된다. 한 예로 1919년 3월 23일 양평리에서 독립만세시위를 주도하여 6개월의 징역형을 살았던 탄원기는 몇 년 전에 게재된 한 신문 기사에서 "판결문에 나이가 50세로 기재돼 있는 것으로 보아 1869년생으로 짐작되는데, 기독교 신자라는 것과 당시 직업이 직공(노동자)이라는 것 외에는 탄원기의 신상을 알 수 있는 자료가 더 이상 없다"라고 소개되고 있다.[32] 그런데 문답집의 1913년 1월 26일자 기록 22번째 줄에는 탄원기의 인적 사항이 기재되어 있다. 그는 그 당시에 나이가 43세였고, 당산리 5통 9호에 거주하면서 피혁공장에 다니고 있었으며, 학력은 '언문'을 아는 수준이었다. 식구는 5인으로 다 신앙인이었고, 본인은

---

[31] 참고로 1925년에는 서기의 성명이 기재되지 않고 1926년부터 노경빈 장로가 서기로 기재되어 있다.
[32] 김학규, "3.23 독립만세운동 주역 탄원기, 시흥농민봉기의 후예,"「매일노동뉴스」2019년 5월 8일. https://www.labortoday.co.kr/news/articleView.html?idxno=158246.

믿은 지 10개월 만에 처음 문답을 받았다가 믿은 지 오래되지 않았다는 이유로 학습만을 받았다.

또한 1913년 11월 29일자의 문답 기록 8번째 줄에 '탄경상'이란 이름이 나오는데, 나이는 16세에 양평리 13통 10호에서 6식구와 함께 살고 있었으며, 온 가족이 다 신앙인이었고, 직업은 없었으며, '언문'을 아는 수준의 학력을 지니고 있었다. 그는 믿은 지 1년 만에 2차로 문답을 하여 부모에게 불공하다는 이유로 학습만을 받았다. 주소와 가족 수가 탄원기와 달랐던 점에서 한 가족은 아니었던 것으로 보이지만 일가로서 같은 교회를 다니며 가까이 지냈을 것으로 생각된다. 이 기록들이 보여주는 바와 같이, 이 문답집은 희귀 성씨인 탄씨 가문 외에 다른 인물의 흔적을 찾는 일에서도 자료로 활용될 수 있을 것이다.

III. 맺음말

한강을 사이에 두고 서로 마주 보는 지점에서 구한말에 새문안교회의 지교회로서 그 역사를 시작한 서울 서교동교회와 양평동교회는 격변의 세월을 지나는 동안 몇 차례 주소와 교회명이 바뀌었다. 고양군 연희면의 잔다리교회는 1918년 세교리교회가 되고, 1936년 경성부의 서교정교회가 된 후, 1946년 서울 서교동교회가 되었다. 시흥군 북면의 양평리교회는 1917년 영등포면 양평리교회가 되고, 1936년 경성부 양평정교회가 된 후, 1946년 서울 양평동교회가 되었다. 두 교회는 모두 밭농사를 짓는 가난한 농촌 마을의 교회였지만, 역경을 딛고 큰 교회로 성장하였다.

오늘날 남아 있는 세교리교회의 당회록은 교우문답집이 아니므로 교인들의 정보를 상세히 제공하지 못하고 양평리교회의 교우문답집은 당회록이 아니므로 교회 운영 상황을 충분히 보여주지 못한다. 그래도 어느 정도는 세교리교회 당회록에서 수세 상황을 가늠해볼 수 있고, 양평리교회 교우문답집에 실린 임시 당회 회의록에서 교회 운영 상황을 약간 살펴볼 수 있다. 이 논문에서는 연구 시기를 한국교회가 제도화 과정을 밟는 일제강점기로 한정하고, 지금까지 연구자료로 사용된 적이 없는 서교동교회와 양평동교회의 옛 기록물을 살펴서 세교리교회와 양평리교회로 불리던 시절에 교회들이 어떻게 운영되었는지를 알아보았다. 그 시기에 두 교회는 조선예수교장로회 총회가 1922년 헌법을 통과시키고 1929년 직제를 보완해가는 동안 미완의 직제와 기존 관행 안에서 교회를 운영해야 하는 형편 아래 있었다.

세교리교회 당회록은 1923년 11월 25일 열린 제45회부터 1950년 1월 1일 열린 제129회 당회까지 회의록을 편집한 것으로, 일부 누락된 회의록도 있다. 숫자와 일부 성명이 한자로 쓰인 것 외에는 대부분 한글로 쓰였고, 1942년 6월부터 한문 사용과 일본식 이름 표기가 시작되었다. 연도도 서기 표기가 1941년 6월부터 일본 '소화' 표기로 바뀌었다. 다른 교회 기록물들에서도 일제 말에는 일본 연호와 한문이 사용되고 일본식 이름이 표기되었는데, 그 시작 시기는 서로 다르다. 이는 그런 일이 지역마다 조금씩 다르게 강제되고 있었다는 것을 가리킨다.

세교리교회에서는 1923년 11월부터 73차례 회기 동안 노회에서 보낸 5명의 목사가 당회장을 맡았고, 1941년부터 임시목사가 당회를 이끌었다. 장로 세 명—최봉인(1915), 나봉구(1917), 김영한(1922)—이 이미 장립되어 있었고, 나병환과 김태원이 1937년과 1938년에 당회에 합류하였다. 후자의 장로들이 더해지기 전인 1937년 1월 공동처리회에서 장로들에 대해 재시무 투표를 하고 임기를 부여한 적도 있었다. 서리집사도 회중 투표로 뽑고 임기를 부여하였으며, 장립집사는 뽑지 않았고, 영수는 1928년부터 세우지 않았다.

당회는 세례식과 성찬식 관련 업무를 가장 많이 처리하였고, 노회 총대 선정 등의 노회 관련 업무를 두 번째로, 세례 문답의 작정 및 실시를 세 번째로, 서리집사 선출을 네 번째로 많이 처리하였다. 성례식과 문답식을 합하면 성례 관련 업무가 단연 많이 처리되었다. 특이하게 치리 안건은 3번밖에 처리되지 않았다.

문답한 교인의 연령과 친족 관계는 대체로 충실하게 기록되었으나, 문답 회차, 주소, 학력, 직업 사항은 건너뛴 경우가 훨씬 많았다. 그 때문에 이 자료를 통해서는 교인들의 직업이나 학력 수준을 가늠할 수가 없다. 문답자의 수를 합하면, 유아세례 문답자가 성인 문답자의 40%가량이었고, 성별로는 10대 이상 성인 문답의 경우에 여자가 2배 이상 더 많았고, 유아세례 문답 때는 남자가 더 많았다. 연령대는 성인 문답자만 보면 10대가 가장 많았고 나이가 들수록 적어졌다.

양평리교회의 교우문답집은 1913년 1월 26일부터 1934년 4월 13일까지 당회가 총 28차례 개회하여 총 26차례 문답한 상황을 기록한 것으로 겉표지와 문답 기록의 처음 두 페이지가 유실되어 있다. 새문안교회 교우문답집의 기록 양식과 똑같이 인쇄되어 가로와 세로로 줄이 쳐진 용지의 빈칸에 문답 대상자의 신상정보와 신앙 내력과 문답 결과를 기입하는 방식으로 한글과 한문을 혼용하여 작성되었다.

이 문답집에 양평리교회 당회가 1915년 11월 8일 조직된 사실이 기록되어 있고, 그에 앞서 임시 당회가 4번 열린 사실도 기록되어 있다. 당회장은 노회에서 파송된 목사 6명과 1922년에 위임받고 이듬해에 사임한 김백원 목사가 맡았다. 김포읍교회의 초대 장로였던 이춘경 장로가 와서 11월 8일 초대 장로로 위임된 후 1917년에 다른 교회로 떠났고, 그 해에 김준기 장로가 장립되었다. 이어 1920년 송봉서 장로, 1921년 노경빈 장로가 장립되어 함께 당회를 이끌었다.

임시 당회와 첫 당회의 회의 기록은 그들이 문답 외에도 성례식 거행, 직원 임명, 치리를 시행한 것을 보여준다. 1913년 두 번째 회의와 1914년 회의 때는 영수와 남녀 집사를 임명하고 집사의 시무 기한을 정하였다. 이 기간의 기록에서도 치리 상황을 약간 엿볼 수 있는데, 당시에 다른 여느 교회 같으면 치리 사유가 되었을 법한 부모 불공, 음주, 2처, 주일 불수 등이 세례가 아닌 학습까지만 주는 이유로 기록되어 적어도 초기에는 한때 치리가 엄격하게 시행되지 않았던 것처럼 보인다.

1913~1934년의 문답 상황을 보면 성인 문답자들 가운데 여자가 역시 더 많았고, 유아의 경우에는 남아가 조금 더 많았으며, 연령별로 10대와 20대가 가장 많았다. 성인 문답자들의 직업을 보면 농업 종사자가 51%로 과반을 차지하였고, 공업과 상업과 노동에 주력하거나 겸직이라도 하는 비농업 분야 종사자가 46%에 달하였다. 또한 처음에는 한글을 '언문'으로 표기하다가 1924년 12월에 한 번 '선문'(鮮文)으로 표기한 후, 1925년부터 일관되게 '국문'으로 표기하였다.

이상의 내용을 종합하면, 세교리교회와 양평리교회는 구한말부터 비슷한 역사적, 경제적 배경 위에서 성장하여 노회 안에서 돋보이는 교세를 이루었지만, 양평리교회는 공장지대로 변한 영등포의 주위환

경으로 인해 공장 노동자나 다른 노무 종사자 등의 비농업인이 거의 절반에 이르는 특색있는 교인 구성을 이루었다. 학력도 10대 이상 성인 문답자의 41%가 무식으로 기재되어 문맹률이 70%가 넘었던 당시 사회에서 꽤 낮은 수치를 보였다. 이는 지역 교회가 교인들의 문해율을 높여 한국 사회의 문맹 퇴치에 얼마간 기여하였음을 입증하는 한 사례가 된다. 양평리교회는 특히 한글을 '언문' 또는 '선문'으로 표기하다가 1925년부터 내리 '국문'으로 표기하여 일어가 '국문'으로 공인되었던 일제 치하에서 과감하게 민족 감정을 드러내고 문맹 퇴치 운동에 동조하는 모습을 보였다.

두 교회는 교회 운영 면에서도 비슷한 점과 다른 점을 보였는데, 두 교회 모두 서리집사를 회중의 투표로 뽑고 그들에게 임기를 부여하였다. 다만 양평리교회는 당회에서 직접 서리집사를 선정하기도 하여 세교리교회와 약간 달랐고 김포읍교회와는 공통되었다. 치리 문제에 역점을 두지 않은 것처럼 보이는 점에서는 세교리교회와 양평리교회가 공통되었고 김포읍교회와는 상반되었다. 두 교회의 기록물 안에서는 치리 기록이 소략한 이유를 찾지 못하였는데, 사정이 어떠하였든 지 간에, 두 교회 교인들의 신앙의 미담을 소개한 「기독신보」 기사들은 그 당시 교인들의 헌신과 열심이 결코 뒤처지지 않았다는 것을 입증한다.

수세 문제에서도 두 교회 모두 성인 문답자들 사이에서는 여자가 더 많았고, 연령은 10대와 20대가 가장 많았으며, 유아세례의 경우에는 남자가 더 많았다. 문답 회차는 세교리교회 당회록의 명부에 기록되지 않은 관계로 양평리교회와 1920년대 새문안교회의 기록을 비교해 보면, 양평리교회에서는 2차 문답 때 세례를 가장 많이 주었고, 새문안교회에서는 1차 때 가장 많이 주었다. 이를 보면 수세 문제에서는 양평리교회가 조금 더 엄격하지 않았나 하는 생각이 든다.

 이 모든 현상은 일제하에서 교회 제도화 시기를 함께 보낸 개교회들의 편차―또는 공통성과 차별성 또는 그 특징들의 다양한 조합―를 그 시대의 교회 정치 규정 및 관행과 함께 알아볼 수 있게 하는 한 사례가 된다. 오늘날 한국의 많은 교회 가운데 매우 오랜 역사를 자랑하는 두 교회가 식민 통치와 전쟁의 참화 속에서 겨우 지켜낸33 소중한 당회록과 교우문답집을 역사 연구의 자료로 제공하였는데, 앞으로도 교회 기록물들이 연구자들에게 많이 제공되어 미시적이고 실증적인 연구로써 개교회들의 개별적 특성을 찾고 교회 역사의 실체를 더 사실적으로 규명해 낼 수 있게 되기를 희망한다.

---

33 양평동교회 역사편찬위원회, 『양평동교회 110년사 1907~2017』 (서울, 2017), 145.

참고문헌

교회 기록물

『김포읍당회록』 一, 二. 1912~1945.
새문안교회. 『교우문답책』 第一. 1907.11.~1931.5.
『고양 세교리 당회록』. 1923.11.25.~1950.1.1.
『송마리교회 당회록』. 1915~1942.
『양평리교회 교우문답집』. 1913.1.26.~1934.4.13.
『김포읍당회록』 一·二. 1912.1.19.~1945.12.27.

북장로회 선교문서(Presbyterian Historical Archives 소장 문서)

"Annual Report of Seoul Station to the Korea Mission." PCUSA, 1900.
"Annual Report of Seoul Station to the Korea Mission." Presbyterian Church in the U.S.A. 1902.
O. R. Avison's letter to John T. Underwood, Oct. 3, 1927.
"Report on the Korea Mission of the PCUSA to the Annual Meeting." 1909.

노회록

『경긔츙쳥 로회데칠회회록』. 1914년 12월 1일.
『경긔츙쳥 로회데九회회록』. 1915년 12월 1일.
『경긔츙쳥 로회데十三회뎡긔회록』. 1917년 12월 4일.
『경긔츙쳥 로회데十四회뎡긔회록』. 1918년 6월 17일.
『경긔츙쳥 로회데十九회뎡긔회록』. 1920년 12월 7일.
『경긔츙쳥 로회데二十六회뎡긔회록』. 1924년 6월 17일.
『경긔로회데三졍긔회록』. 1925년 12월 29일.
『경긔로회데五회정긔회록』. 1926년 12월 14일.
『경긔츙쳥 로회데二十三회회록』. 1922년 12월 26일.
『경긔츙쳥 도회데二十五회뎡긔회록』. 1923년 12월 19일.

신문 기사

"장로회통신(長老會通信) 손자의 믿음."「기독신보」1916년 12월 20일.
"교회통신: 임종시에쥬를부름."「기독신보」1924년 12월 10일.
"楊坪, 細橋 사경."「기독신보」1925년 12월 23일.
"金老人의愛經."「기독신보」1927년 4월 6일.

연구 논저

강호천(1994). "100년 전통 위에 새시대 교회상을."「새가정」11 (통권 451).
곽건홍(2001). "해방 직후 영등포 공장지대와 노동운동."「역사연구」9.
권평(2012). "초기 한국교회의 치리에 관한 일 연구."「교회사학」11(1).
김지탁. "한국 장로교회의 장로 임기제에 관한 연구―그 역사성 및 신학적 타당성을 중심으로―." 계명대학교대학원 신학과 박사학위논문, 2016.
김하나(2011). "20세기 초 영등포의 도시 변화 및 위상."「서울학연구」45.
＿＿＿(2014). "1930년대 전후 공업도시 담론과 영등포의 서울 편입."「도시연구: 역사·사회·문화」11.
김학규. "3.23 독립만세운동 주역 탄원기, 시흥농민봉기의 후예."「매일노동뉴스」2019년 5월 8일.
문백란. "한국교회 제도화 시기 신앙 공동체 보존을 위한 지역 교회의 분투 (1) ― 김포읍교회 당회록을 중심으로." (본 논문집 수록 논문)
송미영(2022). "일제강점기 문자 보급 교재의 한글과 띄어쓰기·문장부호에 대한 고찰."「국어학」103.
양평동교회 역사편찬위원회.『양평동교회 110년사 1907~2017』. 서울: 2017.
예지숙(2024). "일제 강점기 영등포 지역의 장소성과 젠더―1930년대 방적 여성 노동자를 중심으로―."「개념과 소통」33.
윤경로(1991). "1900년대 초기 장로교회의 치리와 초창기 교인의 사회 경제적 성향 ―새문안교회를 중심으로―."「한국기독교와 역사」1.
이재근(2023). "김제 만경교회의 설립과 성장, 위기, 1914~1957: 전형과 비전형."「한국기독교와 역사」58.
최익제(2025). "文化的 葛藤에 대한 初期 韓國 改新敎의 認識과 對應―安東地域 長老敎를 중심으로―."「지방사와 지방문화」8(2).
허재영(2017). "일제강점기 한글운동과 문맹퇴치(문자 보급) 운동 연구."「독서연구」44.

차재명(車載明) 목사 소고

박장미 | 새문안교회 교회역사자료위원회 전문위원

I. 들어가는 말

새문안교회에서 첫 한국인으로 위임받은 차재명 목사! 그는 새문안교회를 창립한 언더우드 선교사의 조사로 발탁되어 새문안교회의 장로로 장립되고, '경기충청노회'의 결정과 새문안교회 후원으로 평양신학교를 졸업한 뒤, 언더우드 선교사의 관리하에 있던 김포, 시흥, 고양의 여러 교회를 섬기다 다시 새문안교회로 돌아와 21년간 새문안교회를 담임하면서 새문안교회가 137년을 한국의 어머니 교회로 흔들림 없이 굳건히 서게 하는 초석을 다져 놓은 목사이다.

차재명 목사는 역사의식이 뚜렷하였으며, 무엇보다 기록의 소중함을 잘 인식하여 초기 문헌들을 분류하고 정리하여 소중하게 보관했으며, 당회와 제직회, 부인전도회, 면려회, 주일학교 등이 제 기능을 원활하게 하도록 합리적인 행정체계를 잘 정비하였다. 유치원을 설립하여 교육의 기틀을 다지고, 찬양대와 관현악단을 조직하여 한국 근대음악을 개척한 공로자들을 많이 배출했으며, 일제 강점기의 어려운

시기에 시국을 잘 인식해 교인들의 신앙심 유지를 위해 가정사경회로 성경 공부를 인도하고 교인들 간 결속과 화목으로 교회를 잘 이끌었으며 경기충청노회장, 총회장으로서 한국교회에 큰 공을 남겼다.

또한 분단되지 않았던 한반도, 남쪽의 부산에서 두만강 건너 만주 벌판 용정(龍井)까지 사경회와 부흥회, 여름성경학교를 잘 인도하였으며, 노인들을 공경하고 어린이들에게 자애롭고 아픈 이들을 위로하며 어려운 교인들에게 온정을 베풀었다.

역사적으로 가장 힘든 시기에 새문안교회를 맡아 온유하면서도 겸손하였고, 합력과 화평을 강조하며, 매사에 편벽되지 않은 중용의 잣대로 성도들을 아끼고 사랑하였다. 무엇보다 비범하고 슬기로운 눈으로 힘든 일이 있을 때마다 신국면을 타개해 갔던 언더우드의 선교 정신을 그대로 이어받아 "명석한 두뇌와 민활한 수완"으로[1] 한국교회에 많은 공헌을 했던 차재명 목사, 그의 일생을 소고(小考)해 본다.

II. 차재명의 일생 — 목사가 되기까지

1. 평북 용천에서 탄생

차재명 목사는 1881년 4월 16일 평안북도 용천군(龍川郡) 부라면(府羅面) 원성동(元城洞)에서 차정오(車正五) 씨와 김정찬(金正讚) 씨의 장남으로 태어났다.[2] 용천은 한반도 서북의 요충지로 고려 성종 12년 거란의

---

[1] 류금주, "새문안교회의 첫 한국인 목사 차재명, 그의 한국교회사에서의 전환기적 위치."
[2] 후손이 제공한 제적등본 참조.

제1차 침입 때 서희의 활약으로 수복한 강동 6주 가운데 한 곳이다. 고려는 강동 6주를 수복한 뒤 이곳에 견고한 성채를 축조해 서북(西北: 황해도, 평안도, 함경도 지방을 통틀어 이르는 말)면 방면의 최전선으로 삼았다.

이런 지리적 특성으로 용천은 거란, 몽골, 홍건적이 침입할 때마다 성이 함락되는 비운을 겪었다. 조선 태종 4년인 1404년, 의주 땅을 나누어 주변의 용골산의 이름을 따 용문군(龍門郡)이라 하다가 1413년 현재의 용천으로 개칭하였다. 정묘호란, 병자호란 때는 외세에 항거해 격렬히 항쟁한 곳으로 1895년 지방관제를 개혁해 부·군제를 실시할 때 용천군으로 개편되어 의주부(義州府)에 속하였다.

1903년 러시아는 자국의 권익을 위해 압록강 상류의 삼림 채벌권과 그 종업원을 보호한다는 구실 아래 용천군 용암포를 비밀리에 조차(租借)해 군대를 파견하였다. 이에 일본은 영일(英日)동맹을 내세워 강력한 반격을 시도함으로 러일전쟁(1904년)의 원인 가운데 하나가 된다. 평안북도의 이런 특수한 지정학적 위치와 주민의 반골적인 기질은 일제 시대에 이 군(郡)에서 많은 독립운동가를 배출시켰다.

특히 용천은 신흥 소자본 상공인 중산층들이 많았는데 그들 가운데에 기독교인이 많았다. 총독부는 일본 상공인의 이익 보호와 식민 통치를 위해서 민족자본주의 자본가로 성장하던 서북의 기독교인들을 기회 있을 때마다 탄압했다. 1909년 4월에 공포된 시장세(稅)에 대한 이곳 용천의 상무동사(商務同事)의 '조세 저항 운동'은 민족 자본 축적 운동 중 하나였다. 이런 지리적, 환경적 배경을 가진 용천에서 태어난 차재명은 청년 시절인 24세까지 이곳에서 생활하였다.

2. 청소년기에 기독교를 받아들이다

차재명의 어머니 김 씨는 차재명보다 더 일찍 기독교를 받아들였다. 그러나 차재명은 유학을 공부하며 공맹(孔孟)의 도를 중시하여 처음부터 기독교를 받아들이기보다 오히려 예수 믿는 이들을 박해한 혈기 왕성한 청년이었다. 『朝鮮예수教長老會史記, 上』, 155면에서는 "용천군 구읍(舊邑)교회가 성립하다. 선시에 동문(東門)외 교인 한재희(韓載禧)가 본 읍에 왕래할 때 능욕을 많이 받으며 전도하기를 쉬지 않더니 불과 수년에 반대하던 차재명, 정흥조(鄭興祚)가 도(기독교)에 귀의하여 동문(東門)교회에 왕래하며 성심으로 예배하더니…"라고 기록되어 있다.[3] 집안에서 먼저 기독교를 받아들인 어머니를 못마땅해하던 젊은 차재명은 어느 날 외출하여 집으로 돌아와 보니 심방을 마친 목사님과 몇몇 교인들이 자기 집에서 식사를 하고 있었다. 기독교에 대해 반감을 가진 차재명은 목사님이 식사하고 있던 상을 뒤집어엎고 한바탕 소란을 피웠다. 그러나 목사님은 이 일로 안색을 바꾸거나 화를 내지 않고 이런 차재명을 오히려 감싸며 따뜻하게 품어주셨는데, 이것이 차재명이 기독교에 대해 다시 생각하는 계기가 되었으며 그 이후로 기독교를 받아들였다는 일화가 있다.[4]

차재명 목사가 새문안교회 담임 목사로 재직 시 어떤 기자와 면담한 기록이 있어 그가 직접 언급한 내용을 소개한다.

기자: 예수는 언제 믿으시고 그 동기는 어떠합니까?

---

[3] 『朝鮮 예수教 長老會 史記, 上』(창문사, 1928)의 내용을 현대어로 풀이함. (필자 주)
[4] 차재명 목사의 4남 4녀 중 셋째아들 차형기의 장남인 차주영 명예 집사 증언.

차 목사: 믿기는 15, 16세 때부터입니다. 동기는 한문을 읽고 유교에 잠기었다가 문득 예수교가 사람을 좀 더 신령하게 인도할 것을 깨닫고 믿을 생각이 났습니다. 열두 살부터 살림을 시작하여 30세까지는 육신 생활도 넉넉하게 (할 만큼) 돈도 모았습니다. 그러나 모든 것을 내어버리고 예수께서도 30세에 천국 사업을 시작하신 것을 본받아 나도 30세에 일어났습니다. _ 차재명 목사 가정 방문기에서

차재명이 태어나고 어린 시절을 보냈던 당시 조선의 통치 철학을 한마디로 요약하면 "삼강"(三綱)과 "오륜"(五倫)이었다. 오륜이 일상생활 속에 뿌리 박혀 있던 백성들이 기독교를 받아들여 새로운 피조물이 되는 건 무척 힘든 일이었다. 조선 후기 실학자들이 가톨릭교를 믿게 된 것은 성경을 서양의 학문으로 받아들이며 공부하다가 심취하였기 때문이다. 『격몽요결』을 읽으며 생활 규범을 익히고, 『사서오경』의 철학서와 『사기』와 『자치통감』의 역사서를 읽은 양반과 지식인들에게 성경은 비록 문화적인 차이와 정서는 달랐으나 그다지 기괴하거나 이상한 학문이 아니라 많은 부분이 공감되는 경전이었다.

십계명의 제5~10계명은 저 옛날 우리나라 고조선 때부터 생활 속에서 지키던 규범들이었다. 사람들이 살아가는 것, 의식주를 해결하는 것은 동양이나 서양이나 비슷하였다. 부모를 공경하고, 이웃과 사이좋게 지내며, 남의 물건을 욕심내지 아니하고, 살인·간음·도둑질 하지 않는 것은 당시 평범한 사람들이라면 모두가 실천하는 생활의 규범들이었다. 그런데 동양의 여러 철학서에는 성경에 있는 세 가지가 없다. '성령 하나님'과 '구원의 역사'와 '부활과 재림'이 없다. 유학 공부를 하던 차재명은 예수를 믿기 시작하면서 『한문성경』을 정독하

며 신앙심을 키워 갔다.

　차재명이 태어나고 살았던 용천은 비옥한 평원 지대로 각종 물산이 풍부하고 만주와 접한 지리적 영향으로 오래전부터 교육열이 대단히 높았던 지역이다. 1870년경 용천에는 28개의 서원과 100여 개의 서당이 있었고 1903년을 전후해 지방 유지들이 세운 신식 교육 기관도 평안북도 내에서 가장 많은 곳으로 알려졌다. 어린 차재명은 서당에서 천자문, 추구집, 동몽선습, 소학, 사서(四書) 등을 당시의 여느 조선의 아이들처럼 공부했으나, 갑오개혁으로 과거제가 폐지되자 이른 나이에 결혼하고 사업을 한 것으로 전해진다. 차재명의 제적등본에 의하면 장녀 차애삼(車愛三)이 1899년 10월 19일생으로 되어 있어 18세에 첫 아이를 얻은 셈이 된다.

　청일전쟁과 러일전쟁을 겪은 후 실의에 빠진 많은 사람이 기독교에 입교하는데, 차재명은 15, 16세에 교회를 다니기 시작하였으나, 세 아이의 아버지가 된 그의 나이 24세인 1905년, 을사늑약으로 외교권이 박탈되자 스스로 자신과 가족, 나라를 지킬 수 있는 세력은 기독교밖에 없다고 생각하고 본격적으로 기독교에 매진한 것으로 여겨진다. 일부 기록에는 이 시기 용천군의 중심지에 있던 용암포교회에 등록하였으며 이듬해 세례를 받은 것으로(1906) 전해진다.[5] 용천은 일제 강점기에는 교회가 많은 곳으로 유명했다. 용천은 군(郡) 하나가 하나의 노회가 되었는데 "1군 1노회"는 용천이 유일하며, 지금도 장로교 통합 측 안에 존재한다.

---

5 『장로교 희년 기념 설교집』 (1934), "차재명 목사 내력."

3. 미션스쿨 신성(信聖)중학교에 입학

기독교를 온전히 받아들인 차재명은 만학의 꿈을 안고 선천의 미션스쿨인 신성중학교에 입학한다. 평북 지역 중등교육 기관의 효시인 신성중학교는 선천읍 대목동에 설립된 기독교 학교로, 1906년 4월 18일 미 북장로회 선교부와 양전백, 안준, 김병농, 김석창 등에 의해 설립된 남자학교다.

당시 차재명은 용천과 선천을 관통하는 경의선이 개통(1906년 4월 3일)되었기에 신성학교에 통학을 한 것인지 따로 선천에서 거주했는지는 확인되지 않는다. 다만 이 시기 장남인 차형린(車亨麟, 1901년 3월생), 차남인 차형모(車亨模, 1905년생) 등 3명의 자녀를 둔 상황이라 차재명이 신성중학교에서 수학할 동안 부인 박씨는 아이들을 돌보며 힘들게 생활한 것으로 여겨진다.

당시 신성중학교 교사였던 양전백(梁甸伯, 1869~1933)은 1869년 평북 의주에서 양반 가문의 후예로 태어나 어려서부터 증조부 슬하에서 한문을 수학하였고, 15세에 시(詩)와 부(賦)에 능통하다는 명성을 얻게 되자 서당을 차려 아이들을 지도하였다.

1892년 친구이자 먼저 기독교에 입문한 김관근(金灌根, 1867~1913)을 따라 서울 정동교회(현 새문안교회)에서 언더우드가 실시한 사경회에 참석했다가 처음으로 복음을 접하였다. 이후 그는 김관근의 부친이 개설한 구성(龜城)군 학당에서 한문과 함께 성경을 가르쳤는데 이것이 구성군 신시(新市)교회의 시작이었다. 1893년 신시교회에서 마펫 선교사로부터 세례를 받고 기독교에 입문한 뒤, 평양신학교를 졸업한 최초의 한국인 목사 7인 중 한 명이다.

평양신학교 졸업 기념(1916년 4월, © 새문안교회 역사관 제공)

차재명은 양전백, 강규찬(姜奎燦, 1874~1945) 목사를 비롯한 기독교인 지도자들과 휘트모어(N. C. Whittemore, 위대모, 1870~1952), 윤산온(尹山溫, G. S. McCune, 1878~1941) 선교사 아래에서 신학문을 배우며 성경 지식을 습득하였다.

4. 동서양 철학을 접목한 전도인으로

당시의 기독교 학교는 서양의 신학문과 기독교인 교사와의 접촉을 통한 국제화의 싹틈, 양반과 평민, 남녀의 평등주의, 노동의 신성함, 강연회와 토론회를 통한 인격 계발 그리고 이웃과 민족을 위해 봉사하는 새로운 차원의 교육을 실시하고 있었다. 어렸을 때 유학을 공부한 차재명에게 신학문과 성경의 서양철학은 그의 사고 영역을 확장시켜 주었으리라 믿는다.

당시 이 학교 교장이었던 윤산온 선교사는 미국 미주리주 파크(Park) 대학을 졸업한 후 1905년 우리나라에 건너와 1909년 신성중학교 교장에 취임하였는데, 우리 민족에게 동정적인 선교사였다. 3.1운동 때 그의 영향하에 있는 기독교 학생들에게 결기를 시사했다고 한다. 1935년 평양의 숭실전문학교 교장이었을 때 신사참배 강요를 거부했기 때문에 이듬해 총독부에 의해서 국외로 추방되었다.

차재명은 신성중학교에 재학할 때 학생 전도인으로 활동하였다. 당시 신성학교 학생들은 학생회를 조직하여 돈을 조금씩 모아 전도인을 세워 지방으로 파송하는 일을 지원했는데, 차재명은 그때 열심히 전도하는 사람이었기에 신성학교에서는 차재명을 전도인으로 경상도에 파송했다. 차재명은 선천에서 기차를 타고 가는 도중 서울역에 잠시 내렸을 때 남대문 밖 길가에서 큰소리로 열정적으로 전도를 했다고 한다. 당시 남대문 밖(처음 세브란스병원 뒤)에 살던 언더우드 선교사가 그것을 보고 점찍었다가 나중에 그와 친분이 두터웠던 윤산온 선교사에게 새문안교회를 섬길 조사로 차재명을 요청하였다고 한다.6 이 내용을 뒷받침할 만한 자료는 다음과 같다.

"영덕군 매정(梅亭)교회가 성립하다. 선시(先時)에 강우근(姜佑根), 노태식(盧台植) 등이 주를 믿고 교회를 창시하니, 선천(宣川) 신성(信聖) 학교 전도인 차재명이 와서 도와 믿음에 앞선 10여 인이 합심하여 한

---

6 "한국기독교의 어제와 오늘," 「새문안」, '백낙준 박사와 노정현 장로 대담'에서 발췌.

사람이 한 사람을 전도한다(一得一)는 목적으로 기도하여 신자가 30여 인에 이르고, 합심 협력하여 예배당을 건축하며 영신(永新)학교도 설립하여 교육을 병행 시행하였으며, 경성 여전도인 고원경[高元卿, 새문안교회 여조사, 집사, 원본에는 경(卿)이 향(鄕)으로 잘못 인쇄되어 있음]이 와서 도와 여자(기독교) 세계에 유익이 심히 많으니라."7

선천에서 약 5~6년간 학교를 다니며 학교 전도인으로 활동한 차재명의 이 시기의 경험이 이후 차재명의 앞날의 방향에 많은 영향을 끼쳤으며, 그의 정체성이 이 시기에 확고해진 것으로 사료된다.

5. 언더우드 조사로 발탁

새문안교회를 담당하던 언더우드 선교사는 1906년, 고종황제로부터 최고 훈장을 수여받고 7월에 3차 안식년 휴가로 미국에 간다. 1907년에는 요양을 위해 스위스에서 지내다 가을에 미국으로 돌아와 '한국 선교를 위한 기금 마련과 선교사 증원을 위한' 한국 알리기에 매진하면서 1908년 그의 첫 저서 *The Call of Korea*를 출간한다. 1909년 8월, 3년간의 안식년을 마치고 귀국한 그는 8월 24일 북장로교 한국선교 25주년 기념식에서 『회상기』(*Reminiscence*)를 발표하였고, 경충노회 노회장으로 선출되었다. 그리고 9월 1일 감리교와 '교계분할협정'을 완성하고 존 디 웰즈학교(경신학교) 교장에 임명, 이듬해인 1910년 저서 『동아시아의 종교』(*The Religions of Eastern Asia*)를 출간하고 염

---

7 『朝鮮 예수敎 長老會 史記, 上』, 304, 원본을 현대어로 풀이함. _ 필자 주.

정동(현 새문안교회터)에 새문안교회를 신축하였다. 당시 새문안교회 교인 수는 약 300명이었는데 새로 예배당을 신축하자 신자 또한 늘어갔다. 그러나 언더우드 선교사는 이듬해인 1911년 대한성교서회 회장으로 임명, 새 건물 정초식 등의 일정으로 새문안교회에 전념할 수가 없었다.

새문안교회는 당시 황해도 일부와 경기 고양, 시흥, 경성 등지의 동사목사였던 서경조 목사가 함께 돌보았지만 서 목사 역시 고양, 김포, 시흥의 여러 교회를 돌보느라 여력이 없었다. 새문안교회의 장로인 송순명(1904년 장립된 새문안교회에서 이름을 알 수 있는 첫 장로)도 이즈음 영국성서공회 권서인으로 교회를 비울 때가 많아 새문안교회 당회(언더우드, 서경조, 송순명, 김규식이 당시의 당회원임)에서는 여자 조사 1인과 남자 조사 1인을 택하기로 가결했다(당회록, 1911. 8. 31). 남조사는 평북 선천교회에서 고빙(雇聘: 능력 있는 사람을 예의를 갖춰 모셔 옴)하기로 결정하여 차재명이 조사로 오게 된다.

새문안교회 기록에 차재명 조사가 처음 회의에 참석하여 조사 임무를 하며 이름이 거론된 날은 1911년 10월 24일자 당회록이다. 이를 미루어보면 차 조사는 1911년 9월 말이나 10월 초에 새문안교회 조사로 새문안교회를 섬기기 시작해 그가 훗날 일제에 의해 새문안교회를 떠나는 1941년 12월까지 만 30여 년을 그리고 그의 생애의 절반을 새문안교회와 함께하였다.

왜 언더우드 선교사는 그가 처음 설립한 새문안교회 조사를 하필 서울이 아닌 서북 태생인 차재명을 고빙하였을까? 여러 추측이 가능하겠지만 가장 큰 원인은 두 가지로 요약된다.

첫째는 언더우드 선교사가 서북인의 기질과 차재명의 열성을 신뢰하였기 때문이다. 새문안교회가 창립될 때 주동 인물의 대부분이 스코틀랜드 파송 선교사 로스(John Ross, 1842~1915, 羅約翰)에 의해 복음을 접했던 서북인들이었으며, 이들의 기독교에 대한 열심과 전도의 열정을 수년간 보아왔기 때문이다. 그 자신이 서북 곳곳을 여행하며 선교 루트를 개척하려고 했을 때 누구보다도 그들이 앞장서서 도와주었다.

둘째는 미장로교 선교본부가 있는 평양이 속한 평안도에 터전이 있는 사람이 필요하였을 것이다. 1911년 당시 한국 장로교회의 교세는 이미 서북으로 기울었다. 장로 교인의 3분의 2가 서북인들이었으며, 1907년 한국 최초로 평양신학교를 졸업하고 목사 안수를 받은 이들 중 이기풍(제주도로 파송)을 제외하고는 모두 서북으로 발령이 났다. 서울에 고등교육기관(대학)의 설립을 누구보다도 간절히 원했던 언더우드는 선교사들의 연례 선교 회의에서 이 일로 찬반투표를 했는데 번번이 서울에 대학설립을 반대하는 선교사들과 벌어진 인식 차이로 힘들어했다.

그가 1909년 경신학교를 확장·증설하여 대학을 세우고자 기금도 마련하고 부지도 마련하였으나 특히 평양의 선교사인 마펫이 강력히 반대하였다. 마펫은 평양의 숭실전문학교만으로도 대학은 충분하며, 서울에 대학이 설립되면 평양에 있는 숭실학교가 타격을 받을 것을 염려해서 반대하였다. 반면에 언더우드는 서울의 중등교육기관에서 학업을 마친 젊은이들이 평양이 아닌 일본의 대학에 많이 가므로 그들을 흡수하기 위해서는 서울에 꼭 대학이 필요하며 그것도 빠른 시일 내에 설립할 것을 원했다. 그래서 그는 재한 선교사들의 반대를 무릅쓰고 미국 선교본부에 꾸준히 대학설립의 필요성을 제기하며 추진하던 터였다. 그래서 기독교 성지인 선천에서 또 비교적 온건하면서도

'105인사건'으로 친분이 두터웠던 윤산온 선교사에게 자기의 손발이 되어줄 명석한 조력자를 부탁하게 된다. 이에 딱 맞는 사람이 차재명 조사였다.

6. 새문안교회 장로로 피택

차재명이 새문안교회 조사로 가장 활발하게 활동한 분야는 '교우들을 만나는 일'이었다. 당시 우리 교회 당회의 일 중 가장 비중을 둔 것은 '초신자들의 세례문답'과 '교인들의 치리'였다.

세례문답은 지금과 달리 굉장히 엄격하게 진행되었으며 보통 초문답에 세례를 준 경우는 거의 없고 두세 번을 문답하여 원입인(願入人: 예수를 믿기 시작하여 공예배에 참석하는 자), 고대인(姑待人: 교회에 출석하지만 믿음이 확실하지 않아 세례를 아직 줄 수 없는 자, 현재의 학습인과 비슷함)을 거친 후 세례인(洗禮人)이 되었다. 이 시기 교인들의 문답을 기록한 『새문안 교우문답책』에는 문답인의 성명, 나이, 사는 곳, 믿은 시기, 하는 일, 글의 유무식, 식구, 세례일, 세례명 등이 소상히 기록되어 있는데, 이 기록물은 새문안교회와 한국 초기의 교인들을 파악할 수 있는 소중한 기록일 뿐만 아니라 당시 서울의 지명, 직업, 한글 표기 방식, 가족 구성, 생활 모습 등의 정보를 알 수 있는 귀중한 자료이기도 하다.

또한 이 시기의 기독교인들의 치리(治理)는 무척 엄격하였다. 주일 성수 범하는 일, 술 먹는 일, 믿지 않는 가정과의 혼사, 민며느리 들이는 일, 첩을 둔 일, 조혼 등으로 책벌(責罰: 저지른 잘못이나 죄를 꾸짖어 벌을 주다) 받은 교우가 반성하여 해벌(解罰: 벌에서 풀려나다)할 때까지 해당 교우를 심방하여 권면하는 일이 조사인 차재명과 당회원들의 일이었다.

누구보다도 성실하고 부지런하였던 차 조사는 새문안교회 교우들의 집을 일일이 방문하여 그들을 권면하여 다시 교회로 이끌어 형제의 사랑을 실천하였는데, 이때의 경험으로 훗날 그가 새문안교회 담임목사가 되어 심방을 강화하여 교인들 간에 교제와 정을 나누는 사랑의 공동체를 실천하게 된다. 또 차 조사는 새문안교회뿐 아니라 언더우드가 개척한 경기도의 고양(당시 서대문구, 은평구는 고양군에 속하였음), 김포, 시흥 등의 지교회서도 언더우드 목사의 손발이 되었다.

1912년 1월 3일 주일에 우리 교회에서는 "차재명 조사 부부와 그 한 딸과 두 아들의 성명을 새문안교회에서 받고" 이명 예식을 하였다. 차 조사를 신뢰한 당회에서는 1912년 3월 14일 당회에서 장로 1인을 작정하고 차재명 조사를 공천하기로 한다. 3월 17일 새문안교회『교회회록』(현『공동의회록』)에 의하면 예배당에서 교회회의(당시 지금의 공동의회 역할)가 열렸는데, 원두우 목사가 회장으로 승석하고 기도로 개회한 후 서기(송순명 장로)가 없으므로 회중(會衆: 많이 모여 있는 사람들)이 김규식 장로를 서기로 택했다. 처리할 사건으로 서경조 목사가 제출한 "새 장로 1인을 더 택하자" 하며 차재명 조사를 천(薦: 추천하다)하매 "회중이 투표하여 차재명 씨를 택하다"라고 기록되어 있다.

1912년 10월 27일 주일 상오 11시에 차재명을 장로로 장립하고 성찬례를 행하며 10월 29일에 회집되는 경기충청노회의 총대로 정해 공식적으로 활동을 시작한다. 차재명이 새문안교회에 온 지 6개월 만에 장로로 피택된 것은 지금 교회의 정황으로 보나 당시 새문안교회 형편으로도 무척 파격적인 일이었다. 그만큼 그가 교인들에게 신뢰를 받았으며, 무엇보다도 '일꾼을 키우는 일'에 적극적이었던 언더우드가 그의 신앙심과 사람됨을 보고 장차 '한국교회의 재목'으로 키우기 위한 큰 안목으로 그를 장로로 장립한 것이다.

장로가 된 후 바로 노회의 총대로 참여케 하여 경기 충청 일대의 장로교회들의 형편을 파악하고 장차 한국교회를 위한 일에 크게 쓰임 받게 하려는 포석도 깔아놓은 것이다.

III. 목사로서 차재명의 생애

1. 평양신학교에 입학

1910년대 평양신학교 입학은 지금의 신학교 입학과는 완전히 달랐다. 입학생들은 노회에서 추천한 장로들로 매 학기마다 그들의 활동을 파악해 노회의 허락이 있어야 수업을 계속할 수 있었다. 그 당시 수업 진행은 3개월을 수업하고 나머지 9개월은 교회에서 일을 맡는 형식으로, 실제로 입학한 학생들 가운데 여러 사정으로 졸업하지 못한 학생도 많이 있었다.

1901년 새문안교회에서 사역하던 사무엘 마펫이 평양에 선교기지를 마련한 뒤 이 학교를 세워 교장을 맡았으며 이길함(Graham lee, 1864~1916) 선교사와 함께 신학교에서 교수하였다.

차재명 장로는 조사로 새문안교회를 섬기며 신학교 수업도 병행했는데, 차 조사가 평양에서 수업할 동안에는 장붕(張鵬, 1877~1955), 원세성(元世性, 1860~1935)이 조사로 새문안교회에서 사역하였다.

차재명이 새문안교회 조사로 있을 때 당회나 제직회가 자주 언더우드 선교사 자택에서 실시되었는데, 많은 시간이 소요되는 세례 문답은 주로 언더우드 자택에서 진행되었다. 차재명 조사가 20~30여 명의 세례문답인들을 인솔하여 남대문 밖 이문동에 있는 언더우드 사저로 데리고 가서 이들을 문답하게 하였다.

언더우드 선교사는 1902년 남대문 밖 이문동에 형(존 T. 언더우드)의 지원을 받아 새 사저를 짓고, 이후에 기독교 실업가이자 자선사업가인 세브란스(Louis. H. Severanc, 1838~1913) 씨가 미 장로교 본부에 기증한 25,000불의 희사금(喜捨金)으로 동료 의료 선교사인 애비슨(O. R. Avison, 魚丕信)과 함께 남대문 밖 복숭아골(현 서울역 건너편)에 제중원을 신축하였다. 1904년 9월 3일 이 병원은 완성되었고, 기증자의 이름을 따 '세브란스병원'이라 불렸는데 1910년 새문안교회 건축을 설계했던 캐나다 건축가인 고든이 이 병원을 설계하였다.

1907년 세브란스 씨가 내한하여 다시 3만 불을 더 기부하여 병원 운영과 의학교 교사 건립에 충당하였는데, 언더우드는 선임 선교사로 이 모든 일을 지휘하였다. 세례문답이 교회가 아닌 목사 사저에서 진행된 경우는 드문 일이지만 당시 언더우드는 이 병원의 관계자들과 남대문 근처에 살던 교인들이 정식으로 교회를 설립한 남문밖교회(현 남대문교회)를 맡아 여념이 없는 데다 대학설립 문제 등으로 바쁜 일정으로 기인한 것으로 보인다.

2. 신학교 졸업 후 순행 전도 목사로 목회 시작

1916년은 새문안교회에 기억될 만한 해다. 4월에 언더우드 선교사가 한국에 온 지 31년 만에 신병 치료차 미국으로 귀국했다. 이때 새문안교회 교인들은 '새문안 교우 일동'이라고 새긴 은으로 만든 한 쌍의 잔을 만들어 주었는데, 이것이 언더우드 선교사에게 준 마지막 선물이 되었다.

새문안교회는 언더우드와 경기지역 동사목사였던 빅터 채핀(Chaffin, Victor D, 채피득, 1881-1916) 선교사가 맡게 된다. 그러나 빅터 채핀 선교사는 부임한 지 두 달여 만에 갑작스레 별세하고 만다.

빅터 채핀의 별세로 다시 공백이 된 새문안교회는 후임 목사를 청빙하는 공동의회를 열어 일반 교인들은 75대 5로 차재명을 새문안교회 당회장으로 원했으나 당시 노회에서는 차재명을 강도사로 장립하고 조사 일만 하도록 했다. 그리고 몇 개월 뒤 경기 서편 김포, 시흥을 맡는 순행 전도목사로 5년간 섬기던 새문안교회를 떠난다. 일부 교회사가들은 이 일이 서북 출신이 걸림돌이 되어 새문안교회를 떠나게 되었다고 했으나, 이것은 차재명의 사적인 일이 알려지지 않아서라고 생각한다. 차재명 조사도 이 해 엄청난 아픔을 겪는다. 새문안교회 조사로 발탁된 남편과 함께 용천을 떠나 1911년 12월경에 서울에 왔던 아내가 새문안교회를 섬기며 자녀들을 양육하며 막 활동을 시작하였는데 중병으로 세상과 이별한 것이다. 아내 박씨 부인은 만 3살이 된 막내 형기와 그 위로 두 아들, 한 딸을 남겨두고 시부모보다 먼저 사망한다. 이해 5월 말 제9회 평양신학교를 졸업한 사람들은 차상진, 이명혁, 함열이 있었고, 1916년 6월 27일 경신학교에서 열린 제10회 경충노회에서 함께 졸업한 세 사람은 다 목사로 장립되어 임지로 떠났으나 차재명만 강도사 장립에 그친 것은 아내의 죽음으로 인한 부인의 부재가 가장 큰 원인이라 생각된다.

당시 새문안교회 당회장이었던 에드윈 쿤스(Edwin Wade Koons, 군예빈, 1880~1947) 선교사는 9월 20일 승동교회에서 모인 경충노회 임시 노회에서 "선교사 회의 결의에 의하여 강도사 차재명 씨를 경기 서편 시흥, 김포 양군 각 교회의 순행 전도 목사로 장립"하기를 청원하여 노회의 허락을 맡았다. 그리고 차재명의 목사 장립식을 9월 27일 주일 새문안교회에서 거행하고, 임시노회로 모여 이 사실을 언더우드 목사에게 편지하기로 결정한다. 이때 송순명, 원한경을 비롯한 당회원들과 군예빈 목사는 많은 고심을 하였을 것인데 이때의 결정은 새문안교회 교인들에게는 무척 섭섭한 일이었으나 경기 충청 지역으로 시야를 넓히면 잘된 선택이었다. 왜냐하면 경기 서편 지역은 언더우드와 새문안교회 교인들이 개척한 지교회들이 많이 있었으며 차재명 역시 조사 시절 이 지역의 권찰로 활동하여 교인들과 친숙하였다. 당시 쿤스 선교사는 경신학교 교장으로 학교와 가까운 경성의 새문안교회를 담임하는 것이 더 합리적이었다. 그리고 무엇보다 차재명이 이 지역을 담당하면서 이 지역의 교회들을 부흥시키고 그가 맡은 교회의 여러 체계를 잘 잡아 그 지역 교회들이 지금 유서 깊게 자리매김하고 있기 때문이다.

차재명 목사는 새문안교회 당회장으로 부임한 이후에도 한동안 그 교회들(서교동교회, 양평동교회)의 당회장을 겸임하며 돌보았고, 지금까지도 이 교회들은 새문안교회와 형제 교회로 교류하고 있다. 현재의 영등포교회, 양평동교회, 시흥교회, 서교동교회, 김포중앙교회, 김포제일교회 등은 차재명이 당시 당회장으로 시무하던 교회였다.

3. 감리교인 이계순과 재혼

차재명이 이계순(李桂順)과 결혼한 해는 아내가 별세한 지 얼마 되지 않은, 같은 해 1916년이다. 재혼이 이른 감은 있지만 당시 교역자에겐 부인이 꼭 있어야 했다(그리고 당시 총회법에는 미혼인 남자를 목사로 장립하지 않았던 것으로 추정됨). 지금처럼 편의점이나 빨래방이 없던 시절에 남자가 네 자녀들을 데리고 혼자 살아간다는 것은 너무 힘든 일이었고, 더구나 김포와 시흥을 오가며 목회 활동을 하는 그는 홀아비 생활을 오래 할 수 없었다. 차재명이 어떻게 이계순과 혼인하였는지는 상세하지 않지만, 후손들의 증언에 따르면 전적으로 전도부인이었던 이계순 어머니의 결단이었다고 한다. 세상의 잣대로 보면 아이가 넷 딸린 홀아비에게 곱게 키운 처녀인 딸을 출가시키는 건 결코 쉬운 결정은 아니다.

이계순은 서울의 양반 가문에서 태어났으나 아버지가 일찍 돌아가셨다. 남편을 잃은 뒤 이계순의 어머니는 일주일을 넋 놓고 지내다 깨달은 바가 있어 기독교를 접하고 감리교인이 되었다. 그녀가 세례를 받을 때 감리교 선교사는 그녀에게 '에비녀'라는 세례명을 지어 주었다. 그녀는 딸을 감리교에서 운영하던 이화학당에서 공부시켰고, 졸업 이후 유학을 보내 신학 공부를 시키려 했다.

그러나 이계순의 남동생은 미국 유학을 갔으나, 여러 사정으로 이계순은 모교인 이화학당에서 교사로 학생들에게 영어를 가르쳤다(이때 이화학당에는 유관순이 재학하며 공부하였다고 한다). 1녀 2남을 둔 김에비녀는 자녀들을 모두 기독교인으로 키웠고, 감리교의 전도부인으로 열성적인 활동을 하였다. 사위 차재명을 무척 아끼고 아들처럼 잘 대해주었다고 한다.[8] 또 훗날 사위를 먼저 보내는 아픔도 겪는데 차재명 목사

---

8 차재명의 4남 차석기의 아들 차명제 집사 증언.

가 임종하기 직전에는 기적적인 영감으로 그를 찾아왔고, 모든 가족이 차 목사의 마지막을 지킬 수 있게 하였다. 차재명과 결혼한 이계순은 이후 차활란(車活蘭, 차헬렌)으로 불리며 슬하에 1남 3녀(차석기, 차희숙, 차화숙, 차혜옥)를 낳아 키우며 험난한 시절에 인내와 사랑으로 말없이 사모의 길을 걸어간다.

4. 경충노회 노회장으로 피택되다

경충노회는 1911년 12월 4일 제1회부터 1924년 6월 17일까지 총 26회의 정기총회와 필요에 따라 임시총회를 열었다. 그 후 충청지역은 노회가 따로 분리되고 새문안교회가 소속된 경기노회는 1924년 12월 제1회 노회를 안동교회에서 개최하였다. 당시 노회법은 당회가 조직되지 아니한 교회는 전임목사를 둘 수 없었고, 이런 교회는 많이 있었으나 교역자는 절대적으로 부족하여 한 목사가 여러 교회를 섬길 수밖에 없었다.

차재명 목사는 김포, 시흥의 여러 교회와 고양의 잔다리교회(후에 세교리교회, 서교동교회로 개칭)를 담당하면서 경충노회에서 활약하였다. 제1회 경충노회는 새문안교회에서 열렸으며 차재명은 1912년 3월부터 총대로 참석하기 시작해 노회 활동을 하였다. 1917년 12월 16일 영등포교회, 양평리교회, 잔다리교회가 영등포교회에 회집, 위임부 임원 이명혁, 박정찬, 군예빈 3인과 그 지방 장로 여러 명이 모여 차재명 목사 위임예식을 거행하였다.

차재명 목사를 공동 담임목사로 모셨던 세 교회는 모두 부흥하여 경충노회 서편 시찰 구역에서 가장 큰 교회들로 성장하였다.

목사의 수가 절대적으로 부족한 당시에 한 교회에서 단독으로 목사를 모신다는 것은 어려운 일이었다. 그래서 영등포, 양평리, 잔다리 세 교회가 연합해 차재명을 전임목사로 청빙하였는데, 그의 나이 36세 때의 일이다. 이때 기록을 보면 차재명 목사는 어느 특정한 교회의 담임목사가 아니라 새문안교회의 지교회로 시작하여 당시 지역사회에서 복음을 함께 전파하고 그 지역의 교육을 함께 담당한 초대 교회의 공동목사로 부임하였는데, 이 세 교회는 부흥의 전기를 맞게 되고 이후 함께 많은 발전을 하였다.

1918년 경충노회에 보고된 교세를 보면 교인 수가 영등포 263명, 양평리 146명, 잔다리 174명 합 583명으로(당시 새문안교회 교인 수는 357명으로 보고) 새문안의 지교회였던 작은 교회가 엄청나게 성장하였음을 알 수 있다. 경충노회의 서기로, 노회 사기 편찬위원으로 활동하던 차재명 목사는 제17회 경충노회에서 노회장으로 피선되었다. 세 교회의 공동 담임목사인 차재명 목사는 경기도와 충청도, 강원도 일부를 총괄하는 큰 조직의 지도자로 한국교회의 비중 있는 자리에 있게 된 것이다.

5. 3.1운동과 차재명

새문안교회는 3.1운동이 일어났을 때 교회적으로 이 운동에 참여한 교인들의 기록은 아직 발견할 수 없다. 당시 담임은 쿤스 선교사가 맡았고, 새문안교회의 부설 영신학교는 초등교육기관으로 이 학생들이 교회에서 성경 공부를 하고 세례문답을 하였으나 단체로 3.1운동에 참여한 기록은 없다. 다만 3.1운동 독립선언서에 서명한 33인 중 한 사람인 이갑성(李甲成, 1889~1981)과 함께 세브란스병원에 근무하는 임재하 집사가 이 일로 연루되어 출판물 소지와 운반 등의 이유로 감옥에 투옥되었고, 3.2일 제직회록에 "장붕 씨는 금번 서백리아(西伯利亞, 시베리아) 출정 군인에게 위문하기 위해 출발하려다가 특별한 사정으로 인하여 청원하다. 장붕 씨가 평양신학교에 공부하려고 하왕(下往)하시는 몇 주간만 퇴정하기로 승낙하다"라고 기록되어 있는데, 이때 장붕은 4월 23일에 결성된 한성임시정부 기독교 대표로 선정된 점으로 보아 평양신학교 하왕은 형식적으로 기록된 것이라 생각된다(4월 26일자 당회록에는 당회 서기였던 장붕 장로 서명이 마지막이며, 5월부터 강문집 장로가 임시 서기로 당회록을 기록하다 정식 서기로 기록하기 시작한다).

이후 장붕은 9월 15일에 탄생한 상해임시정부 사료 편찬위원으로 독립 활동을 시작하며 교회 내의 기록에서는 1922년 9월 10일 상해로

시베리아(서백리아)노회 조직 기념 사진(1923년, © 새문안교회 역사관 제공)

이명하였다는 기록이 전한다. 1920년 1월 제직회록에 "금번 구제 연보와 성탄비 절약금을 합계하여 50원을 재옥(在獄) 교인의 가족에게 구조하기로 가결"한 기록이 전해지며, 3.1운동 직후 면려회가 해산되고 제직회 모임도 6개월간 회집되지 않았다.

3.1운동 당시 영등포교회를 담임하던 차재명 목사는 영등포교회에서 학생들을 중심으로 태극기를 만들어 사람들에게 나누어주었고, 교인들과 주민들은 그 태극기를 들고 영등포 공작창으로 달려가 철길 위에서 만세 시위를 하였다고 한다. 3.1운동 다음날이 주일이었기 때문에 교인들은 예배를 드린 후 다시 시위에 참가하였다.

그 후 일본 경찰의 검문이 심해지자 차재명 목사는 교인들에게 여러 가지 주의 사항을 알려주었고, 광고 시간을 이용하여 이를 상기시키곤 하였으며, 3.1운동 이후 상처받은 교인을 위해 2주 동안 대대적인 부흥 집회를 열어 신앙으로 재무장하고 자유 정신을 승화시키는 데 진력하였다고 한다.9

6. 새문안교회 첫 한국인 위임목사

1920년 말에 이르러 새문안교회는 차재명 목사를 새문안교회의 첫 한국인 당회장 목사로 맞이하게 되었다. 1887년에 설립한 새문안교회는 약 33년간 미국 장로교에서 파송한 선교사들이 번갈아 가며 새문안교회를 담임하였다. 새문안교회를 마지막으로 담임한 선교사 쿤스는 경신학교 교장을 겸하며 약 4년 6개월 동안 새문안교회를 담

---

9 『영등포교회 100년사』, 148-149.

임하고 있었는데, 왜 이 시기에 차재명을 새문안교회 담임목사로 청빙하게 되었을까?

당시 시대 정황으로 보아 여러 사정이 있었겠지만, 무엇보다 새문안교회의 위상이 초기보다 낮아진 데 그 원인이 있다고 본다. 새문안 교인들은 초기 활발한 전도로 경기도 일대에 많이 전도하여 여러 지교회를 설립하였고, 서울에서도 승동교회, 연동교회를 세우는 데 많은 공이 있었으나, 이 시기에는 지교회였던 연동교회의 교세가 더 확장되었다. 1895년 장로교 선교본부가 연못골로 옮겨가 정동에 있던 여학교도 이곳에 옮겨지고, 1901년 경신학교도 설립되었으며, 1907년 한국교회의 부흥으로 연동교회는 이미 1,200명의 교인이 출석할 만큼 성장하였다.

1894년 사무엘 무어 선교사와 새문안교회 교인들의 전도로 설립한 승동교회는 1919년 2월 20일 교회 지하에서 당시 경성의 각 전문학교 대표자 20여 명이 모여 3.1운동의 지침과 계획을 논의하였고, 또 이 교회에서 YWCA(대한여자기독교청년연합회)가 창립되어 여성들의 사회활동의 일익을 담당하는 계기를 만들기도 하였다. 3.1운동 때 독립선언문이 승동교회 지하실에서 인쇄되었는데, 당시 당회장 차상진은 일본 경찰에 의해 고초를 겪는 등 승동교회는 일제 때 민족운동과 사회운동에 큰 역할을 하였다.

그러나 새문안교회는 지도자였던 김규식 장로, 서병호 집사가 일제의 감시를 피해 중국으로 망명하고, 1916년 언더우드 선교사가 병세가 악화되어 미국으로 귀국해 별세하고, 그의 조사였던 차재명이 노회의 결정으로 김포, 시흥의 순회목사로 또 조사였던 장붕 역시 3.1운동 이후 상해로 간 뒤 교세는 많이 기울어진 상태였다. 또 쿤스 선교사는 경신학교 일로 새문안교회에 전념하기에는 여의치 않는 등 이런 교회의 배경과 당시 시대적 상황으로 1920년 11월 20일 당회에서 전임 시무 목사 한 분을 청빙하기로 가결한 후 당회는 바로 차재명 목사를 청빙 교섭에 나섰다. 원래 차재명 목사는 새문안교회에서 조사와 장로로서 다년간 교회를 섬겼을 뿐만 아니라 조사 시절 노회와 교회의 지원으로 평양장로회신학교를 졸업하였다.

새문안교회의 여러 기록을 보면 1914년 주일 설교의 반 이상을, 성경 공부와 3일 기도회(현 수요예배)의 강도(講道: 기독교 도리를 전하는 일, 현 설교)는 거의 차재명 조사가 한 것으로 되어 있어 교인들과 교감하는 시간이 많았다. 심방으로 교인들과의 친화력이 돈독했으며, 교인들은 그가 신학교 수업에 전념할 수 있도록 전폭적인 지지를 보냈고, 제직들은 그가 평양에서 공부할 때 서로 일을 분담하며 도와 공부를 무사히 끝낼 수 있었다.

그런 그가 다시 새문안교회의 목사로 돌아와 새문안교회를 위해 봉사하게 된 것이다. 새문안교회의 교인들은 언더우드 선교사가 귀국한 직후부터 차재명 목사를 담임으로 원했으나 당시의 정황은 여의치 않았다. 그러나 결국 차재명 목사는 세 교회의 공동 담임목사직을 사임하고 새문안교회 담임목사로 부임하게 된다.

그러나 차재명 목사가 새문안교회에 부임한 후에도 그가 담임했던 세 교회의 당회장을 한동안 맡았으며, 세 교회에는 개교회를 전적으로 관리하는 조사를 각각 임명하여 담임목사의 공백을 메워 주었다. 특히 양평동교회에 담임목사가 공백일 때는 당회장을 맡았는데, 1928년까지도 이 일은 계속되었다. 부임한 초기에 당회를 매주 9시에 한 것이 바로 이런 까닭이다. 당시 차 목사의 행적을 알 수 있는 글이 있어 소개한다. 1982년 「양평회보」에 실린 김수일 장로의 증언이다.

"차재명 목사님은 새문안교회 당회장 목사님이시다. 그러나 양평동교회, 영등포교회, 서교동교회의 당회장이시기도 하다. 그래서 한 달에 한 번씩은 꼭 오신다. 낮 예배는 본 교회 일로 못 오시고 밤 예배를 이용하여 오신다. 그때는 교통이 불편할 때라서 오시면 예배 후에 주무시고 가시는 것이 보통이시다. 우리 집에서도 한두 번 모신 일이 있다. 나도 그 목사님께 세례를 받았다."

차재명 목사의 새문안교회 담임 청빙은 새문안교회에서는 전적으로 신뢰하여 매우 순조로웠지만, 영등포교회에서는 심한 반대가 있었다. 영등포교회 제직 일동은 통첩(通牒)으로 반대 의견을 보내왔다. 그래서 새문안교회에서는 제직회 회장과 서기(강문집 장로)의 이름으로 편지하기를 가결하고 또 일반 교인들에게 차재명 씨를 본 교회 목사로 고빙하기를 거수한 결과, 전수(全數) 가결함으로 일전에 제직회에서 보냈던 총대 두 분 원한경, 강문집을 다시 차 목사에게 보내기로 하였다.

1920년 12월 제직회에서는 목사 사택을 수리하고 도배를 하며 목사 환영회 준비를 위해 총대 5명을 선정하여 대대적으로 환영식을 열고 차재명 목사를 맞이하였다. 이때 우리 교회는 1년 전 3.1운동의 여파로 경신학교 교사였던 집사 몇 명이 사직하고 교세 또한 다른 경성에 있는 교회에 비해 미미하였기 때문에 새문안교회로서는 오랜만에 맞는 기쁨이었다.

7. 언더우드의 정신 "연합과 선교"를 사역의 큰 줄기로

언더우드가 세운 서울의 첫 장로교회인 새문안교회의 첫 한국인 위임목사로서 차재명은 조선예수교 연합공의회 초대 의장과 수년간의 회계 직임, 장로회 총회장, 장로회 총회 외국전도부 부장과 동(同) 사무국장 등으로 활발하게 활동하였다.

한국교회의 조직, 연합과 선교, 이것이 차재명 목사 사역의 큰 줄기였다. 한국 초대교회가 선교사들과 합력하여 일구어 왔던 것을 차재명 목사는 그대로 계승하였는데, 바로 초대 목사였던 언더우드 사역의 계승이었다.

백낙준은 그의 저서에서 언더우드를 "한국에 교회를 설립하고 그 교회를 조직하였으며, 목사를 양성하였고 대한예수교장로회의 초대 총회장이 되었다. 한국교회를 설립하고, 조직하고 교파를 연합했던 그의 사역은 다 그의 '정치적 수완'에서 비롯된 비범한 지혜였다"라고 서술하였다. 차재명 목사 역시 "명석한 두뇌와 민활한 수완으로" 한국교회에 많은 공헌을 하였으며, 약 5년 동안 언더우드의 조사로 있으면서 언더우드의 선교 정신을 그대로 이어받아 그의 철학을 계승하였다.[10]

1930년 「기독신보」는 종교가 가정 순례를 기획하여 그 첫 탐방으로 새문안교회 차재명 목사의 가정을 찾았다.

"차 목사는 조선장로회 총회 현재 회장으로 일찍이 연합공의회 회장으로,

---

[10] 류금주, "새문안교회의 첫 한국인 목사 차재명, 그의 한국교회사에서의 전환기적 위치."

경기노회 전도국 산동 선교 사무, 기타 기독교계에 명석한 두뇌와 민활한 수완으로 활동하여 많은 공헌이 있는 이시다. (중략) 새문안 예배당이라면 45년이란 긴 역사(언더우드가 입국하여 한두 명이 그에게 성경 교리를 배우던 시기를 새문안교회의 설립으로 보고 있다)를 가지고 있으며 고 원두우 박사가 창설한 교회며, 시내 장로교회 중에 그 위치로나 무엇으로나 중요한 지위를 점령하고 있다. 정문을 들어서자 이 교회 경영인 '유치원'이 있고, 좀 더 들어가면 성전이 덩그렇게 높이 앉았는데, 그 앞에는 고 원두우 박사의 기념 비석이 언제나 예배당을 꽉 수직(守直)하고 있다."

당시 기자의 질문 "조선 교회를 어떻게 하면 좀 더 진흥시킬지?"에 그는 "교회가 전부 연합하여야지요. 그리고 외국이나 어디나 보내어 신학생을 많이 배양하여야 합니다. 그리고 목사는 농사나 무엇이나 해가면서 무보수로 교역하는 이가 많아야 합니다"라고 답했다. 그리고 "일상생활에서 표어처럼 삼으시는 것이 있습니까?"라는 질문에는 "남의 허물을 드러내지 말 것, 송사하지 말 것, 화평히 지낼 것들"을 이야기했다.

차 목사가 목회자로서 또 교회 경영인으로서 그의 소신을 알 수 있는 인터뷰 내용을 정리하면 다음과 같다.

"우리가 성신과 잠시라도 관계가 없게 되면 얼마나 위태한 지경으로 내려 가는지 말할 수 없소이다"(「기독신보」, 1925. 8. 19.).

"교회 안에서 시작하는 사업은 서로 협력하여서 진행해야 될 줄로 아노이다. 교리와 신경에 위반되는 일 같은 것은 협력할 수 없으니 자연 단독적 행동이 되려니와 그밖에는 어느 일이든지 너무 편벽되게 아니할 것이올시다"(「기독신보」, 1926. 3. 3.).

1926년 「기독신보」에는 "신자(信者)와 성신(聖神)"이란 제하에 신자의 도리를 역설한 차 목사의 견해가 게재되어 있는데, 신자가 성신께 짓는 일곱 가지 죄를 다음과 같이 나열하고 있다.

첫째, 신자가 진실히 믿는 자들과 교제를 끊고 사회 풍조를 따라 생활하는 것은 성신을 모르는 체하는 것이다.
둘째, 신자가 신앙적 이상을 저버리고 세상 사람같이 행동하며 돈을 좇는 것은 성신을 업신여기는 것이다.
셋째, 망자존대(妄自尊大)하며 안하무인(眼下無人)하여 신앙을 돕는 교리를 무시하며 교회에 대한 책임을 고사하며 고담준론(高談峻論)으로 비평하는 것은 성신을 거스르는 것이다.
넷째, 세례받을 때 서약한 것을 지키지 않는 것은 곧 거짓말을 하는 것이며 성신을 근심하게 하는 것이다.
다섯째, 근심이 과도하여 도리를 대적하는 것은 성신을 노엽게 하는 것이다.
여섯째, 내가 성신보다 나으니 내 지혜대로 하겠다는 것은 성신을 막는 것이다.
일곱째, 죄를 짓는 것을 심상(尋常)히 여기는 것은 성신을 시험하고 속이는 것이다.

8. 목회자로서 걸어온 30여 년의 발자취

차 목사가 목회자로 사역한 30여 년의 발자취를 짧은 지면으로 다 표현하기에는 그의 업적은 너무 방대하다. 새문안교회에서 조사로, 목사로 사역한 여러 행적은 새문안교회『당회록』,『제직회록』,『교회일지』,『교회회록』 등에 기록되어 약 90~110년이 지난 지금까지 잘 보존되어 차 목사의 행적을 가감 없이 공유할 수 있음은 한국 교계의 큰 축복이다. 그의 목자로서의 사역을 교회 외부 활동과 내부 활동으로 나누어 소개한다.

1) 외부 활동

(1) 경기충청노회 노회장

1916년 9월 임시노회에서 경기 서편 지역(김포, 시흥) 순회목사로 청원된 후 그해 12월에 열린 정기노회에서 부서기에 선임, 1년 뒤에는 서기로 선임되었다. 보고서를 일정한 양식으로 정리하였고, 노회에서 제정된 서식의 견본을 노회록에 기록하여 노회에서 활용하도록 하였고, 총대 천서, 장로청원서, 목사 청원서, 시찰보고서 등의 서식을 일목요연하게 만들어 노회 행정을 체계화하였다.

'경기충청노회'가 관리하는 각 교회 및 포교자와 회원명부가 선교사, 목사, 각 교회별 장로로 구분되고 주소도 병기한 중요하고도 거대한 작업을 하였고, 1917년 노회장이 되어 그의 사업적 수완을 유감없이 발휘하였다.

(2) 예수교연합공의회 회장

'예수교연합공의회'는 1924년 선교 사업에서 협력을 도모하고 궁극적으로 한국에서 "하나된 교회"를 조직하려는 목적에서 설립된 기독교 연합기관으로 오늘날 한국기독교교회협의회(KNCC)의 모체라 할 수 있다. 언더우드의 연합 정신을 계승한 차재명 목사가 초대 회장으로 선출되어 협동하여 복음을 선전하고, 사회 도덕의 향상을 도모하며 기독교 문화를 확산하는 목적을 수행하였다.

(3) 경기충청노회 주일학교 총무(1925년)로 활동

한국 주재 선교사들은 1905년 선교사공의회(The General Council of Protestant Evangelical Missions)를 조직하면서 종교 교육을 진작시키기 위해 주일학교위원회를 설치하였다. 주일학교위원회는 1911년 4월 세계주일학교연합회에서 파송한 브라운(F. H. Brown)의 자문을 받아 세계 기구와 협의를 맺고 조선주일학교연합회로 발전하였다. 초대 회장에 서로득(徐路得, M. L. Swinhart), 부회장에 윤치호(尹致昊), 서기에 장덕로(張德櫓)가 선출되었고, 허대전(許大殿, J. G. Holdcraft) 선교사를 총무로 하여 전국의 주일학교를 통솔하게 하였다.

1925년 차재명 목사는 주일학교 총무로 피택되어 허대전, 정인과 목사와 함께 주일학교 발전에 공헌한다. 정인과 목사 가족은 이때 우리 교회에 출석하였고 자녀들도 차 목사에게 세례를 받았으며 성찬 예식 등에서 많은 협력을 하였다.

(4) 『朝鮮예수敎 長老會 史記 (상권)』 편찬

1916년 2월에 개최된 제5회 총회에서 한국교회 사기(史記)를 편찬하기로 결정하였다. 차재명 목사는 경충노회 사기 편집위원으로 활동하였는데 역사신학을 교수한 왕길지, 차상진 등이 총회의 편집 책임자였으나 당초 예상보다 사기 편집은 지지부진하였다. 총독부의 검열로 간행이 지체되자 차재명 목사가 교섭위원으로 나섰고 1928년 창문사(彰文社)에서 1만 부를 차재명 목사 명의로 발간하였다.

(5) 제18회 총회장으로 피택(1929년)

1929년 9월 새문안교회에서 장로회 총회가 열렸는데, 이때 차재명 목사가 제18회 총회장으로 당선되었다. 이 총회에서는 여전도인에게 강도권을 허락해 달라는 헌의에 대해 교회 형편에 따라 목사, 강도사, 장로 외에 여전도인에게도 강도 시킬 수 있음을 총회장으로서 답변함으로 여성의 지위 향상이 이루어지게 되었다. 차 목사는 일찍 기독교를 받아들인 어머니의 영향으로 만인이 평등하다고 인식하였으며, 어린이와 노인, 여성을 늘 배려하였다. 총회장 재임 시기인 1930년에는 마펫 선교 40주년 기념식을 지휘하였으며 총회장으로 기념사를 낭독하였다.

(6) 사경회 활동

차 목사는 평양신학교 졸업 후에도 평양신학교 별과인 종교교육과, 주일학교 교육과를 더 공부하였다. 각 교회나 단체에서 자주 차 목사를 사경회 강사로 초청하였다.

차 목사의 설교와 사경은 달변(達辯)으로 소문나 교파를 초월해 교수 요청이 쇄도하였는데, 특히 주일학교 강습회 교수로 많이 초청되었다. 협성성경학원과 경신학교에서 성경을 가르치기도 하였다.

금강산수양관에서(1931. 9. 15. ⓒ 새문안교회 역사관 제공)

동막(東幕)교회, 충청도 영동(永同)교회, 세교리교회(현 서교동교회), 하교(河橋)교회, 황해도 신천읍교회, 대구 신정(新町)교회, 안동(安東)읍과 의성(義城)읍교회, 마산 호신(濠信)학교 고등보통과, 의신(義信)여학교와 진주학교 3교, 황해도 안악읍교회, 경상남도 동래(東萊)군 일신(日新)여학교, 평서노회 주일학교 강습회, 대구전도부인회 기도회, 나주(羅州, 전라남도) 안골교회, 태화(太和) 연합성경학원, 전(全) 황해도 황주(黃州, 송림면 겸이포교회) 주일학교 강습회, 파주 죽원리교회, 북간도 용정교회 등은 차 목사가 사경회 교수로 초청되어 사경한 곳이다.

(7) 총회 외국전도부 활동

차재명 장로가 노회 총대로 출석하기 시작한 것은 1912년부터이다. 노회의 서기를 거쳐 노회장에 피선되어 2년 동안 활동하였고, 새문안교회 당회장으로 부임한 후 총회 전도부에서 외지 전도부가 따로 분립했던 1924년 초대 부장에 임명되었다. 경충노회에서 상설사무국을 세우고 특별히 전도 사업을 전무케 하자는 헌의를 김익두, 김영구 목사와 함께 위임받아 검토하고 실행한 것도 차 목사였다.

외지전도부(현 해외선교부)는 그 이듬해부터 외국전도부로 불렸는데, 1924년부터 1933년까지 차 목사는 거의 매해 총회 외국전도부와 동 사무국에서 열정적으로 일하였다(10년 동안 1929년 총회장 재임과 1931년, 두 해만 전도부 소속이 아니었다).

차재명 목사가 외국전도부 임원으로 활동하면서 중국 산동성 선교 근황의 보고한 내용이다.

"요동(遼東)노회는 지난 1928년 11월 4일부터 1주간 즉묵(卽墨)예배당에서 회집하였는데, 회장은 이대영(李大榮)이며 사무처리는 1차 논쟁 없이 잘 진행하였습니다. 특별 강연회를 개최하여 은혜를 받았으며 영미중조(英米中朝) 4국인이 한 방에 회집하여 간담도 하였습니다. 영·미 두 박사는 조선 교회 발전의 신속을 기뻐 말하며 모인 사람들도 조선 교회가 산동성에 선교함은 주님의 능력을 증거함이 되므로 감상(感想)이 많다고 합니다. 진실로 하나님께 영광을 돌립니다. 과연 선교 경로를 돌아볼 때 감사의 눈물을 금할 수 없습니다."

2) 내부 활동

(1) 문부(文簿) 정리

차 목사는 역사의식이 누구보다 투철한 목회자였다. 당시 세례문답은 목회자의 중요한 업무 중 하나였는데 차 목사는 세례 명부에 기록된 세례인의 인적 사항을 "세례명부록"과는 별도로 당회록에 추가 기록하였다. 이런 수고로 당시의 새문안 교인들의 면모와 대를 이어 교회에 충성한 믿음의 선배들을 알 수 있는 점은 새문안교회만의 특징이라 할 수 있다. 인간사에서 가장 중요한 것은 사람임을 인식한 혜안(慧眼)이 있었기에 가능한 일이었다.

또 21년간 새문안교회 당회장으로 재임할 때는 당회 서기가 기록한 당회 기록과 교회회의 기록을 모든 사람이 알아볼 수 있게 정서(正書)로 당회록에 재기록하였다. 후배 기독인을 위한 세심한 배려이며 역사가로서의 사명을 가졌기에 가능한 일이다. 차 목사는 집에 있을 때 많은 시간을 서재에서 문부 정리를 하는 데 쏟았다. 평상시 자녀들에게 따뜻하고 자상한 아버지였으나 자녀들의 서재 출입은 잘 허락하지 않았다고 한다. 차 목사는 필체가 뛰어났을 뿐 아니라 필력(筆力) 또한 뛰어났다. 기록에 대한 우리 조상들의 지혜와 애착의 단면을 볼 수 있는 새문안교회 기록물들은 국가 문화재로서도 손색이 없다.

(2) 교회 기구의 제정과 행정의 체계화

차 목사는 새문안교회 재임 기간에 교회의 여러 단체를 제정하였고 행정체계도 기틀을 잡아갔다. 주일학교와 3.1운동으로 해체된 면려회를 재조직하였고, 찬양대를 우리 교인들만으로 구성하였고, 관현악단이 조직되어 예배는 한층 풍성해졌다. 1930년에 새문안교회에서 집사제도를 서리집사와 장립집사로 나눈 것은 장로회 총회의 결의에 의한 것으로 당시 총회장이 차재명 목사였다.

차재명 목사는 경충노회 서기로 있을 때 여러 서식을 일목요연하게 정리한 경험을 바탕으로 교회의 여러 문서도 통일성을 도모하였다. 1921년에는 매 주일에 신도 회집한 수를 계수(計數)케 하기로 하였고 당회와 제직회의 회의방식, 의논할 사를 구분하여 교회의 여러 회의 방식의 진행과 기록을 기구화하였고, 공동회의의 민주적 절차도 마련하였다.

(3) 유치원 설립

1925년 5월에 차 목사는 교회 발전을 위해서는 유치원이 필요하다고 판단하여 유치원 설립을 추진한다. 유치원 설립 위원회가 조직되고 기금도 적립하였으나 당시 교회 재정이 넉넉하지 못해 쉽게 진행되지 않다가 1929년 교회 안에 있던 연악회 사옥이 비게 되자 이를 수리하여 유치원으로 사용하기로 하였다. 당시 교회 재정은 여조사 월급을 걱정할 정도로 열악했으나 교육에 남달리 열성을 기울인 차 목사와 교회 제직들이 모두 한마음으로 후원하여 개원할 수 있었다.

(4) 부인전도회 활성화

새문안교회 부인전도회는 경기충청노회 사경회가 열린 뒤 여기에 참석하였던 여신도들을 중심으로 1919년 12월 27일 설립되었다. 3.1운동이 일어난 그해에 121인의 새문안 여신도들이 대부분 참여해 부인전도회를 조직하였다.

1927년 12월 「기독신보」에는 "이 교회의 교인 재적수는 850명으로 세례교인만 413명이라 하며, 주일학교에는 유년부가 130명, 장년부가 170명으로 공부 시간마다 원만히 출석하며 또 학생 청년회와 부인회도 있는데 더욱 자랑할 만한 것은 부인회였다. 100여 명의 회원들

차재명 목사(1930년대, ⓒ 새문안교회 역사관 제공)

이 각각 의무를 잘 이행하면서 본회 기금으로 적립한 것이 1,200원이라 한다. 이렇게 교회 사업에 열심 많은 부인들은 이 교회에서 처음 보겠다"라는 기사가 실렸다.

　차 목사는 부인회를 위해 교회 안의 건물을 임대한 세를 매달 부인회 운영에 사용하도록 하였으며, 부인전도회는 구제와 봉사를 맡고 여조사의 봉급을 책임지기도 하였다. 여조사들은 매주 교인 심방으로

여전도회 뚝섬 야유회(1935년, © 새문안교회 역사관 제공)

경제적으로 어려운 교인, 각 가정의 환자, 사망자, 출생아를 파악하여 교인들이 화목한 공동체가 되도록 지원하였다.

(5) 권찰회

우리 교회 교인들만을 돌보기 위한 구역권찰제도가 조직된 것은 1918년 쿤스 선교사 재임 기간이었다. 당시는 교인 거주지를 14구역으로 나누었고, 남자와 여자 권찰이 구역을 함께 맡아 관리했으며, 장로와 집사, 여집사, 평신도들이 함께 권찰로 활동하였다.

차재명 목사 재임 시는 여조사가 주로 구역 심방을 하였기 때문에 1920년대는 권찰 제도가 시행되지 않았다. 그러다 1936년 12월 교회가 여러 면에서 어려움을 겪기 시작하자 권찰을 새로 뽑고, 1938년 총회의 신사참배 결의로 교인들이 차츰 감소하자 1940년에 다시 구역을 배정하고 권찰을 새로 정하여 교인들을 보살폈다.

(6) 가정사경반 활성화

차재명 목사가 부임한 뒤 새문안교회는 주일에 실시하는 장년 주일학교 외에 주중에 주로 여성들이 가정사경반으로 모여 함께 성경 공부와 기도회를 가졌다. 일제강점기 때라 교회의 공적 예배에는 늘 경찰이 감시하고 있어 교인들이 갈급해하는 말씀을 모두 전할 수가 없었다. 그러나 가정사경반은 비교적 자유로운 분위기에서 소규모로 모여 성경 공부뿐 아니라 함께 나라를 위한 기도를 드릴 수 있었으며 친밀한 교제로 교인들 간 결속을 다지는 모임이기도 하였다. 교인들이 점차 늘어나자 가정사경반도 구역을 좀 더 세분화하여 한겨울과 한여름을 제외하고 한 학기 4개월간 11곳에서 정기적으로 시행하였다.

(7) 심방의 생활화

차 목사가 새문안교회 당회장을 맡은 시기는 한국 역사상 가장 힘든 시기였다. 우리 교회 정기 예배 시간에는 늘 형사가 예배당 안에서 예배를 감시했다. 공적인 자리에서 설교할 수 없는 부분이 많아 차 목사는 심방에 정성과 힘을 쏟았다.

여조사들을 주중에 매일 심방하게 하였으며, 매년 8월 한 달의 교역자 휴가 때에는 당회원들과 함께 특별히 어려운 가정을 방문하여 이들을 위로하며 아픔을 함께하였다. 1929년 두 여조사, 이라이와 송명애가 보고한 내용은 다음과 같다.

> 10월 1개월간 심방한 집 188호, 전도 받은 이 21인, 믿기로 작정한 이 6인, 출생아 3인, 별세한 이 1인(제직회록, 1929. 11. 6.).

9. 새문안교회를 떠남

1938년 9월에 열린 장로교 총회에서는 일제의 강요에 의해 신사참배를 '종교적 행위'가 아닌 '국가적 행위'라는 명분으로 가결하였다. 이때 신사참배에 반대한 서북쪽 선교사들은 이에 항거해 학교를 폐쇄하고 본국으로 떠났으나 서울의 많은 한국 목회자는 교회를 유지한다는 명목으로 신사참배를 수용하고 협일(協日) 쪽으로 기울었다. (이 총회에 차 목사가 참가한 것은 확인되지 않는다. 다만 총회록에 의하면 경성노회 총대로 노회 서기인 새문안교회 허봉락 장로가 참가한 것으로 되어 있다.)

신사참배 가결 후부터 장로교는 분열의 조짐을 보였고 차 목사에게도 시련이 닥쳤다. 차 목사는 노회와 총회 활동을 할 때 양쪽이 상충(相沖)될 때는 한쪽에 치우치지 않게 조율하며 중재 역할을 하였다. 그러나 1939년 경성노회 측은 차 목사의 "피어선성경학원 이사 수락"을 빌미로 차 목사를 제명 처분하였으며 당회장직도 강제 사임하도록 하였다. (경성노회가 총회와 분리하여 남쪽만으로 따로 총회를 구성하고자 시도하자 차 목사를 비롯한 몇몇 목사는 이를 원하지 않는다는 뜻을 전했고 특히 차 목사가 총회 분리(남과 북)를 적극 반대하였다.) 이때 우리 교회에서는 송순명 장로, 이정화 집사를 평양의 총회 사무실에 파견하여 제명의 부당함을 호소하고, 차재명 목사도 개인적으로 제명 처분의 부당함을 밝혀 노회의 결정은 위법이라는 판결을 받고 당회장 자리를 되찾았다.

이 판결로 제명처분은 취소되고 당회장직도 복귀되었으나 새문안교회 제직회에서는 이런 경성노회의 결정은 노회 총대로 활동한 당회원들이 책무를 올바로 이행하지 않은 탓이라 성토하며 당회원 전원의 '장로직 사퇴'를 촉구했다. 당회원들과 동수(同數)의 제직회원들이 당회에 임시 참석하였으며, 모든 당회원은 일괄 사직서를 냈고, 제직회원들이 투표권을 가지고 신임투표를 실시해 두 명의 장로는 결국 장로직을 상실하였다.

이후 부일(附日)로 더 기울어진 경성노회는 서북계 출신이며 한국 장로교회를 대표해 총회장을 역임하였고 흥사단 단원이었던 차재명을 요주의 인물로 예의 주시했다. 어느 날 차 목사는 교회에 주재(駐在)하던 형사 가네사와(金澤)가 보이지 않자 국가의례(황국신민서사와 동방요배 등)를 생략한 채 찬송가를 부르고 예배를 진행하였다. 그날 이 예배에 참석한 친일 성향의 목사가 이것을 경찰에 밀고했으며, 이 일을 빌미로 차 목사는 21년간 목회하던 새문안교회를 떠나게 된다.

차 목사 사임에 대해 본 교회 당회원 전원(이용석, 송순명, 박희병, 김경환, 박용진으로 민홍삼, 허봉락 장로는 장로직이 박탈됨)이 일제 당국에 찾아가 사정하였고 제직회에서도 대표를 뽑아 경성노회에 호소하였으나, 경성노회장 평강미주(平康米州, 전필순) 목사 명의로 배달된 공문서는 단호하였다.

"신문내 교회 차재명 목사의 사건에 대하여 해(該) 당회로 하여금 해(該) 목사의 사면서를 오는 9월 1일 이내로 노회장에게 제출케 하기로 가결하다."

1941년 8월에 열린 임시당회에서 차재명 목사는 "사정에 의하여 용퇴(勇退)하여 본 교회 시무를 사면한다"는 취지를 선언함으로 이 사면을 수리하기로 당회원 일치로 가결하였다.

차 목사는 새문안 교인들의 지지를 전폭적으로 받는 목회자였으나 이미 부일로 기울어진 경성노회의 흐름을 막을 수가 없었고, 더 이상

자신으로 인해 교인들이 분열하는 것을 원하지 않았고 또 당회원들과 제직회원들이 갈등하는 일을 만들고 싶지도 않았다. 새문안교회 당회장, 경성노회원이라는 직위에 연연하지 않고 주의 종으로서의 사명을 감당하는 것이 더 중요하다는 것을 알았다.

그동안 온갖 열정을 쏟은 분신과도 같은 교회를 떠난다는 것은 너무나 가슴 아픈 일이었지만 상부의 명령을 말없이 받아들였다. 교인들이 재정적으로 어려운 가운데서도 차 목사의 환갑을 맞아 회갑 기념 잔치를 베풀어 드린 지 3개월여 지난 때였다.

10. 김포읍교회 시무

차 목사의 사표는 8월 말에 수리되었으나 교회에서는 문부 정리와 유치원 원장 직무, 사무 인계를 위해 12월까지 급료를 주며 차 목사를 배려하였다. 당회에서는 송순명 장로가 회장 대리를 맡아 교인들로 구성된 '차 목사 송별회 준비위원'(24인)을 뽑아 정성으로 차 목사의 송별을 준비하였고, 교인들은 기꺼운 마음으로 연보하여 북아현동에 차 목사가 거주할 주택을 마련해 주었다.

이 시기 차 목사가 조사로 그리고 목사 장립 후 첫 발령지로 섬긴 김포읍교회 담임목사인 김사필이 사임하여, 김포읍교회는 당회장이 공석이었다. 김포읍교회 당회에서는 새문안교회에서 이명해 간 이용석 장로를 위시한 당회원들이 적극적으로 차 목사를 영입하였다.

1942년 5월 10일 차 목사는 김포읍교회 공동의회 투표를 거쳐 청빙이 결정되었고 김포읍교회 담임목사가 된 1년 뒤 교인의 투표로 만장일치로 위임목사가 되었다(1943. 6. 6.).[11] 차 목사는 새문안교회 담임을 할 때처럼 성실히 김포읍교회를 섬겼다.

유치원을 설립하고, 교인들에게 교육을 강화하고, 청년회를 조직하였다. 일제 강점기 가운데서도 가장 힘든 시기였으나, 이때 김포읍교회는 세례인이 늘어나고 교인들과 유아세례의 숫자가 늘어나 교회는 매우 활발해졌다.

11. 아현동 자택에서 서거

1943년 김포교회에서 목회 활동하던 중 아버지 차정오 옹이 별세하였다. 차 목사를 따라 고향 용천에서 서울로 올라와 큰아들 내외에게 부담을 주지 않기 위해 둘째 아들 차재순(車載淳, 차재명 동생) 내외가 운영하던 냉면집을 도와주며 생활하였다.

세상에서의 출세를 접고 평생을 목회에 헌신하는 아들을 뒷바라지해 온 아버지였다. 김포읍교회 목회를 할 때 자녀들은 학교와 직장 관계로 아현동 자택에 머무르게 하고, 사모와 둘이서 김포읍교회가 제공한 사택에서 떨어져 생활하던 차 목사로서는 가까이서 부모님을 잘 모시지 못하였기에 회한(悔恨)이 가득한 슬픔이 아닐 수 없었다.

이후 광복을 맞이했으나 나라는 어수선하였고 교계에서는 친일, 부일, 협일이라는 잣대로 많은 목회자들을 일방적으로 매도하기도 하였다. 노회의 부일적 행태로 어쩔 수 없이 사퇴하고 하나님의 뜻으로 김포에서 목회하던 차 목사에게도 친일 목회자라고 매도하던 기독교인들이 있었다.

---

11 『김포중앙교회 111년사』, 167.

일제 말기인 1937년 9월 실시한 각도 파견 시국순회 강연 연사로 박희도, 신흥우, 유형기, 윤치호 등 기독교계 지도자로 동원되어 연설한 것과 1938년 일본계 기독교단과 조선 기독교가 통합된 '조선기독교연합회'에서 재무위원을 맡은 것 등을 두고 '친일'이란 굴레를 씌우자 평소 협동과 화평을 지향한 차 목사로서는 이 일로 마음고생을 심하게 하였다.

그런 가운데서도 하나님이 주신 직분에 충실하며 몸을 돌보지 않고 목회에 헌신하였으나 1947년 병(위암 말기)이 깊어져 아현동 자택에서 가족들이 지켜보는 가운데 하나님의 품으로 돌아갔다. 그의 나이 66세였다. 이때 김포읍교회에서 사직의 기록이 없는 것과 차재명 목사 사임이 1948년으로 되어 있는 것으로 보아 차 목사는 김포읍교회에 병을 알리지 않았으며 별세하기 4개월 전까지도 당회를 주재한 기록으로 보아 병은 급속히 악화된 것 같다.

새문안교회 기록에는 없지만 유족들의 증언에 의하면 차 목사의 장례는 새문안교회 교회장으로 거행하였고 30년 이상을 형제처럼 교류한 원한경 장로가 조사(弔詞)를 낭독하였다고 한다. (원한경이 일제의 강제추방으로 1941년 한국을 떠날 때 자신이 기르던 개 콜리[Collie]를 차 목사에게 주었다고 한다.) 그는 조사에서 "차재명 목사는 곤궁한 상황에서도 본인에게 경제적인 부탁을 한 번도 하지 않았던 매우 청빈한 목사이셨다"라고 회고하였다. 원한경은 또 차 목사를 "남에게 도움을 받는 것은 경계하였으나 자신은 베풀기에 인색하지 않았고, 언행이 일치하는 삶을 산 참기독인으로 아버지(언더우드)가 가장 신뢰하고 아끼던 사람"이라고 하였다.

차 목사의 유해는 망우리 공동묘지에 안치되었으나 6.25전쟁으로 유실되었고, 사모 차활란이 1953년 진해에서 사망한 뒤 유족들이 그 유골을 보관해 오다 차 목사가 애용하던 성경과 함께 강신명 목사 재임기에 새문안 문봉동산에 합장하였다. (이후 새문안교회는 파주 영장리에 추모관을 새로 건립해 현재는 이 추모관에 차 목사의 일부 유품이 유골함에 봉해져 있다.)

차재명 목사는 평상시 자녀들에게 늘 "말 없는 믿음"을 강조했는데, 그의 후손들은 서울에서, 미국에서, 지방에서 목사님의 유지를 받들어 기독교계와 교육계에서 모두 신앙의 맥을 이어가고 있다.

IV. 맺는말

차재명 목사를 짧은 문장으로 정의하기는 쉽지 않지만, 그는 '역사의식이 투철한 기록의 선구자'라는 타이틀을 붙이기에는 손색없는 목회자이다.

"역사는 명확한 사료를 바탕으로 한 정직한 열정가에 의해 완성되어진다"라는 소신으로 교회사 연구가 이어지기를 소망하며 차재명 목사의 일생을 소고(小考)하였다. 앞으로 더 깊은 연구가 이어져 그의 평전(評傳)이 나오길 기대해 본다.

차재명(車載明) 목사 연보

1881. 4. 16.	평안북도 용천군 부라면 원성동에서 출생.
1901년	용천군 동문교회 출석.
1905년	용암포교회에 등록.
1906년	세례.
1910년	선천(宣川) 신성중학교 졸업, (신성중학교 전도인).
1911년	언더우드에 의해 새문안교회 조사로 고빙.
1912년	새문안교회 장로 임직.
1916년	평양신학교 졸업. 경충노회에서 목사 안수. 부인 박씨 사망. 이계순과 재혼. 경기 서편 순회목사.
1917년	영등포교회, 서교동교회, 양평동교회, 시흥리교회 등 담임. 찬양대, 면려회, 부인전도회조직.
1919년	경기충청노회 노회장.
1920. 12.~1941. 8. 31.	새문안교회 담임 목사.
1921년	예수교 장감연합회 부회장, 3.1운동으로 중지된 면려회재조직, 찬양대 재조직.
1922년	협성성경학원에서 강의.
1923년	경신학교에서 신학 강의.
1924년	'예수교 연합공의회' 초대 회장 피선.
1925년	'경기충청노회' 조선주일학교 총무.
1926년	중국 동북 지방 순찰.
1927년	평양신학교 종교교육과 제1회 졸업, 故 언더우드 선교사 기념비 제막식 거행.
1928년	선교사 어학학교 교수, 『朝鮮 예수敎長老會 史記 상』 편저, 「창문사」 발간.

1929년	'신문내유치원' 개원. 1개월간 산동성 선교지방 시찰.
	조선예수교 장로회 제18대 총회장에 피선. 여전도인에게 강도권을 허락함.
1930년	기독청년면려회 재조직, 평양 신학연구과에서 수업.
1931년	관현악대 창설, 기독청년면려회 만 50주년 기념식(새문안교회).
1932년	경기 면려청년연합회 음악회, 면려청년회 주관 탁구대회.
1933년	경성 교회 15 단체 현상 동화대회, 경성노회 분립 반대.
1934년	새문안 소년대 조직.
1935년	연합공의회 선교부 결의로 재일 일본교회 시찰.
	원두우 목사 도선(渡鮮) 선교 50주년 기념식 거행.
	제1회 전 경성 기독교 소년 소녀 현상 웅변대회.
1936년	전 경성 기독청년 연합 척사(擲柶, 윷놀이)대회.
1937년	신문내교회 창립 50주년 기념 예배.
1938년	'조선기독교 연합회' 재무위원.
1939년	조선신학교(현 한신대)설립기성회 조직(송창근, 채필근, 김영주, 김대현 등).
	경성노회에서 피어선성경학교 이사 문제로 제명 처분, 한 달 뒤 복귀.
	'국민정신총동원 신문내교회' 연맹 결성식.
1940년	제직회에서 조선인 장로 전원 불신임안 제의로 가결. 사직원 여부 투표.
	교회 명칭을 '신문내예배당'에서 '신문내교회'로 변경.
	원한경 장로로부터 교회 부동산 무상증여 받음, 명예집사제 실시
1941년	신편 찬송가 사용, 애국반 조직.
	국가의례 불철저로 경성노회의 권고로 새문안교회 사임.
1942년	차재명 목사 송별 예배, 김포읍교회 부임.
1943년	김포읍교회 위임 목사, 부친 별세.
1947. 4. 26.	66세를 일기로 별세, 새문안교회장으로 장례.

참고문헌

『경기충청노회 노회록』.
『경성 새문안교회록 데1(1917-1941)』. 새문안교회.
『김포중앙교회111년사』. 김포중앙교회 역사편찬위원회, 2007.
류금주. "새문안교회의 첫 한국인 목사 차재명, 그의 한국교회사에서의 전환기적 위치."
민경배. 『새문안 85년사』. 새문안교회, 1973.
_____. 『韓國基督敎會史』. 대한기독교서회, 1972.
새문안교회. 『敎會日誌(1914-1916)』.
『새문안교회 70년사』. 새문안교회, 1958.
『새문안교회 100년사 개정증보판』. 새문안교회 역사자료위원회, 2019.
『새문안교회 교회일지』. 새문안교회 교회일지.
『새문안교회 당회록, 제1권-제6권(1907-1945)』. 새문안교회 역사자료위원회, 2024.
『새문안교회 제직회록, 제1권(1914-1928)』. 새문안교회사료관, 2010.
『새문안교회 제직회록 제2(1929-1930)』. 새문안교회사료관, 2013.
『새문안교회 제직회록, 제3권-제4권(1932-1938)』. 새문안교회사료관, 2015.
『새문안교회 제직회록, 제5권-제6권((1938-1944)』. 새문안교회사료관, 2016.
새문안교회역사편찬위원회. 『새문안교회 문헌사료집』. 새문안교회, 1987.
『서교동교회 106년 사료집』. 서교동교회 홍보출판위원회, 2002.
『세상의 소망』. 새문안교회 홍보출판부, 2005.
양평동교회. 『楊坪洞敎會百十年史』. 역사편찬위원회, 2017.
영등포교회. 『永登浦敎會 百年史』. 교회사편찬위원회, 2006.
윤경로. 『새문안교회 100년사』. 새문안교회, 1992.
이만열·옥성득 편역. 『언더우드 자료집 I, II, III, IV』. 연세대학교 출판부, 2005.
『朝鮮 예수敎 長老會 史記, 上』. 한국기독교역사연구소, 2000.
『朝鮮 예수敎 長老會 史記, 하』. 한국기독교사연구소, 2017.
『조선예수교 장로회 총회록(제29회)』.
한국기독교역사학회. 『한국 기독교의 역사 I, II, III』. 기독교문사, 2017.

편집 후기

    금번『대한예수교장로회의 형성과 개교회 기록물』을 출간하게 된 것을 감사드립니다. 이 책은 연세대학교 국학연구원 내의 연세학연구소 소속 연구원들과 이 연구에 동참해 주신 여러 연구자의 옥고를 모아 출간하게 되었습니다. 이 연구는 국학연구원 전임 김성보 원장님과 현 김현주 원장님의 격려와 후원으로 연세학연구소의 연구 계획이 구체적 결실을 이룰 수 있었습니다.

    당회록은 한국장로교회의 구체적 역사를 담고 있는 소중한 역사적 기록물입니다. 한국에 개신교회가 정착하던 시기부터 지역의 최소 단위 신앙 공동체인 교회의 대의적 행정기관인 당회는 쉬지 않고 일어나는 교회의 사안을 이해하고, 숙고하고, 결의하여 신앙 공동체를 유지하여야 했습니다. 그런 점에서 당회록 연구는 한국장로교회 역사 연구의 필수적 요소입니다. 그럼에도 당회록을 사료로 연구한 경우가 매우 적었습니다.

    그런데 이번『대한예수교장로회의 형성과 개교회 기록물』에서 다섯 분의 연구자들이 참여하여 당회록을 기초 사료로 지역 교회의 역사적 연구가 본격적으로 등장하게 되었습니다. 이는 작지만 한국 개신교 연구의 새로운 측면을 열었다고 스스로 평가해 봅니다. 이번 연구를 시작으로 연속적인 후속 연구를 다짐하고자 합니다.

    연구에 함께 참여해 주신 김진수, 문백란, 박장미, 정운형 선생님께 감사의 말씀을 드립니다. 특히 정운형 박사님은 학술 연구와 심포지엄 구성 및 전체 학술모임을 기획하고 실현하는데 열과 성을 다하셨습니다. 감사드립니다.

심포지엄 장소를 제공해 주시고 여러모로 격려해 주신 김포제일교회와 새문안교회 당회 및 교우분들께도 감사의 말씀을 드립니다. 또 이 책을 흔쾌히 출판해 주신 도서출판 동연 김영호 대표님께도 감사의 말씀을 드립니다. 동연출판사는 연구 성과를 출판하기를 원하는 한국 개신교 신학 연구자들에게는 사막의 오아시스 같은 존재입니다.

2025년 2월 20일
박종현

지은이 알림

김진수

김포새누리교회 담임목사, 김포의병기념사업회 이사장, 김포 3.1만세운동연구소 소장. 김포문화원 부원장 역임, 김포시지 편찬위원 역임

저서:『김포항일독립운동사』(2006)

『김포독립운동 조사자료집』(2009)

『조선왕조실록에서 김포역사를 찾다』(2017)

문백란

연세대학교 연합신학대학원 졸업 (Th.M.), 연세대학교 대학원 사학과 졸업 (Ph.D.)

연세대학교 국학연구원 연세학연구소 전문연구원 (현재)

저역서 및 논문:『(식민지시기) 재만조선인의 삶과 기억』, 서울: 선인, 2017. (공저)

『연희전문학교와 음악』, 서울: 연세대학교 대학출판문화원, 2020. (공저)

"언더우드와 에비슨의 신앙관 비교."「신학논단」제84집 (2016)

"연희전문학교 이사회 운영의 특징-중국 연경대학 · 일본 명치학원과의 비교 고찰을 통하여."「동방학지」제203집 (2023)

박장미

성신여자대학교 국어국문학과 졸업

한국생산성본부 출판부 근무, 온고학당 원장, YWCA100년사 편찬위원회 고문

한문교사중앙연수원 교수, 대한민국 한자교육연구회 전문위원

저역서: 새문안교회 제직회록 제3권 · 제4권(1931~1938) 한글 풀이본 감수

새문안교회 당회록 (1907~1967) 현대어 풀이본 완역 (전 10권)

박종현

연세대학교 (B.A. Th.M. Ph.D.), 서울신학대학교 (M. Div.) 졸업
명지대 교목. 관동대학교 교수 한국문화신학회 회장 역임
연세대학교한국기독교문화연구소 전문연구원
주요 저서: 『일제하 한국교회 신앙운동사』, 『한국교회사에 묻는 17가지 질문』, 『연세대학교연합신학대학원 50년사』, 『한국여성복음봉사단 50년사』, 『그리스도의 사랑으로 세상을 치유하는 공동체』 등

정운형

연세대학교 졸업 (B.A), 연세대학교 일반대학원 졸업 (Ph.D.)
연세대학교 국학연구원 연세학연구소 전문연구원, 연세대학교 객원교수 (현재)
논문 및 저서: "언더우드의 선교지 결정과 출발." 「東方學志」 제175집 (2016)
"근대교회의 기록물 활용 방안." 「교회사학」 제15권 제1호 (2020)
『한국 근대의학의 선구자 해관 오긍선』. 역사공간, 2020
『대한예수교장로회의 형성과 개교회 기록물』. 동연, 2025. (공저)